Vol.90
2023 August

수집가들 My Favorite Things

ISSN 2287-4216
ISBN 979-11-6754-022-5
KRW 18,000

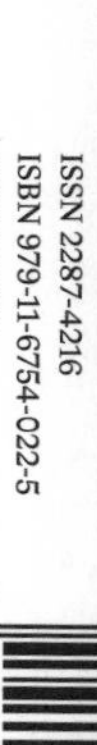

Lee Jinah, Kwon Joonho, Oh Seyeon, Moon Gyeongyeon, Kim Mokin,
Park Jiyeon, Kim Jian, Simmon, Iamyourstickers, Propaganda, Dobomapo,
The Anonymous Project by Lee Shulman

작은 아이를 오랜 시간 돌봐준 돌보미 선생님이 있었다. 하루에 분유를 얼마나 먹었는지, 대소변이나 잠은 얼마나 잤는지 기록하는 일지를 쓰시는 다정한 분이었다. 매일 퇴근 후 피로함을 일지를 보면서 날려 버리곤 했다. 올해 초 아이가 유치원에 들어가면서 돌보미 선생님과 이별하게 됐고, 마지막 인사를 한 후에 허전한 마음에 일지를 다시 꺼내 봤다. 그때는 고단했던지 먹고 싸고 자는 일만 눈에 들어왔는데 비가 오는 날 창밖을 보는 아이의 표정이나 반응, 방귀를 뀌는 소리, 옹알이하듯 크게 웃었던 날 같은 사소한 부분이 눈에 들어오기 시작했다. 알았다. 이 기록은 오롯이 나를 위한 것이라는 걸. 아이가 돌봄을 받는 내내 나 역시 돌봄을 받고 있었다. 내가 없던 순간까지 모두 함께 한 듯 회상하면서 많이 슬프고 기뻤다. 이어서 나도 매일의 사소한 이야기를 남기는 습관이 생겼다. 기록은 큰 책임감이 따른다. 나 자신과의 약속을 지키기 위해 글, 사진, 음악…. 무엇으로든 남기고야 마는 사람들은 늘 궁금하다. 세상에는 여러 종류의 기록이 있고 우리는 그중에 '기록을 남기는 수집가'를 담았다. 물건이 많다기보다 눈에 보이지 않는 무언가를 붙잡아 두는 수집가. 스스로 혹은 타인에게 계속해서 질문하며 꾸준히 답을 찾아가는 사람들을 만났다. 시간을 차곡차곡 쌓아 올리며 남긴 것이 지금의 나를 어디로 데려왔는지 우리는 계속해서 기록해야만 한다.

김이경—편집장

수집가들 My Favorite Things

Contents

Pictorial 006 이름 없는 기억들

The Anonymous Project by Lee Shulman

Interview 020 오늘의 진아

이진아 — 뮤지션

034 자꾸 잊어버리는 사람

권준호 — 일상의실천

048 모서리 없는 사랑

오세연 — 영화감독

Essay 058 내밀하고 선거운

Interview 068 종이 앞에 마주 앉은 마음으로

문경연 — 아날로그키퍼

078 여름 오후 기록

김목인 — 음악가

Culture 090 시네마 천국을 찾아서 / 프로파간다

Essay 098 잠깐 볼 수 있을까요?

Interview 104 요리보고 조리봐도 좋은
박지연 — 콘텐츠 크리에이터

110 말없이 흘러 가닿는 사랑
김지안 — 그림책 작가

Essay 116 수취인불명일 수 없는

Interview 122 오롯한 내가 되는 춤
시몬 — 댄서

128 오직 단 한 사람을 위한 농담
박홍해진 — 아이엠유어스티커스

Culture 132 No Mapo, No Life! / 도보마포

Essay 138 소녀소년 덕후백서
142 덕심만이 내 세상
146 [Music Around Us] 내 영혼이 기대어 쉴 수 있는
150 [세상에 없는 마을] 열차의 설렘
158 [뜻밖의 다정함] 내가 모은 꽃밭
162 [에디터 K의 아무렇게나 살아보는 여행] 뒷모습 도둑
166 [멀리 달아나며 늘 함께] 어설퍼도 계속되는 대답들
170 [행복하고 싶어요] 수집
174 [Movie & Book] 좀더 자세히 보세요

이름 없는 기억들

A Flash Of Memory

Photographer

The Anonymous Project by Lee Shulman

FORD

Marlboro

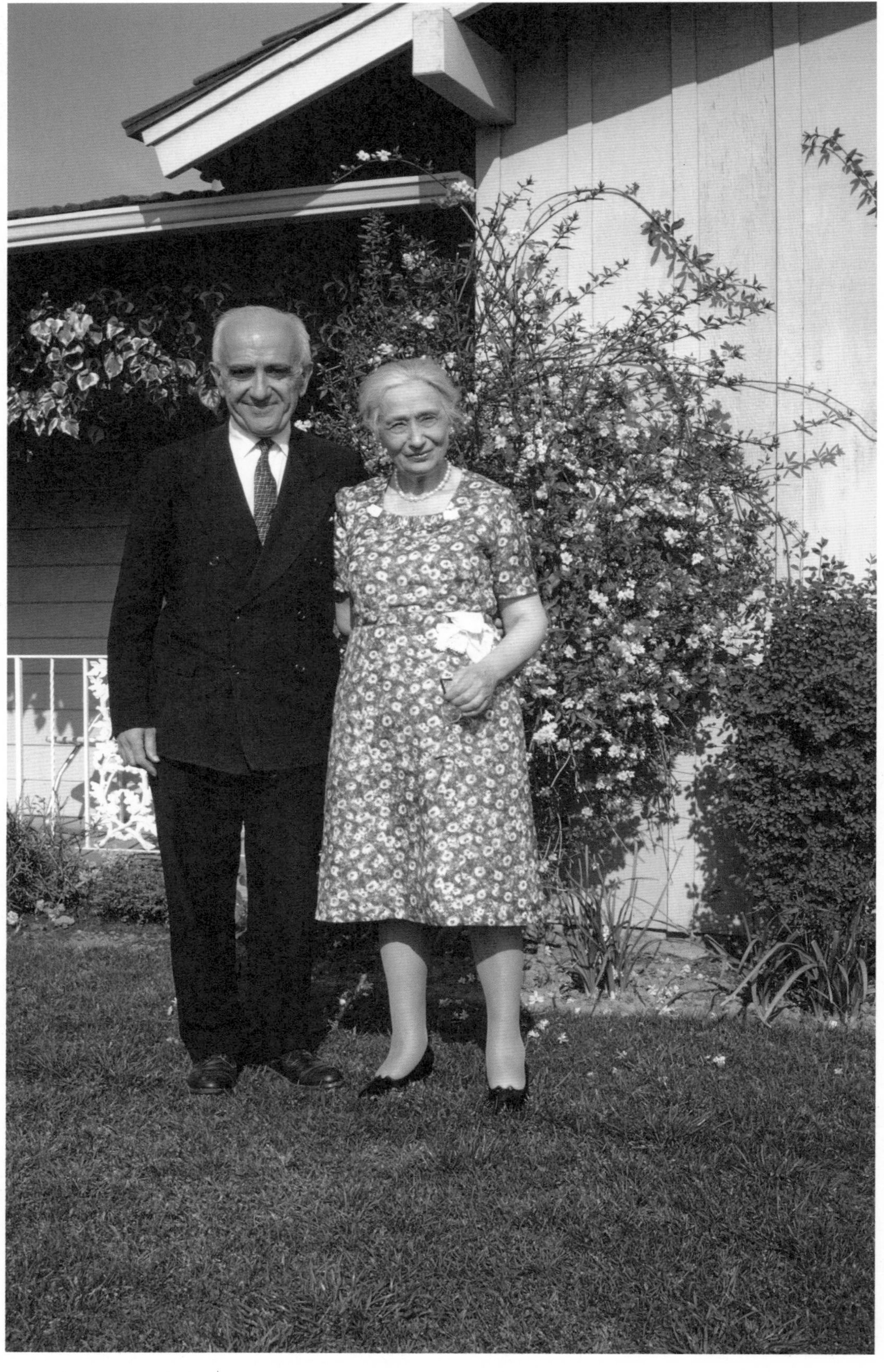

리 슐만Lee Shulman—'어노니머스 프로젝트' 디렉터

에디터 **이명주**

만나게 되어 반가워요. 한국의 독자들에게 소개해 줄래요?
제 이름은 리 슐만입니다. 사진이나 광고, 영상을 제작하고 그것을 바탕으로 예술을 해요. 고향은 영국 런던인데 가족과 함께 프랑스 파리에 25년간 살고 있어요. 한국의 매거진과 이야기 나누게 되어 기쁘네요.

'어노니머스 프로젝트The Anonymous Project'의 필름들을 인상적으로 봤어요. 우연히 구매한 필름 랜덤 박스에서 시작된 프로젝트라고요.
한참 오래전, 아버지가 집을 청소하는 김에 슬라이드를 주신 적 있어요. 제가 예전에 찍은 사진들이었죠. 어릴 때는 사진을 찍고 3주 동안 기다려야 받을 수 있었는데, 그 과정이 설레고 행복했어요. 비록 결과물은 형편없고 초점도 맞지 않았지만요. 더 이상 생산되지 않는 코다크롬 슬라이드에 대한 향수와 애정이 있었고, 우연히 온라인에서 코다크롬 슬라이드 한 박스를 발견해서 구입했어요.

그 안에는 무엇이 들어 있었어요?
누가 찍었는지 알 수 없는 60-70년 전 미국과 영국 사진들이 가득했어요. 스캔해 보니 퀄리티와 색이 놀랍고 사진에 담긴 일상이 친밀하고 매력적이었죠. 스캔본을 주변에 공유하기 시작했고, 뉴욕타임스가 그들이 본 사진 중 가장 좋았다는 연락을 줬어요. 포토그래퍼를 묻는 말에 "아무도 아니에요. 어쩌면 모든 사람이고요."라고 답했죠. 세상 모든 사람들은 포토그래퍼예요. 누구나 좋은 사진을 찍을 수 있으니 중요한 건 '어떻게 바라보느냐.'라고 생각해요. 자연스레 프로젝트가 시작되었고, 이후에는 여러 곳에서 저희에게 슬라이드를 보내주고 있어요.

누구 사진인지 알 수 없기 때문에 프로젝트 이름도 '어노니머스'가 된 거네요.
사람들은 누가 찍었는지, 언제, 어디서 찍었는지에 관심이 많아요. 하지만 저는 아니에요. 날짜와 이름 같은 걸 빼버리면 그 안에 배어든 감정만 남는다는 걸 알았어요. 사진에서 감정이란 가치가 중요하기 때문에 나머지는 익명으로 두었죠. 부수적인 요소들이 들어가면 보는 이와 거리감이 생겨버릴 거예요. 그들의 이야기가 우리의 이야기가 되길 바라며 지었어요.

아마추어의 사진들을 '그 시대의 일기Diary Of That Era'라고 표현한 게 인상적이었어요.
사진들이 당시에 대해 많은 것을 말해주기도 하지만 오늘날 우리에 대해서도 말해준다는 의미였어요. 과거의 사람들은 지금과 크게 다르지 않을 거예요. 우리처럼 젊었고 사랑했고 즐거워했고, 술에 취해 우스운 짓들도 했겠죠. 인생에는 저마다의 층이 있지만 결국 같다는 거예요. 우리는 그 시대 흑백 사진을 보면서 온 세상이 흑백이라고 생각하죠? 사진은 언어가 아닌 색으로 표현되니까요. 하지만 그때도 지금만큼이나 다채롭고 다양한 색이 존재했을 거예요.

컬렉션의 카테고리가 흥미로워요. 'Sweet Dreams', 'Sofa Life,' 'Good Times', 'TV Nation'….
때로는 물리적으로, 때로는 감정적으로 분류해요. 그러니까 자유롭게 즉흥적으로 한다는 이야기죠(웃음). 웃는 사람, 안는 사람, 키스하는 사람, 또는 바보 같은 상황, 미친 상황, 공휴일이나 크리스마스. 그런 특징에 따라 나누어요. 만약 안경 낀 사람의 사진을 원한다면 어마어마하게 많이 드릴 수 있어요. 아니면 검은 티셔츠를 입은 사람? (인터뷰 당일 참석자가 모두 검은 옷을 입고 있었다.)

재밌네요(웃음). 수많은 필름 중 좋아하는 것을 꼽아본다면요?

지금 이 순간을 말하는 거죠? 누군가 그렇게 물어보면 "지금 제일 좋아하는 사진은 이거예요. 하지만 한 시간 뒤에는 달라질지도 몰라요."라고 말하거든요. 딱 떠오르는 건 물속에 있는 소녀의 사진이네요. 살아가는 건 쉽잖아요. 그냥 숨을 내쉬면 되죠. 하지만 가끔씩은 숨을 참아야 살아지는 순간이 있어요. 그걸 표현하는 것 같아서 좋았어요. 또 할머니 두 분이 바닥에서 술을 마시는 사진도 좋아해요. 다리 한쪽은 공중에 떠 있을 정도로 신나게 마시는데 그렇게 유쾌하게 살고 싶어요.

문득 과거의 것을 그리워하는 분인지 궁금해지네요.

그렇지 않아요. 저는 지금이 좋고 현재를 사는 사람이에요. 다만 아날로그와 디지털이 겹쳐 있는 세대를 살았죠. 어느 하나가 배제되지 않고 마주하는 상황이 아름답다고 생각해요. 모든 아날로그 필름을 디지털로 스캔해 작업하는 것처럼요. 아날로그가 매력적으로 다가오는 이유는 미완성이라는 점 아닐까요? 삶의 아름다움은 미완성에 가깝잖아요. 물론 어릴 때도 디지털카메라가 있었다면 좋았을 것 같아요. 돈이 덜 들었을 테니까요(웃음).

얼마 전 한국에서의 첫 전시가 마무리되었어요. 어떤 기억으로 남아 있나요?

정말 즐거웠기 때문에 끝날 때 슬펐어요. 처음에는 배경이 다르니 관객들이 무엇을 느낄까 걱정했어요. 그런데 케이크를 앞에 둔 사진을 보고 "나도, 나도!" 하면서 각자의 생일상을 떠올리더라고요. 우리는 역시 다르지 않다는 걸 깨달았죠. 한국의 '가족'과 관련된 사진이 사랑스러워서 모으고 싶다는 생각이 들어요. 다만 유감스럽게도 한국은 1950-60년대 전쟁으로 힘든 시기였죠. 수집하기가 쉽지 않을 거예요. 그리고 한국은 필름을 슬라이드가 아닌 인화된 사진으로 보관하기도 하고요.

다양한 곳에서 전시를 열지만 같은 구성은 찾아볼 수 없다고요. 특별한 이유가 있을까요?

표현을 위해 장소를 만드는 것이 아니라, 장소에 맞게 표현하고 싶거든요. 각각의 공간이 들려주는 이야기를 우리 프로젝트와 하나로 이어주고 싶어요. 전시 준비는 옛날 방식처럼 진행되는데요. 여기저기서 받은 슬라이드들을 책상에 깔아두고 작은 돋보기로 하나씩 봅니다. 선택된 사진은 스캔해서 보관하고요. 그 작업이 하루의 반을 차지한다면, 남은 반은 전시와 관련된 새로운 아이디어를 기획하고 구상하는 데 써요. 입구에서부터 출구까지, 모든 것은 이야기를 바탕으로 구성합니다. 영화 대본을 쓰는 것처럼 아이디어를 기록해 둬요.

의미 있다고 생각하는 일에 몰두하는 모습이 대단하게 느껴져요.

아뇨. 저는 그냥 어린이예요. 좋아하는 것들로 놀고 싶어 하는 커다란 어린이(웃음). 박물관에 가면 사람이 있고 그림이 있죠. 저는 둘 사이를 좁히려고 노력해요. 우리가 바라보는 세계의 일부분이라고 느낄 수 있도록요. 작품과 전시에 담긴 의미를 느껴주시길 바라요.

당신의 사진을 애정 어린 시선으로 바라보는 분들에게 전하고 싶은 말이 있나요?

가장 묻고 싶은 것은, 왜 저를 좋아해 주시죠(웃음)? 아마 같은 시대를 공유하고, 그 시대의 감정을 느끼기 때문 아닐까 싶은데요. 정말 감사하고 행복해요. 저에게 그들은 사진으로 만난 넓은 의미의 가족이에요.

Just Piano, Just Friend

오늘의 진아

이진아—뮤지션

에디터 이주연

포토그래퍼 Hae Ran

장마였고 비가 억수로 많이 내렸다. 괜찮아? 오늘 괜찮은 거야? 비와 진아를 담고 싶었지만 마음이 자꾸 멈췄다. 괜찮아? 정말 괜찮은 거야? 몇 번이나 되물으며 찾아간 자리에 이진아가 있었고, 작업실 문을 열며 해사하게 웃는다. 투명 우산을 내밀며 "빗속에서 촬영하는 거… 괜찮으세요?" 조심스레 묻자 기쁜 듯 우산을 받아들며 말한다. "날씨 때문에 걱정했는데, 빗속에서 촬영하고 싶다고 이야기해 주셔서 다행이에요!" 이진아의 목소리는 맑고 건강했다. 원래부터 그런 줄 알았는데, 찬찬히 자신을 굴려 온 덕분이었다. 슬럼프라는 언덕을 넘고, 힘든 마음을 보듬으며 차근차근 이 자리에서 현재를 사랑할 수 있게 된 사람, 언제나 지금 이 계절이 가장 좋다는 사람. 그 마음 덕에 우리는 함빡 비를 맞으면서도 이 시간을 있는 그대로 사랑할 수 있었다.

기록을 아예 안 하고 살면 힘든 일들이 쌓여서 머릿속에 맴돌아요. 잠잘 때도 떠오르고, 주변에 둥둥 떠 있는 느낌이에요. 그래도 기록을 하면 생각이 정리되는 기분이 들어서 좀 나아져요. 필요 없는 기억은 기록함으로써 머릿속에서 정리할 수 있게 되기도 하고요.

눈길 닿는 곳이 온통 귀여워서 시선이 바빠요(웃음).
작업실로 초대해놓고 아차 싶어 부랴부랴 정리했어요. 인형도 하나 들여놓고, 사고 싶던 커튼도 구해서 달아두고요(웃음). 원래 저쪽에는 이전부터 좌식 소파 같은 걸 두려고 했는데 시간이 없어서 자꾸 미루게 되네요. 제 공간이니까 공들여 꾸미고 싶고, 꾸미는 걸 좋아하기도 하는데 앨범 준비하느라 조금 바빠서 잠시 미뤄두고 있어요.

귀엽고 아늑한 공간이에요. 초대해 주셔서 고맙습니다.
만나서 반가워요, 피아노 치고 노래하는 싱어송라이터 이진아예요.

'피아노'가 '노래'보다 먼저 나오네요?
어? 그러게요. 의도한 건 아닌데, 노래보다는 피아노를 좀더 좋아해서 자연스럽게 그렇게 이야기하게 되는 것 같아요.

피아노의 어떤 점이 좋아요?
어릴 때부터 함께 지내와서 친구 같아요. 뭐든 말로 하는 것보다 피아노로 연주하는 게 편하기도 하고요.

오, 말보다요?
네. 피아노 앞에 앉으면 말할 때와 다르게 마음이 평화로워져요. 얼마 전에 촬영을 하나 했는데 카메라가 도니까 스스로 느낄 정도로 제가 뚝딱거리더라고요. 말하는 것도 어색하고(웃음). 근데 말을 끝내고 연주를 시작하니까 마음이 편안해졌어요. 그때 새삼스럽게 '나는 피아노 앞이 편하구나.'라는 걸 느꼈어요.

피아노와 자연스러운 관계로군요. 처음 피아노를 배운 게 여섯 살 때라고 들었어요.
정확하게 기억은 안 나지만 어릴 때부터 치기는 했어요. 어린 시절, 집에 업라이트 피아노가 한 대 있었는데 거기서 이것저것 쳐본 기억이 나요. 교회에 가서 부르던 찬송가나 티브이에서 나오는 멜로디를 따라 치던 단편적인 기억이죠. 그러다 동네 피아노 학원에서 클래식 피아노를 배웠어요. 바이엘부터 시작해서 체르니, 쇼팽, 베토벤…. 어린 시절 다들 한 번씩 거쳐 가는 그런 과정이었지요. 초등학교 6학년 즈음이었나, 꽤 오래 배웠는데도 어느 순간 학원 다니기가 싫더라고요. 점점 시들시들해져서 어떻게 하면 피아노 학원을 그만둘 수 있을까 고민하기도 했어요. 한창 싸이월드 하던 시절에 대문글에 "피아노 학원 끊는 법 좀 알려줘." 같은 거 써두기도 하고(웃음).

그러다 중학생 때 재즈 피아노에 입문했다고 들었어요. 어떻게 다시 피아노에 관심을 갖게 됐어요?
초등학교 6학년 때 교회에서 반주하는 분을 보게 됐어요. '나도 피아노 칠 줄 아는데, 나도 저 자리에 있고 싶다.'는 생각을 처음 하게 됐죠. 피아노 반주자가 나름의 로망이었는데요. 그러던 어느 날, 교회 수련회에서 보사노바 리듬으로 반주하는 분을 보게 된 거예요. 새로운 리듬으로 연주하는 걸 처음 들은 건데 엄청 독특하고 아름답더라고요. 같은 노래도 다르게 연주할 수 있다는 걸 알게 된 후로 저도 그런 식으로 연주해 보고 싶다는 생각을 하게 됐어요. 그러다 중학생 때 엄마랑 수학 학원 알아보러 가는 길에 맞은편에 있는 재즈 피아노 학원을 보게 된 거죠. "엄마, 나 여기 한 달만 등록해 줘." 그랬어요.

클래식 피아노랑은 조금 다른 장르잖아요. 어렵거나 낯설진 않았어요?
딱히 그런 건 없었어요. 오히려 더 재미있었죠. 코드마다 색깔이 다른 것도 매력적이었고, 그걸 하나하나 알아가는 게 특히 재미있었어요. 재즈 피아노를 시작하고 나서는 즐겁던 생각만 나요. 스스로 하고 싶어 하던 걸 찾은 거여서 그때부턴 학원을 그만두고 싶다는 생각도 안 들더라고요. 수학 학원은 끊고 싶었지만(웃음).

그때부터 피아노와 함께하는 생활이 쭉 이어져 온 거군요. 어느 라이브 영상에 아버지와 함께 나온 걸 본 적이 있어요. 인상 깊게 남아 있는데, 처음엔 집안에서 음악 하는 걸 반대했다고 들었어요.
재즈 피아노에 한창 재미를 붙여서 배우다 보니 어느덧

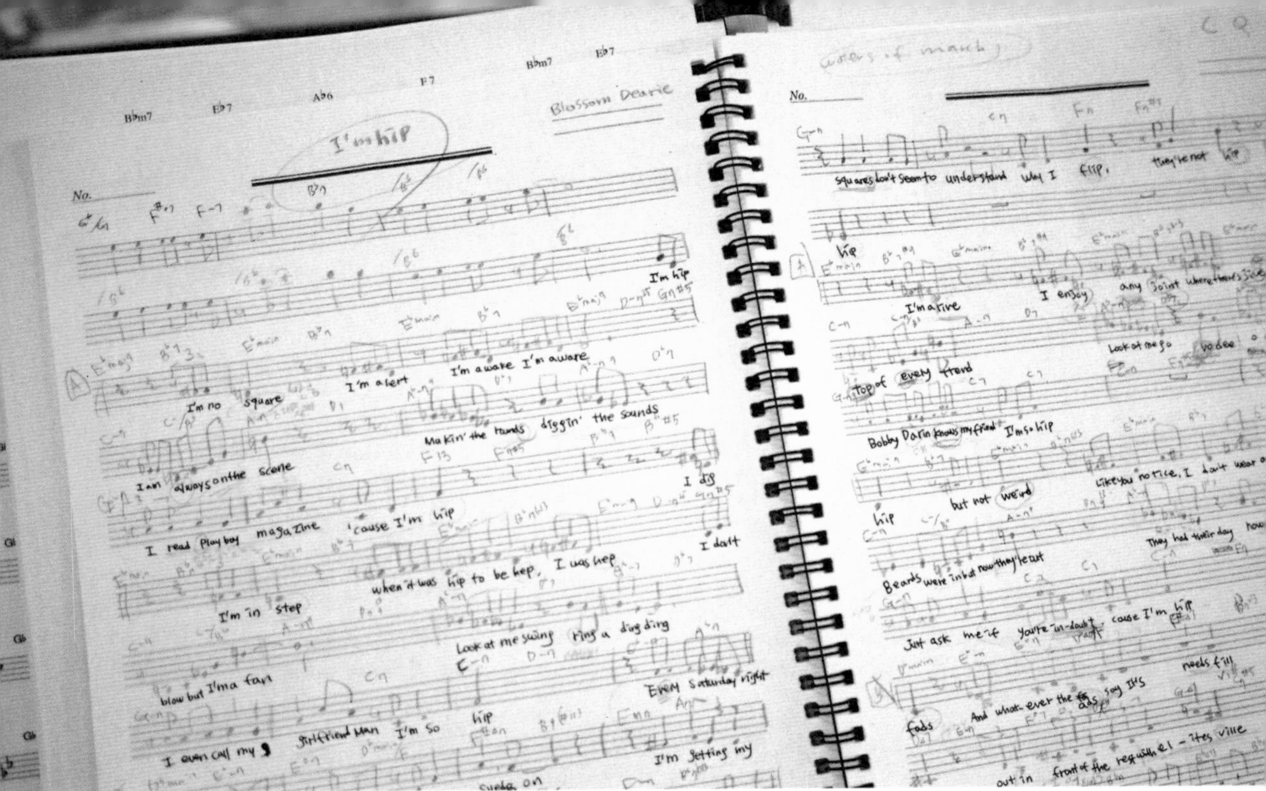

고등학생이 되었는데요. 공부를 엄청 잘하는 것도 아니고 중간 정도다 보니까 차라리 음악 쪽으로 진로를 정해보면 어떨까 싶더라고요. 근데 저희 식구들이 대체로 안정적인 직장을 갖고 있어요. 아버지가 공무원이셨고, 언니들도 회사원으로 착실하게 살아가고 있었거든요. 다들 안정추구형이다 보니까 부모님이 월급 받는 안정적인 직장이 낫지 않겠느냐고 하시더라고요. 어렸으니까… 울고불고 떼를 썼죠. 음악 해도 돈 벌 수 있다면서요(웃음). 우리 피아노 선생님은 레슨하고 공연도 하면서 돈 번다고, 다 할 수 있다며 막무가내로 설득했어요.

음악에 대한 확신이 있었어요?

그런 건 아닌데요, 그냥 재즈가 너무 좋았어요. 그저 재즈 피아니스트가 되고 싶다는 생각뿐이었어요. 《Jazz It Up!》이라는 만화책을 보면서 수많은 재즈 아티스트를 동경했고 끊임없이 꿈꿨거든요. 친구들한테도 당연하다는 듯 자주 이야기하고 다녔어요. 수학 학원 친구들한테 "난 수학은 못하지만 재즈 피아니스트가 될 거니까 상관없어! 흥!" 하면서요. (일동 폭소) 이게 혹시 확신이었을까요?

좋아하는 마음에 대한 확신인 것 같기도 하고요.

아, 맞아요. 좋아하는 마음. 그래도 부모님을 설득하려고 저 나름대로 여러 노력을 했어요. 검증을 받으면 좋겠다 싶어서 전문적으로 음악 하는 분들을 찾아가 "저 음악 해도 될까요?" 하면서 두 번 정도 상담을 받았어요. 그때 결과가 '해도 된다.'여서 그걸 빌미로 부모님을 설득했죠. "봤죠! 해도 된다잖아요. 저 음악 할게요!" 하면서요(웃음).

그렇게 오늘날 이진아가 있게 된 거군요. 며칠 전까지 폭염이 이어지더니 오늘은 비가 참 매섭게 내려요. 진아 씨는 여름 좋아하나요?

사계절을 골고루 좋아해요. 언제나 지금을 좋아하는 편이어서 오늘은 여름이 좋네요(웃음). 항상 지금 이 순간이 제일 좋다고 믿고 싶거든요.

'지금 이 순간이 제일 좋다.'라…. 그럼 요즘 이야기를 좀 해볼까요?

'앨범 준비' 그리고 '틈틈이 놀기'. 두 가지로 요약되는 것 같아요. 한창 앨범 준비 중이고 곡을 많이 만들고 있어서 앨범 준비가 제 근황 자체이기도 해요. 노는 걸 좋아해서 틈틈이 노는 것도 빼놓을 수 없네요(웃음).

주로 뭘 하며 놀아요?

오늘, 지금 할 수 있는 놀이를 하면서 지내요. 특별할 건 없어요. 카페에 간다든가, 근처에 있는 소품 숍을 들른다거나, 중고 서점에 간다거나…. 집에서 뒹굴뒹굴하면서 티브이를 보기도 하고, 책도 읽고 다이어리도 쓰고요. 아, 얼마 전에는 친구랑 옷에 자수 놓는 놀이를 했는데 재미있더라고요. 원래는 잔디 모양을 수놓고 싶었는데 좀 징그럽게 돼서 실패했어요. 다음엔 다른 걸 놓아보려고요. 요즘 깨달은 건데, 저는 저를 놀아줘야 하는 사람이더라고요. 논다는 전제가 있어야 '놀아야 하니 얼른 작업해야지.'라는 마음도 먹게 돼요.

'이진아'라는 이름에 많은 사람이 목소리부터 떠올릴 것 같아요. 한 번 들으면 잊을 수 없는 목소리라고 생각해요. 어느 인터뷰에서 "스트레스받을 수 있는 목소리지만 음악을 하기 때문에 목소리가 노래를 돋보이게 하는 좋은 요소가 된다."라고 이야기하셨지요. 오늘, 지금 내 목소리에 관해 이야기해 주신다면요?
음…, 요즘 제 목소리는 예전보다 차분해졌다고 생각해요. 옛날엔 좀더 밝고 희망찼다면 지금은 희망차게 노래해도 조금은 어른스러워진 것 같아요.

왜 그런 변화가 생겼을까요?
작년에 슬럼프 아닌 슬럼프를 겪었거든요. 계속 저를 채찍질하면서 "잘해야 해." 하고 되뇌던 시간이 있었어요. 그런 압박 속에서도 틈틈이 놀긴 했지만 계속 뭔가를 이루고 해야 한다는 생각이 강했어요. 슬럼프를 이겨내기 위해 여행도 다녀오고, 생각도 정리하면서 목소리도 차분해지고 성숙해진 것 같아요.

요즘 컨디션은 어때요?
많이 좋아졌어요. 슬럼프를 지나면서 저 자신을 받아들이려고 했거든요. 저는 원래 이런 사람이니까 너무 몰아세우지 않으려고요. 제가 부담 가지지 않고 현재를 선물처럼 즐기면서 살게 되면 좋겠어요. 그러려고 노력 중이에요. 그게 저한테 좋은 방향이라 생각하거든요. 힘들었던 시기는 언제나 있었지만 작년은 특히 힘들었어요. 음악을 만들면서 울기도 하고, 제 이상향과 실력이 차이 나는 게 속상하고… 저를 못 견뎠던 것 같아요. 저는요, 노는 걸 진짜 좋아하나 봐요(웃음). 음악도 분명히 좋아하는데 트레이닝만 하는 건 제 성향이 아닌 것 같더라고요. 그래서 이제는 마음먹었어요. 제 안에서 나오는 마음의 소리를 즐겁게 가지고 놀자고요. 그렇게 마음먹었다고 해서 슬럼프가 '뿅' 하고 사라진 건 아니지만, 두 달 동안 여행을 다녀오면서 어느 정도 환기가 되었어요. 뉴욕에서 재즈 클럽 공연을 자주 봤는데, 음악 하는 사람들을 보면서 많은 생각을 하게 됐거든요. 세상에 잘하는 사람이 많다는 걸 직접 실감하니까 오히려 부담이 덜해지더라고요. 제가 굳이, 꼭 잘하지 않아도 된다는 생각이 들었어요. 채찍질하면서 저를 몰아붙이기보다는 진짜 즐기면서 잘하고 싶어졌죠. 물론 제 눈에 훌륭해 보이는 뮤지션들도 처음부터 그렇게 잘하는 사람은 아니었겠죠. 그 안에는 저마다 고통과 싸움이 있었을 거예요. 그런 마음으로 공연을 보면서 음악이란 본질을 다시 한번 되새겼어요. 세상이 말하는 기준을 내려놓은 채 처음 음악을 시작하던 시절을 마음에 새기고자 했죠. 순수한 기쁨, 사랑 같은 걸요. 언제나 그렇게 살아보려 했는데 저도 모르게 경쟁이라는 단어에 집착하게 되었나 봐요. 음악 그 자체를 즐겨보자는 마음을 먹고 나니까 많은 게 편해지더라고요. 그래서 요즘 앨범 작업이 무척 재밌어요.

앨범 이야기 전에 '기록' 이야기부터 해볼게요. 이번 호에서는 기록 중에서도 무언가를 '수집'하는 이야기를 들어보고자 해요. 우리는 저마다 다른 경험을 하면서 살아가요. 어떤 기억은 열렬히 수집하고, 또 어떤 기억은 자연스럽게 흘려보내게 되죠. 왜 이런 편차가 생기는 걸까요?
다 기억하려면… 힘드니까요. 영화 〈인사이드 아웃〉(2015)에서도 중요한 기억은 수집하고, 그렇지 않은 기억은 버리는 장면이 나오잖아요. 그런 느낌 같아요. 모두 기억하려고 하면 몸도, 마음도 힘들 거예요. 특히 아픈 기억은 희미해져야 나중에 꺼내 볼 용기도 생기지 않을까요?

음, 맞아요. 흘려보내는 것도 일종의 용기 같아요. 진아 씨에겐 음악도 하나의 기록일 거라고 생각해요. 어떤 경험을 수집해서 음악을 만들고 있어요?
주로 걸어 다닐 때 뭔가 떠오르곤 해요. 얼마 전엔 길을 걸으면서 지나가는 사람들 표정을 봤는데 다들 뭔가를 참고 있는 것 같다는 느낌이 들었어요. 제 생각이고 상상이지만, 다들 조금만 건드려도 눈물이 터질 것처럼 보이더라고요. 혼자 있을 때, 산책할 때 갖가지 생각이 떠오르는 편인데 그렇다고 곡을 쓰기 위해 일부러 나가는 건 아니에요. 요즘도 산책은 자주 하고 있어요. 경의선숲길도 걷고, 한강공원도 많이 오가죠. 귀여운 걸 좋아해서 소품 숍 투어도 자주 하고요.

음악을 장르로 많이들 구분하잖아요. 근데 저는 장르라는 게 모호하다고 생각해요. 파고들수록 더 그런 것 같고요. 진아 씨도 한때 음악 정체성에 관해 고민이 많았다는 기사를 봤어요.
저도 잘 모르겠어요. 장르라는 건 사람들이 부르기 쉬우려고 나눠놓은 거잖아요. 일종의 주소처럼요. 근데 음악을 하는 사람이 꼭 그 카테고리 안에 들어가 있어야 하나, 싶은 생각이 들어요. 한 가지 장르만 파고드는 사람도 물론 있겠지만 저는 특정 장르 하나만 좋아하거나 특정 장르만 해야겠다는 생각은 없거든요. 저는 일단 피아노가 좋았어요. 피아노로 제가 할 수 있는 걸 하고 싶은데, 그동안 제가 흡수해 온 것들이 모든 장르에서 조금씩 어긋나는 듯한 느낌이더라고요. 딱 가요라고만 말하기에도 애매하고, 재즈도, 팝도 아닌 장르 같다고 느꼈어요.

언젠가 '피아노팝'이라고 소개하는 영상을 봤어요.
그런 모호함 가운데서도 피아노로 만든 팝이니까 그렇게 정의해 본 때도 있었죠. 재즈랑도 연결돼 있으니까 '재즈팝'이라고도 종종 부르거든요. 근데 사실 이런 명칭은 크게 상관이 없어요. 어떻게 부르든 사람들이 제 음악이란 걸 알아주기만 하면 되니까요. 어떤 장르를 한다는 이야기보다는 '이진아가 만드는 음악'이라는 것에 더 집중하고 싶어요.

"피아노로 제가 할 수 있는 걸 하고 싶다."고 하셨는데, 그럼 노래하는 것에는 어떤 의미가 있어요?
노래는 마음의 통역기 같은 거예요. 그러니까, 음악에 멜로디만 두는 것도 좋지만 노래를 부르면 좀더 친절하게 제 마음을 표현할 수 있잖아요. 그게 말이라는 형태의 필터를 거쳐서 전해지면 이해하기 쉽다고 보는 거죠.

그 '말'이라는 건 음악을 만들 때의 마음가짐에 따라서 많이 달라질 것 같아요. 이번에 작업한 노래는 어떤 테마로 만들어지고 있어요?
'도시'요. 꼭 도시를 테마로 해야겠다는 건 아니었는데요. 음악을 모아놓고 보니까 도시에 사는 사람들 이야기더라고요. 아직은 가제지만 '도시의 속마음'이라는 타이틀로 곡을 열한 곡 정도 묶어두었어요. '시티 라이트'라는 제목의 곡도 있고, 도시 건물이 너무 멋있어서 건물에 대해 노래하기도 했죠. '미스터리 빌리지'라는 곡이 타이틀인데, 현실의 우리 이야기를 상상 속 마을에 빗대어 표현했어요. 도시 분위기나 모습만을 노래한 건 아니고요, '말'이라는 곡에는 사람들의 말 때문에 상처를 받거나 용기를 얻은 이야기도 담겨 있죠.

도시라고 하면 삭막하고 바쁜 분위기가 떠오르는데 진아 씨는 그와는 거리가 멀게 느껴져서 새로워요. 도시가… 뭘까요?
도시요? 사람이 많이 사는 곳이요(웃음). 그리고 또 열심히 사는 느낌이기도 해요. 사실 잘 모르겠어요. 다들 그냥, 어쩌다 보니 도시에 살고 있는 거잖아요. 도시에서 산다는 건 운명처럼 느껴지기도 해요. 누군가는 어쩌다 보니 여기 태어나서 쭉 도시에 살고 있고, 또 누군가는 어쩌다 보니 도시가 아닌 곳에 태어나서 도시로 이동해 오기도 하고요. 저는 요즘 도시라는 단어에 건물이 떠올라요. 한창 꽂혀 있어서 그런지 지나는 모든 건물이 참 멋있다는 생각이 들어요. 아무리 자그마한 건물이어도 저희보단 크잖아요. '이 큰 걸 어떻게 만들었지?' 하는 것부터 시작해서 온갖 생각이 다 들죠. 근데 건물은 보면 볼수록 음악과 닮았어요. 건축은 뼈대부터 만들고 하나하나 덧대고 쌓아 나가는 일이잖아요. 음악도 마찬가지예요. 요즘은 개발 중인, 아직 형태도 제대로 보이지 않는 공사장 앞을 지나가면서 '난 지금 이런 상태인가?' 하는 생각도 많이 해요. 빨리 완성하고 싶다는 마음도 들고요. 어떤 건물은 크고 웅장하지만, 어떤 건물은 아기자기하고 자그마한데요. 저는 작고 귀여운 걸 좋아하니까, 제 음악은 저런 큰 건물보다는 아기자기한 건물 쪽이겠지 생각도 하고요. 별생각을 다 하죠(웃음)?

주변을 늘 새롭게 관찰하는 것 같아요. 요새 눈에 띈 건물 있어요?
한강을 걷다 보면 맞은편에 여의도가 보이는데요. 진짜 도시 같다는 생각이 들어요. 건물이 높고 빌딩이 많아서요. 외국 같기도 하고요. '저거 어떻게 만들었냐….'라는 생각도 자주 해요. 이탈리아에 갔을 때 산 프란체스코 대성당Basilica di San Francesco을 보고 굉장히 감탄한 기억이 나요. 천장에 붙은 조각 하나까지도 정말 아름다웠거든요. 오래된 종교 건축물들이 특히 근사한 것 같아요. 작은 부분에 감탄할 때가 많죠.

뚝딱 지어지는 게 아니어서 더 그런 것 같기도 하고요. 요즘은 서울 어디든 너무 빨리 지어지고 부수어지는 것 같아요. 난개발이 너무 심하다는 생각도 들어요.
맞아요, 좋아하던 가게들이 하나둘 없어지는 걸 보면 슬퍼요. 꼭 제가 사라지는 것 같아서요. 이렇게 모든 게 바뀌는 게 정상인 건가 의문도 드는데, 정상인 거겠죠? 안 바뀌고 그대로 오래오래 있는 것도 이상한 것 같고요. 곧 발표될 '도시의 건물'이라는 노래에 이런 가사가 있어요. "수없이 넘쳐나고 또 생기고 없어지길 반복해."

점점 더 앨범이 궁금해지는데요(웃음). 도시가 많은 사람이 사는 곳이라고 하셨는데, 이번 앨범은 도시 사람들의 이야기일 수도 있겠어요.
네. 도시에 사는 사람들의 속마음. 일단 제 개인적인 노래들이기는 해서 제 마음에 뿌리를 두고 있는데요. 저 또한 도시에서 사는 사람이니까 저와 같은 마음을 가진 사람도 있지 않을까요?

앞서 '말'이라는 노래에는 말에 상처를 받기도 하고, 용기를 얻기도 한다는 내용이 담겨 있다고 했죠. 혹시 지금 생각나는 말 있으세요?
"네가 다 알고 있어."라는 얘기를 들은 적이 있어요. 저는 선택하는 걸 어려워하는 편인데요. 드럼 치는 조성준이라는 분이 저한테 "네가 다 알고 있어. 다 네 마음속에 있어."라는 이야기를 해주신 적이 있어요. 그 말을 한 번에 믿거나 의지한 건 아닌데 조금씩 믿어보려고 노력하는 중이에요. 아무리 선택하기가 어려워도 그중 제 마음이 닿는 건 분명히 있을 테니까요. 틀리더라도 괜찮다는 생각도 자꾸 하려 하고요. 그런 이야기가 위로가 되어주더라고요. 누군가 저를 믿어준다는 말이잖아요.

맞아요. 그런 믿음은 큰 힘이 되죠. 이번엔 분위기를 살짝 바꾸어서 공간 소개를 해볼까요? 이 귀여움으로 가득한 작업실!
이전에는 집에서 연습하던 시기도 있는데, 성산동 쪽에 작업실을 얻게 되면서 작업실 생활이 시작됐어요. 그러다 작업실을 옮겨야 하는 상황이 되어 여기저기 구해보다가 이 동네로 오게 됐죠. 지하층을 고른 건 합주도 마음껏 하고 싶다는 마음이 있어서였어요. 큰 소리가 나도 괜찮으려면 지하를 구하는 게 좋을 거란 이야기를 들어서 여기로 정한 거죠. 처음엔 혼자 쓰려고 거실도 만들었는데요. 여러모로 다른 사람과 함께 쓰는 게 좋겠다는 생각이 들어서 지금은 친구들과 함께 쓰고 있어요. 성산동 작업실을 혼자 사용했는데 혼자 있으니까 뭘 해야 할지 잘 모르겠더라고요. 여기 자리 잡으면 저쪽에 있어야 할 것 같고, 저쪽으로 옮기면 다시 여기 있어야 할 것 같고…. 왠지 혼란스러웠어요. 제가 뭔가를 하고 있어도, 하지 않아도 아무도 신경 쓰지 않으니까 자꾸 놀게 됐고요(웃음). 또 누군가 있어야 같이 밥을 먹으면서 환기도 하고 월세도 아낄 수 있지 않을까 싶었어요. 잘한 선택이었어요. 방을 여러 개 두고 있는데, 이 방은 온전히 저 혼자 쓰는 공간이에요. 공간 중앙에는 그랜드 피아노가 있고, 녹음 가능한 기기들도 세팅되어 있어요. 안쪽 작은 방에는 업라이트 피아노를 두고 아늑한 분위기를 만들었죠. 메인 공간에서는 작업하고, 피아노 연습을 해요. 곡을 쓰기도 하고요.

매일 출근하듯 오나요?
아주 규칙적으로 오는 건 아니지만 매일 오려고는 해요. 종종 너무 오기 싫을 땐 집에서 키보드로 작업하기도 하고요.

너무 오기 싫을 때는 어떨 때예요?
요즘 정말 열심히 했다, 전날 진짜 피곤했다, 하는 날(웃음). 마감할 게 따로 없으면 집에서 쉬기도 하죠. 제가 기계적이고 철두철미한 성격은 아니거든요. 옛날에는

시간을 정해두고 작업하기도 했는데, 지금은 오늘 할 일을 기록해 두고 체크리스트를 완료하면 놀아도 된다는 마음가짐으로 작업하고 있어요.

매일 체크리스트를 적어요?

네. 그래야 오늘 할 일을 잘 마치고 놀 수 있으니까요(웃음). 계획 짜고 뭔가 쓰는 걸 좋아하다 보니까 스스로 데드라인 정하는 게 일하기 편하더라고요. 데드라인이 없으면 자꾸 미루게 돼요. 오늘 안 해도 된다고 생각하게 되고요. 녹음실을 잡아둔다거나, 작업 제출 마감 일자를 정해두면 훨씬 성실하게 작업할 수 있게 돼요. 물론 외부 마감이 아니라 스스로 정한 거라면 유연하게 굴 때도 있어요. '이건 좀 미룰까, 내일 할까.' 하면서요.

오늘 대화를 준비하면서 유튜브 채널도 열심히 봤어요. 그것도 하나의 일상 수집이자 기록이겠죠.

유튜브는 오래전부터 하고 싶던 건데 용기가 안 나고 실행력이 없어서 생각보다 늦게 시작했어요. 평소에 사진으로 남기던 것들을 영상으로 남기는 거라 크게 어려운 건 없었고, 재미있었어요. 다만, 보는 사람이 있는 채널이다 보니까 제 일상이 매 순간 예쁜 건 아니라는 게 마음에 좀 걸렸어요. 너무 평범하다고 느끼기도 했고요. 매번 맨 얼굴로 촬영하려니 '현타'가 오기도 했죠. 부끄럽기도 했고요. 그래서 너무 애쓰지 말고 하고 싶을 때만 하자고 생각했어요. 자연스럽게 하고 싶어지는 때를 기다리는 거죠. 그렇게 하다 보니까 촬영할 때 살짝 뻔뻔해지기도 하더라고요(웃음).

브이로그는 일상생활을 기록하는 거잖아요. 내 생활을 영상으로 남기는 데 어떤 의미가 있다고 생각해요?

저는 음악가지만, 음악만 하는 사람은 아니에요. 저도 생활을 살고 제 삶이 있으니까 음악 바깥의 모습도 나누고 싶다는 마음이었어요. 음악을 하고 음악을 좋아하지만 귀여운 것도 그만큼 좋아하거든요. 맛있는 거 먹는 것도 좋아하고, 쉬는 것도 좋아하고요. 그런 걸 구독자랑 함께해 보고 싶었죠. 근데 브이로그를 한참 하다 보니까, 팬들은 온전한 일상보다는 음악을 좀더 좋아하는 것 같다는 느낌을 받았어요. 그래서 지금은 음악에 관련된 걸 어떻게 하면 더 재미있게 기록할 수 있을까 고민하고 있어요.

해답을 얻었어요?

아직 고민 중이에요. 다만, 저만 할 수 있는 걸 찾아보려고 해요. 일상과 음악을 섞으면 어떨까 싶기도 하고요. 일상 공간에서 버스킹을 한다든지, 집에서 기타를 친다든지…. 도디dodie라는 싱어송라이터가 자연스러운 라이브를 콘텐츠로 잘 풀어내는데, 그분 영상을 보면서 영감을 많이 얻었어요.

이번 호에서는 '팬덤'에 관한 이야기도 들어보려고 해요. 무언가의, 누군가의 팬이야말로 수집광이 아닐까 싶어서요. 진아 씨한테는 '러블리진'이라고 하는 팬들이 있죠.

너무 고마운 분들이죠. 제가 하는 음악에 일종의 동의를 해주신 분들이라고 생각해요. 응원이자 공감을 얻었다는 뜻이기도 하고요. 감사하고 좋은데 미안한 마음도 커요. 제가 다른 아티스트에 비해 팬분들에게 제대로 사랑 표현을 못 하는 것 같아서요. 다른 아티스트들은 "여러분, 사랑해요!" 같은 것도 많이 하시던데…. 사랑과 감사 표현을 자유롭고 귀엽게 잘하는 분들을 보면 부러워요. 계속 공연을 하다 보니까 매번 와주시는 분들은 얼굴도, 이름도 자연스럽게 알게 되거든요. 그런 분들한테는 고맙다는 말을 전할 기회도 훨씬 많았던 건데 제대로 표현을 못 하는 게 항상 미안해요. 팬카페에도 글 하나 멋지게 못 남기고…. 쑥스러워서 그래요(웃음). 요새는 팬분들에게 마음을 표현할 저만의 방법을 찾아보고 있어요.

앞서 고민 중이라고 하신 새 유튜브 콘텐츠가 방법이 될 수도 있겠네요. 팬덤이라는 건 참 신비해요. 팬덤에 속한 사람은 한 명 한 명의 개인이지만, 전체로 보면 실체가 느껴지지 않는 듯한 느낌이 들기도 해서요. 팬을 실체로 실감한 순간이 있어요?

두 가지 기억이 떠올라요. 제가 중학생 때부터 꾸준히 일기를 쓰고 있는데요. 그 당시에도 노래를 만들어서 친구들에게 종종 들려주곤 했어요. 그럼 친구들이 듣고 좋다고 해줬거든요. 제가 쓴 가사를 공책에 베껴 쓰기도 하고, 흥얼거리기도 하고요. 그런 게 정말 고마웠죠. 아, 그 시절 다이어리도 가지고 왔는데 이따 보여 드릴게요(웃음). 싱어송라이터가 되고 진짜 제 팬이 생겼다고 실감한 순간도 있어요. 음반이 나오기 전부터 홍대에서 공연을 했는데 그때는 사람이 거의 안 왔거든요. 보통 지인을 초대하곤 했는데, 그것도 한계가 있으니까…. 매일 부를 순 없어서 아예 안 부른 적이 있었는데요. 정말 아무도 안 오는 거예요. 꽤 슬픈 기분으로 공연을 시작했는데 고등학생 두 명이 입장하더라고요. 공연을 끝까지 보시고는 마지막에 저한테 책받침 같은 걸 건네주고 가셨어요. 제가 노래하고 피아노 치는 모습을 그림으로 그려서 코팅한 거였는데, 작은 편지와 함께 건네주신 기억이 나요. 그게 지금까지도 굉장히 큰 용기가 돼요. (물끄러미 바라보며) …어떤 느낌인지 아시겠죠?

알 것 같아요. 무척 소중한 기억이라는 것도요.
음악을 그만둬야 하나, 생각한 적도 있는데 그때를 생각하면 해야겠다는 확신이 들어요. 어떻게 저를 알게 되었는지, 그날 공연엔 어떤 마음으로 찾아왔는지 아직도 궁금해요. 그 당시엔 아무것도 물어보지 못했거든요. 그분들께 지금이라도 고맙다는 말을 전하고 싶어요.

혹시 진아 씨도 누군가의 팬이었던 적이 있나요?
저요? (눈을 반짝이며) 완전, 완전 있어요. 많이 있어요. 일단… 저는 장나라 팬이었어요. 초등학생 때부터요(웃음). 싸이월드 클럽에 팬 사이트를 만들어서 운영하기도 했어요. 사람들이 가입하면 '가입해 주셔서 감사합니다.' 댓글도 달고, 사진도 열심히 올렸죠. 관리도 전부 제가 직접 했는데 그 당시 군인 팬들이 많았던 기억이 나요. 그러다 재즈 음악을 들으면서는 오스카 피터슨Oscar Peterson이나 키스 재럿Keith Jarrett 같은 뮤지션을 좋아했어요. 그중에서도 허비 행콕Herbie Hancock을 정말 좋아해서, 방에 사진도 붙여 놓고 지냈죠. 그런 재즈 아티스트가 되고 싶어서요.

팬이 되어보기도, 가져보기도 했잖아요. 팬심이라는 게 어떤 마음이라고 생각해요?
일단 무조건적으로 좋아하는 마음이요. 그 사람이 하는 걸 보고 싶은 마음, 보고, 듣고, 배우고 싶은 마음…. 그런 순수한 마음인 것 같아요.

누군가의 팬이 된다는 건, 무언가를 수집한다는 건 나의 취향과 맞닿아 있는 일이란 생각이 들어요.
제 취향은 역시 귀여운 거(웃음). 특히 마음이 편해지는 귀여움을 좋아해요. 어떻게 설명하면 좋을까요, 음…. 저는 강아지가 세상에서 가장 귀엽다고 생각하는데요. 저희 집 강아지는 갈색 푸들이거든요. 그 생명체를 보면 아무리 슬픈 일이나 짜증 나는 일이 있어도 다 풀려버려요. 귀여운 건 그런 거 같아요. 마치 귀여움이 존재 이유인 것 같기도 하고요. 어떻게 저런 생명체가 있지, 싶은 마음이 자주 들어요. 신은 어떻게 저런 걸 만들었을까요? 우리를 위로해 주려고 만든 것 같기도 하고… 아니, 잘 모르겠어요. 되게 신기하고 묘해요. 하나님은 하늘이랑 땅이랑 엄청 멋있는 산도 만드셨는데, 진짜 어이없게 귀여운 강아지도 만드셨잖아요. 코커스패니얼, 판다… 어떻게 이런 귀여운 걸 만드신 거죠? 사실 귀여운 물건들도 물건 자체가 귀엽다기보다는 물건에 귀여운 생명체를 그림이나 형상으로 담았기 때문에 귀여운 게 아닐까요?

궁극의 귀여움은 동물이라는 거군요(웃음). 소품 숍도 자주 다니시는 것 같아요. 귀여운 가게 소개해 주실래요?
홍대에 있는 '수바코'요! 거기 주인장이야말로 귀여움 마니아이신 것 같아요. 어디서 이렇게 귀여운 걸 잔뜩 모아 오시는 걸까요. 존경하는 마음으로 구경 다니고 있어요. 이런 걸 보면 세상엔 귀여운 걸 좋아하는 사람이 정말 많은 것 같아요. 저는 그런 사람들이 모은 것과 취향을 보는 걸 좋아해요. 물론 수집하는 것도 그렇고요. 옷 가게 겸 소품 숍인 '모데스트무드'도 좋아하고, '보키 프로젝트'도 좋아해요. 보키 프로젝트는 직접 그린 일러스트로 마스킹테이프를 제작하는데, 조그맣고 아기자기한 걸 정말 잘 표현하거든요. 볼 때마다 감탄하게 돼요(두 눈을 빛낸다).

역시 좋아하는 걸 말할 때 사람은 가장 자기다운 활기를 띠나 봐요. 소소하고 아기자기한 걸 좋아하는 성향은 기록할 때도 드러나는 것 같아요. 작업실에도 곳곳에 메모한 흔적이 보이는데, 손으로 기록하는 걸 좋아하나요?
다이어리는 중학생 때부터 쭉 쓰고 있고, 작업 일지나 체크리스트는 손으로 쓰기도 하고 컴퓨터로 메모장에 쓰기도 하는데요. 이번에는 작업 이야기를 유독 손으로 쓰고 싶더라고요. 이전까지는 빨리 끝내고 싶다, 얼른 발매하고 싶다는 생각만 들었는데 지금은 만드는 과정 과정이 너무 재미있어서 제대로 기록해 보고 싶다는 생각을 자주 해요. 그래서 작업 일지면서도 일기 같은 글을 꾸준히 쓰고 있어요. 주로 "오늘은 무슨 녹음을 했다, 녹음할 때 이러저러한 일들이 재미있었다." 같은 내용이죠. 제 마음이 어땠는지 감정 기록도 하고요.

기록할 때랑 하지 않을 때의 차이가 있어요?
기록을 아예 안 하고 살면 저도 모르게 좀 힘들던 것이 쌓여서 머릿속에 맴돌아요. 잠잘 때도 계속 떠오르고, 정리해야 할 것들이 남아서 주변에 둥둥 떠 있는 느낌이에요. 그런데 기록을 하면 그래도 생각이 저장되고 정리되는 기분이 들어요. 필요 없는 기억은 기록함으로써 머릿속에서 정리할 수 있게 되기도 하고요.

기록으로 마음이 편해지기도 하는 거네요.
확실히 그런 면이 있는 것 같아요. 저는 제 마음이 편해지는 게 중요한 사람이란 걸 새삼 알겠어요.

얼마 전에 인터뷰이에게 이런 이야기를 들었어요. 먼 훗날 내가 죽고 난 다음에 남긴 기록들이 어떻게 될까…를 종종 생각하게 된다는 말이었는데요. 진아 씨는 이 기록들이 어떻게 남기를 바라요?

음…. 어디 귀여운 박물관 한구석에 잘 남으면 좋겠어요. 어떤 전시에는 아티스트가 남긴 작업 일지나 작가 노트 같은 게 전시되기도 하잖아요. 그런 식으로 남으면 기쁘겠지만, 그러려면 제가 엄청나게 열심히 살아야만 할 것 같아요. 그러니까 이건 그냥 꿈이고요(웃음). 사실 사라져도 크게 상관없긴 해요. 저는 제가 꼭 그렇게 대단한 존재로 남아야 한다고 생각하진 않거든요. 물론 저도, 제 기록도 소중한데요. 후대 사람들이 꼭 저를 기억해 주면 좋겠다는 바람은 없어요.

어, 그럼 음악가로서의 진아 씨는요?
그래도 무언가를 남긴다면 그게 음악이면 좋겠어요. 제 음악을 듣고 누군가 약간의 미소를 머금으며 위로받는다면, 그걸로 행복해요.

지금도, 앞으로도 분명히 그럴 거예요. 앞으로 남기고 싶은 기록 있어요?
앞으로는 자연스러운 것들을 자연스럽게 해나가고 싶어요. 꾸미는 것도 재미있고 좋지만, '진짜' 음악을 하고 싶다는 생각이 들어요.

진짜 음악이 뭘까요?
그러게요, 솔직한 거 아닐까요? 저한테 솔직한 것, 음악에게 솔직한 것. 이 순간 느끼는 것들을 그대로 담아내는 음악이면 좋겠어요. 그걸 그대로 연주하고 부를 수 있는 사람이 되는 게 요즘의 목표이기도 해요. 이번 앨범에 'Accepting'이라는 제목의 곡이 있는데요. '받아들이다.'라는 의미잖아요. 지금 제 목표와 닮은 말이라고 생각해요. 저는 한때 '이건 이래서 아니야, 저건 저래서 아니야.' 하면서 전부 튕겨내던 시절이 있었어요. 이제는 그러고 싶지 않아요. 뭐든 자연스럽게 연주하고, 자연스럽게 흘러가고 싶거든요.

점점 더 진아 씨다워지겠군요. 기대할게요. 이제 우리, 학창시절 다이어리 구경할까요(웃음)?
막상 보여드리려니까 쑥스럽지만… (일기 여러 권을 꺼내 펼친다.) 아, "키 커지고 싶다."는 이야기는 왜 쓴 거지(웃음). 직접 쓴 시도 있고, 그림도 참 열심히 그렸네요. 오늘 가져온 건 고등학생 때 일기장인데, 흐린 눈으로 봐주세요!

어제의 진아가 모여

JInah with Piano

★ 행복한 5월

1 2 3 4 ⑤ 6 7 8 9 10 11 12

이달의 해야할 일

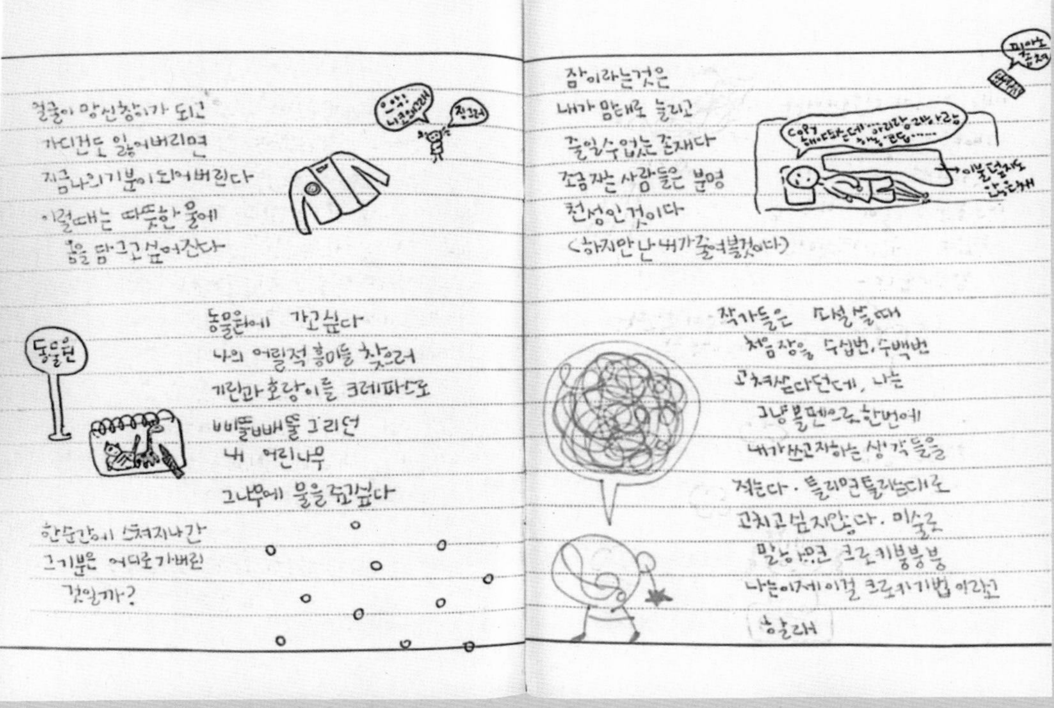

A Designer's Everyday and Practice

자꾸 잊어버리는 사람

권준호—일상의실천

에디터 이주연

포토그래퍼 Hae Ran

'수집'이라는 단어를 마음에 품고 사위를 둘러보다가 팬톤 오렌지 021C 색상의 쨍한 표지가 눈에 띄었다. 그리고 이내 깨달았다. '이거야말로 수집이구나!' 대부분 눈에 보이는 물건을 수집하지만 누군가는 눈에 보이지 않는 걸 모으기 위해 골몰한다. 《디자이너의 일상과 실천》이 바로 후자의 그것이다. 눈에 보이지 않는 순간의 경험을 길어 올려 한 자 한 자 적어 내려간 경험 수집이 한 권의 책으로 엮였다. 이 안에는 10년간 관찰해 온 디자이너의 시선이 켜켜이 담겨 있다. 그것도 대단히 아름다운 물성으로.

곰곰 생각해 봤는데, 저는 수집하는 게 좀처럼 없더라고요. 유일한 게 작업인 것 같아요. 이번에 10주년 전시할 때 10년 동안의 작업을 모아서 쭉 펼쳐놨는데 오신 분들이 어떻게 이걸 다 모아놨냐며 신기해하셨어요.

《디자이너의 일상과 실천》 참 재미있게 읽었어요. 이번 대화를 준비하면서 한 번 더 정독했는데, 두 번 읽으니 미처 못 본 것들이 또 보이더라고요. 요즘 어떻게 지내고 있어요?
감사한 이야기네요. 만나서 반갑습니다. 저는 김경철, 김어진이라는 친구들과 그래픽 디자인 스튜디오 '일상의실천'을 운영하는 권준호예요. 일상의실천은 올해로 10년이 되어 전시도 진행했고, 이제 10년이나 됐으니 2023년은 좀 여유롭게 보내자고 마음먹으며 지내고 있어요.

'특별한 걸 하자!'가 아니라 여유를 선택하셨군요.
10년 동안 쉬지 않고 작업만 했으니까요. 근데, 전시를 끝내고 나니 다시 바빠져서 쉴 틈이 없네요(웃음).

책에 이런 문장이 있어요. "클라이언트와 최대한 서로의 머릿속에 그리고 있는 구체적인 이미지를 많이 꺼내어 대화하기 위해 노력하고 있습니다. 예를 들면 작업의 톤을 화려한, 단정한, 발랄한 등의 형용사로 표현해 달라는 요청을 드리는데…." 오늘 대화도 이미지를 그리면서 시작해 볼까요?
아무래도 일할 때는 대화라는 게 굉장히 긴장되는 행위예요. 클라이언트를 처음 만나면 눈치 싸움도 하고, 이 사람이 어떤 사람인가 파악도 해야 하고, 어떻게 해야 일을 수월하게 진행할 수 있을까 고민하게 되니까요. 그래서 날이 서서 대화하게 되는 경우가 있는데 오늘은 그런 자리가 아니니까… '무해한'이라는 단어를 고르고 싶어요. 제가 좋아하는 말이기도 하고요.

무해한 대화, 좋아요(웃음). 일요일에 만나게 됐어요. 평일엔 일을 하기 때문에 일정 잡기를 조심스러워하시는 것 같았는데요. 책에서도 규칙적으로 일하는 걸 선호한단 인상을 받았는데, 실제로는 어떤가요?
그런 편인 것 같아요. MBTI를 엄청 신뢰하지는 않지만 몇 번 해봐도 계속 계획형인 'J' 성향이 나오더라고요. 주변 친구들은 그런 결괏값을 신기해해요. 제가 치밀하거나 계획적으로 하나하나 따지는 성향은 아니거든요. 근데 일하거나 작업할 때는 그렇게 하게 되더라고요. 금요일까지 작업을 보내야 하면 늦어도 화요일, 수요일까지는 제가 불안하지 않을 정도로 마무리가 되어 있어야 마음이 편해요. 남은 시간엔 부족한 부분을 채워나가면서 완성해야 안심이 되거든요.

친구들에겐 치밀한 사람이 아니에요?
네. 기억력이 나빠서 더 그렇게 보는 것 같아요. 일할 땐 까먹으면 안 되니까 달력이나 메모장에 빼곡하게 써놓곤 하는데요. 인간관계에선 그렇게까지는 하지 않으니까 여러 가지를 잊어버리거든요. 사람 얼굴도 잘 기억 못 하고(웃음). 그런 면에서 허술해 보이는 인상이 있나 봐요.

함께 일하는 어진 씨가 '부치는 글'에 이런 이야기를 쓰셨죠. "내 친구 준호는 불완전한 사람이다. (중략) 몇 개월 동안 함께한 인턴 직원의 성씨를 기억하지 못할 정도로 기억력을 탕진하는 경우가 있는데…." 그 대목을 읽으면서 기억력이 좋지 않아서 기록을 많이 하시는 건가 생각도 했어요.
그 영향도 있죠. 저는 영국에서 5년 동안 유학 생활을 했는데, 스스로 기억력 안 좋다는 걸 알고 있으니까 자꾸 기록하게 되더라고요. 한국에서 살 때랑은 엄청나게 다른 특유의 분위기, 날씨, 햇빛, 여러 상황, 순간들…. 이런 게 나중엔 흐릿하게만 남을 것 같아 아쉬워서요.

아니, 어느 정도로 기억력이 안 좋으신 거예요(웃음)?
기억이 막 섞여요. 이거랑 저거랑 섞이고, 이때 있었던 일과 저 때 이야기가 섞이고, A랑 했던 이야기가 B가 한 이야기가 되고…. 일부러 그러는 건 아닌데, 이런 상황을 서운해하는 사람이 생기더라고요. 그래서 적어놔야겠다는 생각이 들었죠. 영국에서의 기록은 《런던에서 디자이너로 산다는 것은 어떻습니까》라는 책으로 10년 전에 출간되었어요. 블로그에 기록한 글을 출판사에서 보고 연락해 주셔서 만들게 된 책이었어요.

그럼 지금은 영국을 좀더 선명하게 기억하고 있겠네요. 한국이랑 많은 게 다르다고 하셨는데, 어떤 점이 특히 그래요?
정말이지 모든 게 다 달라요. 특히 햇빛이 정말 그래요. 그때 매일 기록을 해둔 덕분에 드라마나 영상에서 풍경만 봐도 '아, 이거 영국 햇빛이다.'라는 게 느껴져요. 영국이라는 사전 정보가 없이도 보이더라고요. 영국 특유의 분위기는… 뭔가… 착 가라앉아 있어요. 비가 많이 오는 나라니까 비 내린 후에 뭔가 젖어 있는 듯한 분위기가 있거든요. 그게 나라 전체에 정서처럼 깔려 있어서 그런 점이 인상 깊었죠.

기록으로 뭔가를 기억하게 된다는 거 참 좋네요. 근황 이야기를 해볼게요. 지난 한 주는 어떻게 지내셨어요?
책을 낸 이후로 SNS에 남겨주시는 후기들을 재미있게 보고 있는데요. 독자들이랑 대화하고 싶다는 갈망이 늘 있었어요. 일방적으로 후기만 찾아 보는 일 말고, 대화를 해보고 싶었거든요. 마침 이번 주에 그런 자리가 있어서 작은 서점에서 북토크를 하고 왔어요. 독자들이 남겨주신 감상과 질문을 기반으로 대화했는데 정말 재미있었어요.

어떤 질문들이 있었어요?
질문 정말 많았는데… 기억이(웃음)…. 아, 그런 이야기가 많았어요. 실무에서 디자인을 하고 계신 분들이나 디자이너와 협업하는 편집자, 기획자가 많이 참석한 자리였는데요. '소통의 어려움'에 관해 많이 이야기하시더라고요. 특히 디자이너와 협업하는 분들은 디자이너에게 수정을 요청하거나 방향성을 수정할 때 어느 정도까지 접근해야 할지 잘 모르겠다는 이야기를 많이 하셨어요. 《디자이너의 일상과 실천》에 '디자이너에게 이렇게 하면 안 된다.'는 이야기가 많은데 그럼 도대체 어떻게 해야 하느냐 질문이었던 거죠.

저도 궁금해요. 디자이너를 '외주'라고 부르는 것도 경계하시는데 저도 외부 디자이너와 함께할 때 그런 표현을 곧잘 썼던지라 이야기를 더 들어보고 싶더라고요.
'외주 디자이너'라는 말 자체가 문제라고 생각하지는 않아요. 근데 이런 단어는 우리 주변에 상당히 많아요. 일하는 사람을 '노동자'라 부르는 건 당연하지만, 그 단어가 가진 사회적인 함의가 있잖아요. 단어 자체가 잘못된 건 아니지만 계층이 낮은 사람을 이야기하는 것 같죠. 그런 의미에서 외주라는 단어도 비슷한 함의를 가지는 것 같아요. 어떻게 보면 태도의 문제인 거죠. 외주나 용역이라는 단어를 쓰는 자체가 잘못되었다기보다는 그 표현을 쓰면서 '이 사람에게 일을 시키는 사람이다.'라는 태도를 장착하는 것엔 부정적이에요. 굉장히 상징적인 것 중 하나가 아무 때나 전화하는 거예요. 내가 일을 시키는 사람이기 때문에 아무 때나 전화해도 받아야 한다는 생각이 무의식에 깔려 있는 거죠. 통화가 가능한지 먼저 양해를 구하는 정도의 태도는 필요하다고 보는데, 일을 시킨다고 생각하는 사람들은 그러지 않거든요.

외주 디자이너라는 단어보다도 '내가 너한테 외주 일 줄게.'라는 태도가 문제라는 거네요.
맞아요. 이런 예가 적절할지 모르겠지만 전문직이라는 표현을 하잖아요. 디자이너도 분명히 어떤 분야의 전문가들이에요. 그러니까 이 사람을 찾아가서 의뢰할 때는 내가 해결하지 못하는 어떤 문제가 분명히 있거든요. 거기에 대해 컨설팅을 받거나 머릿속에 있는 걸 시각적으로 구현해 주는 사람들을 존중하는 마음이 필요하단 생각이 들어요. 병원에서 의사를 만나거나 법적인 문제가 있어서 변호사를 만날 땐 분명히 존중해 주잖아요. '선생님'이라는 표현을 쓰면서 권위를 인정해 주고요. 그들에겐 일을 맡긴다는 생각을 하지 않는데 유독 디자이너에겐 그런 경향이 좀 있는 것 같아요.

디자이너도 전문직이란 말에 동의해요. 아무나 할 수 있는 일은 아니니까요.
비슷한 맥락에서 일상의실천은 '우리가 꼭 해야만 하는 일'만 받으려고 해요. 우리가 아니어도 할 수 있는 일보다는 우리만이 해결할 수 있는 일을 하려고 하거든요. 그런 어려움을 해결할 때 더 재미있고 보람도 느껴서요.

요즘도 그런 재미를 느끼나요?
작업할 때마다 자주 느끼는데, 잠시만요, 역시 기억력이 좋지 않아서 찾아봐야 해요(웃음). 아, 책에도 언급한 내용인데요. 서울의 유명한 갤러리나 미술관을 위한 포스터, 그래픽 디자인은 좋은 작업이 정말 많거든요. 근데 조금만 지방으로 가도 지역 축제 디자인이 특별하지 않아요. 장터 같은 데 붙어 있을 법한 허술한 이미지가 많죠. 그런 작업이 저희한테 들어오는 경우엔 담당자가 굉장히 큰 문제의식을 갖고 찾아오시거든요. 지역 축제의 전형성을 탈피하고 싶은데, 갑자기 바꾸려니 너무 급진적이어서 공무원의 반대가 심하니까요. 그럴 때 어느 정도 중간 지점을 함께 잘 찾아가야 하는데, 이런 상황을 잘 조율해서 문제가 해결됐을 때 가장 보람이 크더라고요.

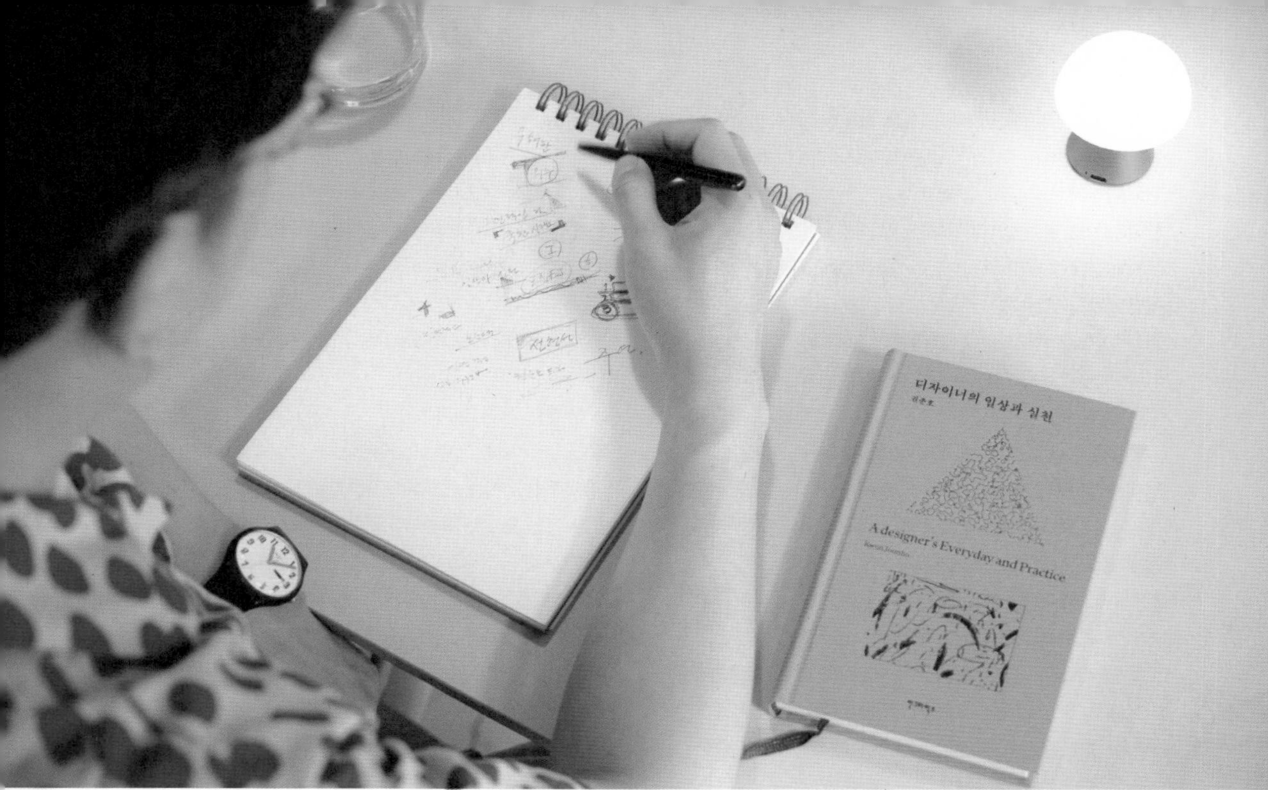

클라이언트 이야기를 좀더 해볼게요. 저도 종종 외부 디자이너와 협업할 때가 있는데, 이 책을 읽고 나니 더 궁금해지더라고요. 좋은 클라이언트의 요건은 무수하겠지만 세 가지로 이야기해 볼 수 있을까요?

첫째로는 어떤 디자이너인지 파악하는 게 중요해요. 의뢰하는 디자이너가 어떤 사람이고, 어떤 작업을 하는지 잘 파악해야 한다는 거죠. 사전 조사 없이 의뢰부터 하는 분들이 생각보다 많아요. 단순히 요즘 잘나간다는 이유로 맥락이 안 맞는 일을 의뢰하는 거죠. 그럴 땐 좋은 작업이 나오기가 힘들거든요. 실무자라면 그걸 볼 줄 아는 눈이 있어야 한다고 생각해요. 둘째는 중간자 역할을 성실히 해주는 거예요. 저는 실무자가 단순히 전달자는 아니라고 봐요. 실무자가 윗사람 의견을 전하기만 한다면, 굳이 실무자를 둘 필요가 있을까요? 대표자랑 직접 소통하면 되는 일인 걸요. 나아가 제가 정말 좋아하지 않는 건 대표자의 의중을 미리 예상해서 '대표님은 아마 이런 거 싫어하실 거야.'라는 생각으로 피드백을 주는 실무자예요. 협의조차 이루어지지 않고 지레짐작으로 전달하는 거죠. 마지막은 사람이 하는 일이니까 서로 배려하면서 작업하면 좋겠어요. 이 작업을 위해 많은 시간과 노력을 투자하게 되잖아요. 작업만 보내드리는 게 아니라 성실하게 설명도 덧붙이는데, 피드백이 수정 내용만 숫자 붙여 나열해 오는 경우엔 기운이 빠져요. 그 수정이 타당해 보이더라도 해주고 싶지가 않아요(웃음). 서로의 노력을 존중해 주면 좋겠어요.

사전 조사, 성실함, 배려. 세 키워드로 기억해야겠어요. 근황 이야기를 하다가 여기까지 왔네요(웃음). 또 재미있는 일 없었나요?

이번 주는 북토크가 가장 큰 이벤트였어요. 나머지는 전부 작업실에 있었죠. 10시에 출근하고 7시에 퇴근하면서.

근무 시간을 딱 지키는 편이에요?

가능한 한 지키려고 해요. 굉장히 많은 디자이너가 밤에 일하곤 하는데요. 아마 학교 다닐 때 '야작' 하던 습관이 남아서일 텐데, 저도 예전에는 밤이 아니면 일이 잘 안됐어요. 낮에도 커튼 쳐놓고 일부러 어둡게 만든 뒤 작업하고 그랬는데, 어느 순간 디자인이 혼자 하는 작업이 아니란 생각이 들더라고요. 협업을 통해 작업이 발전되고 만들어지는 과정이 중요하다는 생각을 하게 됐어요. 일을 하면 할수록 많이 느끼게 되죠. 전에는 제가 원하는 형태가 나올 때까지 마치 예술가처럼 골방에 틀어박혀서 만들고는 그 과정을 누구와도 공유하지 않고 결과물만 보여줬다면, 최근에는 좀더 협업에 초점을 맞춰 클라이언트와 소통하면서 일하려고 해요. 그러려면 그들이 일하는 시간에 저도 깨어 있고, 멀쩡한 정신으로 있어야 하는 거죠. 그래서 10시부터 7시 작업 시간을 지키려고 해요.

《디자이너의 일상과 실천》은 그 시간을 기록한 셈이겠네요. 기록은 어디에 하는 편이세요?

대체로 휴대폰이요. 휴대폰이 집 컴퓨터, 회사 컴퓨터, 노트북 다 연결되어 있어서 관리가 편하거든요. 사실 기록이라고 하기도 민망해요(웃음). 체계적인 문장으로 완성형으로 쓴 건 아니어서요. 《디자이너의 일상과 실천》에 실린 글도 10년 동안 단상 형식으로 남겨둔 메모에 살을 붙여서 하나의 글로 만든 거였죠. 순간의 짧은 생각을 메모하기엔 휴대폰이 가장 간편한 것 같아요.

순간을 기록하는 걸 중요하게 생각하시는 것 같아요. 책에도 "디자인이 밥벌이가 되면서 반복되는 노동이 됐을 때, 회의감에 빠지지 않기 위해 순간의 경험을 기록하는 일이 중요해졌다."고 쓰셨지요.

회의감에 빠지지 않기 위해 회의감 비슷한 감정들을 기록해야겠다고 생각한 거였어요. 저는 작업할 때 제가 그동안 쌓아온 작업자로서의 논리, 태도 같은 것들을 나름대로 열심히 준비해서 보여주거든요. 그런데 그렇게 노력해서 전달해도 거부당하거나 제가 납득할 수 없는 이유로 수정되는 경험을 자주 하게 돼요. 그런 경험을 그냥 흘려보내면 부정당하는 기분이 남더라고요. 이를테면, 인터넷에서 최저가 상품 고르듯이 디자인 견적을 묻는 메일 같은 건데 그런 문의는 꽤 자주 오거든요. 그럴 때 기분 나빠하고 끝나는 게 아니라 그게 왜 문제인지 남겨놓으면 변할 수 있다고 봐요. 일상의실천뿐 아니라 이 업계를 변화시키는 단초가 되지 않을까 생각하죠. 실제로 후배 디자이너들에게 디자이너가 목소리를 낼 수 있는 선례를 남겨주어 고맙다는 말을 듣기도 하고요.

유독 창작 영역에서 금전적인 부분에 박해지는 경향이 있는 것 같아요. 열정 페이나 재능 기부 같은 말이 그냥 나온 단어는 아니라고 생각하거든요.

정확한 답은 아니겠지만, 창작을 재능의 영역으로 생각하는 경우가 많은 것 같아요. 재능이라고 하면 특별한 노력을 기울이지 않아도 번뜩이는 아이디어로 쉽게 해낼 거라 생각하는 분위기가 있잖아요. 디자인, 글, 일러스트…. 사실 굉장한 노력과 공부가 필요한 건데, 이해가 부족해서 그런 건 아닐까 싶기도 해요. 언젠가 이런 이야기를 들은 적이 있어요. 어느 유명한 작곡가가 곡을 의뢰받았는데 굉장히 빠르게 곡을 만들어줬다고 해요. 근데 큰돈을 주고 의뢰한 클라이언트가 곡이 너무 빨리 완성되니까 '대충 만든 거 아니냐.'는 반응이 돌아왔다고 하는데요. 작곡가가 이렇게 답했대요. "이렇게 빠르게 작업해 내기 위해서 지난 15년 동안 나는 끊임없이 수련해 왔다. 그랬기에 가능한 것이다." 같은 의미라고 생각해요.

맞아요. 창작자에겐 "너는 좋아하는 거, 잘하는 거 하잖아."라는 이야기를 쉽게 하기도 하고요.

정말 그래요. 저도 나름대로 고충이 많은데 '그래도 너는 너 하고 싶은 거 하잖아.'라는 이야기가 들려와요. 속상한 일이죠.

뉘앙스를 좀 바꿔볼게요. 지금 좋아하는 일을 하고 있나요?

네, 다행히 그렇습니다.

좋아하는 거랑은 별개로 지루함을 느낄 때도 있겠죠?

10년 동안 한 번도 바꾸지 않은 일상의실천 소개글을 읽어볼게요. "(전략) 그래픽디자인을 기반으로 하고 있지만, 평면 작업에만 머무르지 않는 다양한 디자인의 방법론을 탐구하고 있습니다." 사실 디자인 공부를 시작하자마자 회의감이랄까, 권태에 금방 빠졌어요. 대학에서 가르치는 디자인 커리큘럼이 너무 한정적이어서요. 특히 제가 다닌 학교는 거의 모든 커리큘럼이 광고 쪽에 집중돼 있어서 마치 그래픽 디자인이 곧 광고인 것처럼 인식된 경향이 있었거든요. 제가 평생을 바쳐서 할 수 있을까 확신이 없었는데요. 다양한 경험을 하면서, 특히 유학 생활을 하면서 그래픽 디자인이라는 영역이 생각보다 굉장히 넓다는 걸 알게 됐어요. 포스터, 아이덴티티, 모션 웹 디자인, 타이포그래피…. 이걸 그냥 '그래픽 디자인'이라고 묶어 말하기엔 굉장히 다른 일들이거든요. 저는 공간이나 설치, 미디어 인터렉션 같은 영역에도 욕심이 많아서 그쪽 작업도 하고 있는데, 몸담고 있는 영역이 넓어서 지루해질 틈은 많지 않은 것 같아요. 권태에 빠지면 다른 디자인 작업을 하면 되거든요. 포스터 디자인을 하다가 막히면 조판 작업을 하는 거죠. 포스터 이미지를 만드는 게 우뇌를 쓰는 창작의 영역이라면 편집 디자인은 비교적 논리적인 좌뇌 영역이거든요. 아주 작은 디테일을 봐야 하고, 그리드를 맞추는 일이니까요. 그러다 또 지루해지면 우뇌를 쓰는 아이덴티티 작업을 하고(웃음). 제가 만약 한 분야에만 집중하고 있었다면 금세 권태감을 느끼고 힘들었을 거예요. 물론 성향에 잘 맞아서 책 디자인만 10년, 20년씩 하시는 분들도 있지만 저는 그런 성격은 아니거든요. 다행히 디자인 영역 안에서도 다양한 데 관심이 많아서, 이리저리 오가며 권태감을 극복하고 지내요.

작업의 힘듦을 작업으로 푸는 거네요.

그렇죠. 클라이언트 업무도 그렇지만, 1년에 한두 개 정도 개인 작업도 하고 있는데요. 개인 작업이 그런

2019 영등포 여의도
봄꽃축제
COREA
변화를쓰
Achille Castiglioni
바이오필리아 BIOPHILIA
Real City
CROSSROADS, Building the Resilient City
DATA Books
THE SEOUL ILLUSTRATION FAIR 2016
서울일러스트레이션페어 2016
THE SEOUL ILLUSTRATION FAIR 2017
MaytoDay 메이투데이
ART BUSAN 2018
아트부산 ART BUSAN 2019
2017 바다미술제 SEA ART FESTIVAL
magazine
mandarin

면에선 권태로움을 확실히 없애주는 업무예요. 일부러 더 디자인의 전통적인 표현 방식을 벗어나려고 하거든요. 책, 종이, 웹이라는 바탕을 완전히 벗어나거나 융합하는 식으로요. 육체노동으로 뭔가를 만들어서 메시지를 전하는 것도 하나의 방법이고요.

《디자이너의 일상과 실천》 책 작업은 어땠어요? 저자이기도 하고, 디자이너이기도 한데 출판사를 따로 두었다는 점에서 좀 다른 지점이 생겼을 것 같아요.

기존 단행본에서 아쉽던 부분이나 제 책에 대한 욕심, '이렇게 만들어보고 싶다.' 하는 것들을 최대한 많이 반영했어요. 판형도 일반 시집보다는 가로 폭이 조금 넓은데, 소설책이나 기존 단행본보다는 크기가 약간 작아요. 그러면서 세로로는 조금 긴 형태죠. 가벼운 책을 좋아해서 종이도 가벼운 걸로 골랐고, 글자도 피로감을 느끼지 않을 정도의 글밥을 담았어요. 책 표지로 사용한 오렌지도 제가 가장 좋아하는 색이고요. 책은 글을 담는 그릇이기도 하지만 오브제로 기능한다는 생각도 있어서 제본에도 신경 썼어요. 이 책의 제본 방식인 마루 양장은 각 양장보다는 책등이 둥글게 떨어지는 형태인데요. 오래전에, 책이 처음 만들어졌을 시절엔 주로 이런 형태를 띠었거든요. 사실 지금 하기엔 제본비도 비싸고 제작도 까다로워서 출판사를 설득해야 했어요. 감사하게도 제 의견을 수용해 주었지요. 표지에 책 제목이 담긴 방식도 좀 독특하죠. 국내 서적인데 영문 제목이 병기되는 건 굉장히 드문 일이거든요. 출판사에서도 외서를 번역한 책이 아닌데 영문 제목을 넣은 건 선례가 없었다고 하더라고요. 하지만 저한테는 일상의실천이라는 이름이 한글뿐 아니라 영어도, Everyday Practice라는 단어가 가진 의미도 중요하기 때문에 꼭 넣고 싶었어요.

본인의 글이 담긴 책을 직접 디자인해서였을까요. 표지 디자인부터 근사했죠.

이 책의 두 가지 키워드는 '일상'과 '실천'이에요. 그래서 표지를 디자인할 때 위쪽엔 일상, 아래쪽엔 실천을 표현하려고 했어요. 책은 혼자 썼지만 일상의실천은 셋이 하는 스튜디오이기 때문에 삼각형으로 그려 넣었죠. 그 안은 구불구불한 선으로 채워져 있는데, 순탄하게만 지나온 것은 아니라는 걸 표현하고 싶었어요. 이렇게 꼬물꼬물 고민하고 부딪치기도 하지만, 이 삼각형 안에서 일상을 살아가고 있다는 의미였죠. 아래쪽 네모는 실천을 표현한 건데요. 사회적인 맥락의 메시지를 담을 때 관심 있는 분야를 카메라 뷰파인더처럼 보자는 의미였어요. 그 안에는 굉장한 갈등과 마찰 그리고 파열음이 있다고 생각해서 동적인 실루엣을 담았고요. 나름대로 둘을 대비되게 표현하려고 일상은 디보싱(움푹 들어간 후가공)으로 작업했고, 아래는 엠보싱(볼록 튀어나오는 후가공)으로 마무리했어요.

(표지를 만져본다.) 듣고 보니 후가공이 정말 반대네요? 하나의 예술 작품처럼 보이기도 해요. 일상과 실천을 대비되게 표현한 점도 재미있고요. 기록하는 행위는 일상에 좀더 가까운 거겠죠?

그렇겠죠? 음… 그런데 어떤 면에선 실천에 가까운 것도 같아요. 클라이언트와의 이야기도 단순히 불평하려고 쓴 건 아니거든요. '디자이너가 받아들이기에 무례하거나 불쾌한 지점이 있다.'는 걸 지적함으로써 클라이언트가 잘못을 인지하고 다음 디자이너에겐 그러지 않기 위해 노력한다면 일종의 실천으로 볼 수 있지 않을까요?

일상 같은 기록이 실천을 이끌어낸다고도 볼 수 있겠어요. 두 권의 책을 낸 디자이너인데, 이전에 책을 쓸 거란 생각을 해본 적이 있어요?

네, 언젠가 꼭 하고 싶은 일이었어요. 제가 처음으로 디자인에 재미를 느낀 게 '졸전' 책자를 만들 때였거든요. 그 책이 여러 방면에서 영향을 줬죠. 왜, 학교마다 한두 개씩 문제가 있기 마련이잖아요. 저희 학교도 마찬가지였는데요. 술자리에서 푸념하는 정도로 끝나는 게 아쉽고, 공론화해야겠다는 문제의식이 있어서 학생들을 한 명 한 명 인터뷰했어요. 졸업 작품뿐 아니라 디자이너로서의 태도나 학교에 다니며 느낀 문제점 같은 걸 공론화하는 방식으로 텍스트를 기획했죠. 그때는 기획자 겸, 편집자 겸, 디자이너 역할까지 했단 생각이 들어요. 그렇게 만들어진 콘텐츠를 어떤 형식으로 담을지 고민하는 과정이 너무 재미있더라고요. 누군가 제게 준 콘텐츠를 형태적으로 고민하는 것이 아니라, 제가 처음부터 함께 고민한 내용을 어떤 형식으로 담을지 궁리하는 게 즐거웠어요. 그 결과물로 나온 책이 디자인 공모전에서 대상을 받고 내용 또한 주목받기 시작했죠. 교수진들이 책 다 거둬들이라고 할 정도로 반향이 있었어요. 그 책에서 굵직하게 이야기한 것 중 하나가 교내 구타였는데요. 그 작업 이후로 그런 것들이 많이 사라지는 경험을 하면서 디자인으로 변화를 만들 수 있겠다는 생각을 하게 됐어요. 제 작업물이 누군가에게 변화를 이끌어내는 게 즐겁더라고요. 첫 책을 보고 영국으로 유학 간 독자도 있었고, 이번 책을 보고 디자이너로서의 태도나 클라이언트와 맺는 관계에 대해 좀더 생각하게 됐다는 분들도 있는데, 그럴 때 굉장히 뿌듯해요.

작업물이 개인의 만족에서 끝나는 게 아니라 변화를 이끌어내는 데에 관심이 있는 듯해요. 특히 일상의실천 작업은 사회적인 메시지를 담은 게 많은데요. 나를 중심에 두고 작업하기보다는 타인이나 사회를 향해 이야기를 풀어낸다는 인상이 있어요.

우스갯소리지만, 제 MBTI가 ENFJ거든요. 근데 이 유형이 공감 능력이 엄청 뛰어나대요. 저는 어릴 때부터 그랬어요. 길 걷다가 구걸하시는 분 보면 그냥 지나치지 못하고…. 책에 어머니 이야기가 종종 등장하는데 저희 어머니가 장애 아동 유치원을 운영하셨거든요. 장애 아동 중에서도 발달 장애 아동을 위한 유치원이었어요. 그 당시에 한국에서 발달 장애인이 유치원에서 교육받는다는 건 전에 없던 일이었거든요. 상태가 아주 심한 친구들은 아니었기 때문에 일반 아동과 같이 교육을 받을 수 있도록 운영해 나갔는데요. 실제로 일본에서 장애 아동과 일반 아동이 함께 생활할 때 서로 도움이 된다는 연구가 있었기에 그걸 도입한 거였거든요. 근데 몇 년 못 가고 무산됐어요. 일반 아동 학부모들이 엄청나게 항의해서요. 그런 걸 옆에서 지켜보면서 나와 다른 타인을 받아들이는 건 어려운 일이지만 유의미한 변화를 만들어낼 수 있겠다는 생각을 많이 하게 됐어요. 기득권층이 누릴 수 있는 것들을 놓지 않으려고, 손해 보지 않으려고 하는 마음이 사회가 변하는 걸 막는다는 생각을 많이 했죠. 그래서인지 소외당하는 사람이나 환경적인 이유로 피해받는 사람들에게 어릴 때부터 관심이 많았어요.

"디자이너로 산다는 건 관찰하며 살아가는 삶이다."라는 문장을 쓰셨는데, 부지런히 관찰하기 때문에 변화를 만들어낼 수 있다는 생각도 들고요. 요즘은 어떤 걸 관찰하고 있어요?

최근엔 글을 계속 써서인지, 소통에 관해 많이 생각하게 돼요. '정확하게 표현해야 오해를 줄일 수 있다.'는 거요. 특히 클라이언트와 하는 의사소통이 그러한데요. 정확히 아닌 건 아니라고 해주어야 상대방이 불필요한 기대나 오해를 안 하게 되거든요. 명쾌하지 않으면 나중에 결과물을 보고 서로 당황스러워져요. '왜 이런 요소를 담았어요?', '네? 이런 걸 담아달라면서요.' 이런 식으로요. 얼마 전엔 IT 회사와 일 몇 건을 하게 됐는데 그때 소통이 쉽지 않다는 걸 엄청나게 느꼈어요. 혹시 '판교 사투리'라는 거 아세요? 그쪽 업계에서 자주 쓰는 용어인데, 예컨대 이런 거예요. 외우기도 쉽지 않아서 어딘가에 적어뒀는데, 잠시만요. (메모장을 찾는다.) "개발 방향이 어느 정도 얼라인 됐고요. 아직 개발팀 리소스 파악 중이라서 업데이트는 못 했는데 슬랙에 말씀드린 것처럼 두 데이까지는 완성할 수 있을 것 같아요." 겨우겨우 유추해서 답장을 드렸더니 "너무 늦는 거 아닌가요? 씨 레벨에 보여줄 건 있어야지. 린하게 일정 더 당길 순 없어요? 지난번 미팅에서 분명 에자일 하겠다는 레슨 런을 공유해 주셨고…."

터치
192/26
DECORATING DICTATORIAL STATUES
ONOFF
Seoul Woman Craft Center + the Arium

아악!

(웃음) 생각보다 훨씬 더 영어를 많이 쓰시더라고요. 어느 날은 '락업'을 보내달라고 하는데 그게 뭔지 전혀 모르겠는 거예요. "락업이 뭔가요?" 물어보기가 좀 그래서 대충 알아듣는 척했더니 나중에 다 꼬이더라고요. 알고 보니 락업은 구성 요소를 의미하는 거였어요. 유추한 것과는 전혀 다른 의미였죠. 물론 의도를 가지고 영어를 쓰는 건 아니겠지만, 그런 언어가 익숙하지 않은 사람들, 한 번에 이해하지 못하는 사람들을 소외하는 소통 방식이라 생각해요.

격하게 공감해요. 저는 필요 없는 영어를 사용하는 데 엄청난 알레르기가 있거든요. 줄임말도 그렇고요. 언젠가부터 그런 의사소통 방식이 보편화된 것 같아요. 그게 뭐냐고 되묻는 건 바보처럼 느껴질 때도 있어요.

습관적으로 사용하게 된 데는 소속감의 영향이 큰 것 같아요. 그래서 얼마 전엔 클라이언트에게 단도직입적으로 말했어요. 그런 표현 쓰지 말아 달라고. 소통하는 데 오히려 방해가 된다고요. 정확하게 소통해야 오류 없이 일을 처리할 수 있거든요. 아, 또 관심 있게 관찰하게 된 말이 있어요. 요즘 제가 거슬려 하는 말 중 하나가 "갑자기?"예요. 대화를 하다 보면 다른 소재로 넘어갈 때도 있고, 특히 아이디어 회의할 때는 유연하게 이 얘기, 저 얘기 튀어나오기도 하잖아요. 그런데 누군가 "갑자기?"라고 하는 순간 그 말을 꺼낸 사람이 맥락과 동떨어진 이야기를 한 것처럼, 눈치 없는 사람처럼 보이게 돼요. 평가절하되는 거죠. 그걸 인식하고 나니까 "갑자기?"나 "네가?"라는 말이 거슬리더라고요. 조심해서 써야 하는 표현이란 생각이 들어요. 결국엔 누군가를 소외하게 되는 거니까요.

요즘 소통하는 법을 관찰하고 있군요.

아무래도 클라이언트나 동료들이랑 많은 얘기를 하면서 작업하다 보니까 불통에서 빚어지는 오류를 최소화하고 싶어서 더 집중하게 되더라고요. 책 쓸 때도 마찬가지였어요. 한때 은어처럼 '보그체'라는 말이 유행했잖아요. 그런데… 비속어를 섞어 써야 확 와닿는데, 순화하자면(웃음) '인문체'라는 것도 있더라고요. 그러니까, 되게 근사하게 적힌 문장을 열심히 읽었는데, 읽고 나서도 무슨 이야긴지 전혀 이해가 안 되는 문체를 말하는데요. 제 글은 절대 인문체로는 쓰지 말아야겠다 다짐하면서 썼어요. 그래서인지 '술술 읽힌다.'는 후기를 읽으면 그렇게 기쁘더라고요.

지금까지는 클라이언트에 관해 이야기했는데, 반대로 디자이너로서 해선 안 될 태도도 있을 것 같아요.

그런 이야기를 해보고 싶어서 책 후반부에 '큐레이터와의 대화'를 실었어요. 오랫동안 함께 작업해 온 큐레이터와 대화하면서 이쪽 의견을 많이 들어보려고 했죠. 그때 나온 이야기 중 하나가 '큐레이터의 글을 읽지 않는' 디자이너였어요. 사실 이건 정말로 많은 디자이너가 자주 하는 실수거든요. 콘텐츠보다 시각적인 것, 보이는 부분만 집중하다 보면 이런 실수가 나오게 돼요. 저 또한 비주얼만 우선해서 콘텐츠를 놓친 적은 없는지 돌아보는 계기가 됐죠.

이번 호 주제어는 기록이자 수집이에요. 디자이너로서의 기록 역시 하나의 경험 수집이라 생각했는데요. 기록물 외에 또 모으는 게 있나요?

안 그래도 주제를 듣고 제가 모으고 있는 걸 생각해 봤는데, 수집하는 게 좀처럼 없더라고요. 유일한 게 작업인 것 같아요. 이번에 10주년 전시할 때 10년 동안의 작업을 모아서 쭉 펼쳐놨는데 오신 분들이 어떻게 이걸 다 모아놨냐며 신기해하시더라고요. 영국에서 공부할 때 인상 깊게 본 것 중 하나가 아카이브를 굉장히 열심히 한다는 거였어요. 공적인 부분은 물론이고 일반 기업들도 아카이브를 제대로 한다는 게 멋져 보이더라고요. 영국에서 가장 대중적인 슈퍼마켓 중에 '세인즈버리'라는 곳이 있는데요. 구멍가게로 시작한 곳인데 처음에는 통조림 패키지를 손으로 그리면서 판매하기 시작했다고 하더라고요. 지금까지 그 패키지가 어떻게 발전해 왔는지 아카이빙해 놨는데 그런 점도 너무 멋졌어요. 우리나라에서는 그런 걸 찾아보기 어렵잖아요. 디자인이 바뀌면 과거의 것을 부정하고 지금이 더 좋은 거라는 식으로 발전해 나가는데, 영국은 과거 유산을 지켜가면서 발전하더라고요. 그런 점이 인상 깊어서 저도 해봐야겠다 생각한 거죠. 그래서 디자인 스튜디오를 시작하고부터 모든 작업을 모아두었어요. 그걸 이번에 직접 보고 만질 수 있도록 모두 전시한 거고요.

나의 작업만큼 타인의 작업에도 관심이 많을 것 같아요. 문득 궁금해지는데 타인의 작업 중에 기억에 남는 창작물이 있나요?

노순택 작가님 사진들이요. 그분 사진이 제게는 무척 충격적이었어요. 사회적인 메시지를 담은 사진은 노순택 작가님 이전에도 많았지만, 조형적인 아름다움을 극한으로 밀어붙여 표현하면서도 그 안에 현시대의 아픔을 선명하게 담는 작가는 흔치 않았다고 생각해요. 기억에 남는 시리즈 중 하나가 '얄읏한 공'인데요. 평택으로 미군

기지가 이전할 때 꾸준하게 촬영한 사진들인데, 말하자면 역사적인 시리즈거든요. 근데 조형적으로도 미적으로도 굉장히 아름다워요. 사회적인 메시지를 저렇게까지 조형적으로 아름답게 전달할 수도 있다는 걸 깨닫고 굉장히 충격을 받았어요. 작가님은 사회적인 현장에서, 가슴 아픈 현장에서 조형적인 아름다움을 추구하는 사진을 찍는 게 맞는가에 대한 회의감이 크셨다고 해요. 직접 쓰신 책도 여러 권 나왔는데 그런 딜레마에 많이 괴로워하시더라고요. 생각할 거리를 정말 많이 던져준 사진작가죠.

일상의실천 작업과도 어느 부분은 닮아 있는 것 같아요.
그렇게 인식된다면 영광이죠.

지금까지 이야기한 디자이너로서의 기록은 인간 권준호의 기록과 크게 다르지 않을 텐데요. 디자이너 권준호는 전형적인 것에서 탈피하고 누구도 소외당하지 않도록 하는 디자인에 관심이 많은 것 같아요. 아마 삶의 가치도 이러한 방향일 것 같은데, 오늘날 준호 씨가 중요하게 생각하는 하나의 가치를 이야기해 주신다면요?
저한테는 늘 숙제 같은 건데요. 예전부터 저 자신을 굉장히 평범하다고 생각하며 살아왔어요. 형이 워낙 특출한 예술가여서 어릴 때부터 제가 더 평범하게 느껴진 것도 같은데, 그래서인지 전형적인 걸 자꾸 탈피하고 싶더라고요. 미디어에서 만들어낸 전형적인 디자이너의 모습은 좀 피해서 살고 싶어요. 일상의실천도 생계를 위해 디자이너가 할 수 있는 단순한 일, 사회적 메시지가 없는 일도 당연히 하고 있는데요. 저희가 늘 추구하는 '전형성에서 탈피한 디자인'이나 '배제되는 사람이 없는 작업'은 꾸준히 해나가고 싶어요. 그 사이에서 균형을 유지하면서요.

잘하고 있다고 스스로 독려하는 일도 중요할 것 같아요.
이번에 책을 내고 제가 참 좋아하는 디자이너 선배가 인상적인 이야기를 해주셨어요. 정확히 뭐라고 하셨더라…. 찾아볼게요(웃음). "첫 출간 축하드리고 성실하고 신선한 행보를 응원합니다." 저는 여기서 '성실'하고 '신선'하다는 게 굉장히 큰 칭찬으로 와닿았거든요. 땡스북스 대표님이신데요. 10년 전에 첫 책을 내고 땡스북스에서 북토크를 하고, 이번에도 북토크를 했는데, 그게 참 의미가 크더라고요. 앞으로도 '신선한 행보'를 유지해 나가고 싶어요. 이런 말들이 저에겐 독려가 되는 거고요.

디자인으로 할 수 있는 가장 멋지고 신선한 행보가 무엇이라고 생각하세요?
아카이브요. 현업에서 디자인하고 있는 사람들의 작업물을 모아 한 공간에서 보여주고 싶어요. 이번 10주년 전시를 하면서 저희 스튜디오가 10년 동안 한 작업물들도 이렇게 재미있게 봐주시는데 수많은 디자이너의 작업물이 한데 모여 있으면 어떨까 하는 생각이 들더라고요. 모든 작업물을 직접 보고 만지고 경험할 수 있는 아카이브 공간이 있으면 좋겠어요. 물론 디자인 라이브러리 같은 곳도 분명히 있지만, 그곳에 수집된 작업은 워낙 유명한 작품들이어서 약간은 거리감이 느껴지잖아요. 좀더 일상적이고 현실에서 만날 수 있는 디자인들을 아카이브하는 공간을 만들어보고 싶어요.

이것 역시 수집인 셈이네요. 그 공간, 완성되면 꼭 초대해 주세요.
좋아요!

"무해한 대화를 하고 싶다."는 말에 사뭇 긴장했다. 세상에 무해한 게 얼마나 될까, 그걸 내가 만들어 갈 수 있을까 염려한 터다. 한마디, 두 마디, 대화가 이어지면서 나는 긴장에서 조금씩 풀려났다. 중간중간 그의 말에 웃으며 박수치고 무구한 표정으로 고개를 끄덕이던 장면을 떠올린다. 우리 목소리가 담긴 녹취록을 찬찬히 풀고 나서 어떤 확신이 들었다. 나는 그 믿음을 잊지 않고 싶어 조심스레 일기장을 펼쳤다. 그날 일기에는 이런 문장이 남았다. "어쩌면 오늘, 무해한 대화를 나누었는지도 모른다. 일단은 그렇게 쓰고 싶다."

일상의 실천
EVERYDAY PRACTICE
2023.04.07. – 04.30.
MUSINSA TERRACE
10 Years of Everyday Practice

오세연의 사랑에는 모서리가 없다. 그의 사랑은 멈출 수 없는 바퀴처럼 쉴 새 없이 굴러가고, 끝을 알 수 없는 우주처럼 거듭하여 팽창한다. “심장이 뛰고 있으니까, 어떤 대상을 향한 마음도 죽지 않고 이어지는 거겠죠.” 그의 맞은 편에 앉아 지난한 세계 속에서도 사랑을 지속할 수밖에 없는 이유에 대해 듣는 동안 시시각각 변하는 표정을 본다. 무언가를 좋아하는 사람들은 이렇게나 행복해 보이는구나 싶어진다.

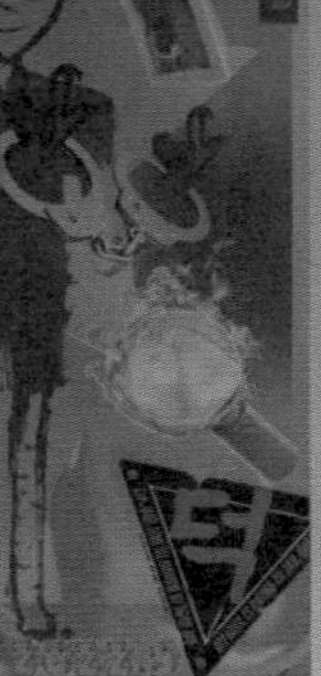

모서리 없는 사랑

오세연—영화감독

에디터 오은재
포토그래퍼 임정현

종강하셨죠? 방학 라이프를 즐기고 있나요?
방학한 지는 얼마 안 됐어요. 연재 요청이 많이 들어와서 최근까지도 글 쓰면서 바쁘게 지냈어요. 틈틈이 영상 작업도 하고요.

〈성덕〉(2021)을 세상에 선보이고 난 뒤 시간이 조금 흘렀어요. 몇 년간 영화를 만들고 상영하면서, 과거의 오세연을 이해하고 행복을 빌어주는 시간을 보냈을 것 같은데요. 회고해 보자면 어떤 시간이었는지 궁금해요.
〈성덕〉을 만드는 과정도 굉장히 길었고, 개봉까지도 꽤 오랜 시간이 걸렸거든요. 대부분의 감독님들께선 개봉하고 나서 한두 달 이후에 극장에서 영화를 내리는 시점에 복잡미묘한 감정을 많이 느낀다고 하더라고요. 저는 오히려 개봉 전날 뒤숭숭했어요. 그때 많이 울었거든요. 〈성덕〉이 개봉까지 하고 나면 더 이상 이 영화로 할 수 있는 일이 끝나는 것 같았어요. 영화를 찍을 땐 미션이 계속 주어지잖아요. 그날까지 잘 살아서 달려가야지 하는 생각이 들었는데 개봉을 앞두고 나니 이제 진짜 끝이다, 싶었어요.

뭔가 자식 다 키운 부모의 마음처럼 느껴져요.
그 비유가 딱 맞는 것 같아요. 부산국제영화제에서 처음 상영할 때부터 물가에 내놓은 애 보듯이 제 영화 뒤를 졸졸 따라다녔거든요. 매번 영화관에 가서 관객들과 함께 영화를 보면서 '사람들이 어떻게 반응할까?','이 장면에서 사람들이 웃을까?' 하고 궁금해했어요. 그렇게 지내다 보니까 떠나보낼 때가 오더라고요.

걱정이 무색하게도 〈성덕〉은 많은 사람의 사랑을 받았죠.
개봉하고 나서 엄청 많은 일들이 일어났어요. 사실 지금 하는 모든 일들이 〈성덕〉 덕분에 시작하게 된 거거든요. 저한테 많은 기회를 열어준 영화니까 너무 고맙죠. 때로는 두렵기도 해요. 제가 〈성덕〉을 만든 오세연이 아니라 '성덕' 그 자체가 되어버린 것 같아서요. 저도 메일 보낼 때 "안녕하세요, 성덕 오세연입니다."하고 보내게 되더라고요.

내가 만든 영화를 뛰어넘어야 하는 상황이 왔군요.
맞아요. 영화의 존재감이 저보다 더 커진 거죠. 제가 가보지 못한 데에도 자기 혼자 가 있고요. 때로는 성덕 오세연이라고 소개하는 게 부담도 되고 영화가 미울 때도 있지만, 그럼에도 이 모든 게 이 영화가 저한테 가져다준 행운이라고 생각해요. 애증의 관계죠.

내 이야기가 많은 사람에게 사랑받는 걸 보면 어떤 기분이 들어요?
고맙다는 말에 대해서 깊이 생각하게 됐어요. 저는 하루에도 몇 번씩 고맙다는 인사를 하거든요. 버스를 탈 때도, 누가 자리를 비켜줄 때도, 편의점에서 물건을 사고 나올 때도요. 그만큼 제게 일상적인 인사나 다름없었는데, 이 영화를 만들고 나서 고맙다는 이야기를 정말 많이 들었어요. 영화에 출연해 준 친구들도 우리 이야기를 해줘서 고맙다고 말해주고, 영화를 본 관객들도 이런 이야기를 만들어줘서 감사하다고 이야기해 주시는데 그 말의 무게가 정말 무겁게 다가오더라고요. '내가 만들고 싶어서 만든 영화인데 이런 말을 들어도 되나?' 싶긴 했지만, 큰 울림이 느껴졌어요.

〈성덕〉은 '덕질'하던 최애가 성범죄자가 된 이후 하루아침에 무너져 버린 그의 팬들에 대한 이야기죠. 위에서 말씀하셨듯 세연 씨의 자전적인 이야기가 담겨 있기도 하고요. 제목은 기획 단계 때부터 성덕이었나요?
맞아요. 이 제목이 되게 재미있었거든요. 전 친구들을 사귈 때마다 매번 제가 성덕이었다는 이야기를 자주 하고 다녔어요. 그런데 모두가 알고 계시는 '그 사건'을 겪고 난 뒤 처음으로 그 수식이 부끄럽게 느껴지더라고요. 아시다시피 성덕은 계를 탄 팬을 의미하잖아요. 분명 어제까지만 해도 성덕이라는 사실이 영광스러웠는데, 하루아침에 내가 좋아하던 오빠 때문에 '실패한 덕후'가 돼버렸으니 그 단어에 의문이 들 수밖에요. 그때부터 〈성덕〉에 대한 고민이 시작된 것 같아요.

구성하는 단계에서 시행착오를 많이 겪었다고 들었어요. 사적인 이야기에서 대중이 공감할 만한 이야기로 변한 시점은 언제였어요?
그 지점이 영화를 만들면서 제일 어렵게 느껴졌어요. 내 분노로 시작된 영화지만, 제 영화가 저 혼자 보는 일기장은 아니잖아요. 나의 호기심과 질문들을 따라가기는 하되, 관객 또한 제 여정에 동참할 수 있어야 한다고 처음부터 생각했어요. 그러려면 제가 겪은 일들을 객관적으로 보려고 노력해야 했죠. 저는 영화를 만들면서 여러 기록을 많이 남겨두는 편인데요. 노트에 보면 온갖 고민이 다 적혀 있어요. '사람들이 나를 이해할 수 있을까.' '내가 이 사람을 얼마나 좋아했는지 어디까지 설명해 줘야 할까.' 같은 것들요. 그 정도로 보는 사람들을 계속해서 의식하려고 했어요.

그럼 어떤 사람들이 이 영화를 볼 거라고 생각했어요?
안 그래도 타기팅 고민이 정말 컸어요. 아이돌 산업을 이해하고 있는 사람들만 노려야 할지 그런 것에 전혀 관심이 없는 사람들도 설득해야 하는지 갈피를 잡지 못했죠. 영화에 참여한 모두가 다양한 사람들이 봐주길 바랐지만, 저는 '누군가를 좋아해 본 적 있는 사람들이 이 영화를 보고 공감해 줬으면 좋겠어.'라는 마음으로 영화를 만들었어요. 다른 사람들은 몰라도 팬들한테는 꼭 인정받고 싶었거든요.

만들면서 욕심이 커지진 않았어요?

되게 웃긴 게, 상영하기 전까지만 해도 '모두를 만족시킬 수는 없다.'고 스스로 많이 다독였거든요. 그런데 영화가 세상 밖에 나오고 나니까 팬들뿐 아니라 덕질을 해보지 않은 분들도 재미있게 봐주시는 거예요. 국내 관객들 사이에서 그런 반응이 들려오니, 괜히 평론가나 해외 관객한테도 인정받고 싶어지더라고요. 그 마음이 저를 꽤 힘들게 했어요. 한창 고민이 많던 시기에 아는 다큐멘터리 PD님께 '이게 영화적으로 좋다고 말할 수 있는진 잘 모르겠다. 아무리 생각해도 별로인 것 같다.'고 털어놓은 적이 있어요. 그때 그 감독님께서 묻더라고요. 이 영화를 만들 때 목표가 뭐였냐고요. 그래서 처음의 마음을 말씀드렸더니 곰곰 생각하다가 "그럼 성공하신 거 아니에요?"라고 말씀해 주시더라고요(웃음).

최초 목표를 달성했으니까요. 저도 누군가의 덕질을 해본 사람으로서 〈성덕〉을 정말 재미있게 봤는데요. 영화 중간중간 공감되는 포인트도 정말 많았지만, 말미에 나오는 세연 씨만의 해석이 정말 좋았어요. 그 사람을 덕질한 추억을 오래오래 웃으며 간직할 수 있다는 것만으로도 성덕이 될 수 있다는 이야기가 마음에 남았어요. 이 이야기의 결론은 언제쯤 지어졌어요?

영화를 처음 기획할 땐 '우상화'라는 단어에 조금 더 집중해 보고 싶었어요. 자신이 좋아하는 사람이 범죄자가 되었는데도 여전히 남아서 추종하는 팬들을 보면서 기이한 기분을 느꼈거든요. 그 의문점을 파고들기 위해서 저처럼 떠난 팬들만 만나는 게 아니라, 아직 남아서 그 사람을 지지하는 팬들 이야기도 들어보려고 했어요. 그런데 영화를 만들다 보니 그 사람들을 만나야겠다는 생각이 잘못된 것처럼 느껴졌어요.

왜요?

그분들을 만나 뭔가를 찍고 이야기를 들은 뒤 제가 그 이야기를 가지고 뭘 만들 수 있을까를 생각해 보니 남은 팬들을 놀림감으로 만드는 건 아닌가 싶더라고요. 애초에 '아직도 왜 좋아해? 이해할 수 없어.'라는 마음으로 시작한 거니까요. 그런 마음으로 그들을 만나는 건, 그 사람들한테도 예의가 아니라는 생각이 들었어요.

어떤 프레임에 가둬놓고 누군가를 재단하고 싶지 않았던 거군요.

네. 스타가 범죄를 저질렀을 때 사람들 반응이 갈리잖아요. 욕하는 사람이 있고, 그래도 좋다고 말하는 사람들도 있죠. 물론 세상에 두 가지 반응만 있는 건 아니지만, 전자가 후자를 마구 비난하는 장면을 보면서 여러 생각이 드는 거예요. 그 사람이 정말 잘못한 걸 알고 있지만 한순간에 등을 돌리기엔 쉽지 않을 수도 있잖아요. 그런 복합적인 마음에 관해 이야기를 해보고 싶었어요. 그렇게 주변 친구들과 인터뷰를 진행하다 보니, 내가 잘 알고 있는 이야기는 이들한테 있는데 왜 알지도 못하는 이야기를 하려고 하나 싶었어요. 영화에도 나오지만, 사실 친구들 모두 어떻게 보면 아직도 좋아하는 사람들의 마음을 어느 정도는 이해하고 있더라고요. 그 정도만 담겨도 충분하다는 걸 인터뷰하면서 많이 느꼈어요. 다만 그 결정을 내리는 데 시간이 생각보다 오래 걸렸죠.

만드는 과정에서 우연한 상황이 계속 개입하기도 하고, 촬영본이 쌓이면서 이야기 방향이 새롭게 뻗어나가다 보니 이래저래 고민이 컸나 봐요.

조연출이었던 캠 촬영을 한 언니랑 긴급회의할 때도 둘은 태연한데 저 혼자서만 난리인 거예요. 근데 두 친구가 입을 모아서 "지금 만들고 있는 대로 계속 가면 되는데 뭐가 문제냐?"고 말하더라고요. 그때 제가 그 자리에서 선포했거든요. 아무래도 이 영화에서 좋아하는 마음에 대한 정확한 답을 내리는 건 불가능할 것 같다고요. 그건 논리의 문제가 아니라 마음의 문제 잖아요. 그러니 그저 누군가를 좋아했던 팬들에 대한 이야기로 가는 게 최선일 것 같다고 말하니까, 둘 다 심드렁하게 "원래 그렇게 할 거 아니었어?"라고 반응하더라고요. 저만 바보 된 거죠, 뭐.

다들 어렴풋하게 알고 있었나 봐요. 이 영화가 해야 할 이야기가 뭔지를요.

저는 늘 걱정하고 불안해하거든요. 아마 같이 영화 만드는 친구들도 저와 같았다면 솔직히 무사히 완성하진 못했을 것 같아요. 그런데 친구들이 볼 땐 이미 제가 저도 모르는 사이에 맞는 방향으로 가고 있었던 거죠. 그걸 확실하게 말해주고 응원해 주는 사람들이 있어서 안정감을 많이 느꼈어요. 항상 그렇게 제 주변 좋은 사람들한테 영향을 많이 받아요. 제가 한창 힘들어할 때 조연출 친구가 이런 이야기를 해줬거든요. "네가 너를 못 믿겠으면 너를 믿고 있는 나를 믿어라." 그 이야기를 들었을 때 말로 표현할 수 없을 정도로 감동이었어요. 덕분에 저도 그런 마음으로 다른 사람들을 대하려 하고, 용기를 내려고 해요.

1.55 MEGA
PIXELS CCD
FADER
BACK
LIGHT
MEMORY STICK
120× DIGITAL
ZOOM
Carl Zeiss
Vario-Sonnar
STAMINA
up to 7

사랑을 위한 되풀이
POINT
OF
VIEW

서로서로 덕질하듯 응원하는 사이네요. 영화와 책의 관전 요소 중 하나는 덕질을 하며 겪게 되는 '양가감정'이라는 생각이 들었어요. 〈성덕〉의 제작기가 수록된 《성덕 일기》에서 특히 눈에 띈 대목이 있다면 "너를 너무 좋아했던 나는 네가 되고 싶었다."와 "나는 네가 너무 밉다. 밉다. 제발 잘못한 만큼 벌 받았으면 좋겠다."라는 문장이 하나의 글 안에 공존한다는 것이었어요.

저는 누군가를 좋아하면 그 사람을 닮고 싶어지더라고요. 그 사람이 좋아하는 영화나 음악이 있으면 따라 보고 듣고 싶어져요. 이걸 들으면서 무슨 생각을 할까, 헤아리다 보면 그 사람을 좀 더 잘 이해하게 되는 기분이 들거든요. 그런 식으로 어떻게든지 공통분모를 많이 만들려고 하는 편인데요. 그렇게 따라 하다 보면 그 사람의 취향을 저도 좋아하는 순간이 와요. 그런 점에 있어서 저는 누군가를 닮고 싶다는 이야기가 매우 아름답게 느껴져요. 사랑한다는 말이랑 똑같은 이야기인 것 같아요.

"나는 네가 너무 밉다."도 그만큼 사랑했던 사람만이 할 수 있는 말처럼 들려요.

맞아요. '싫다'랑 '밉다'는 완전히 다른 이야기잖아요. 싫어한다는 이야기는 아무한테나 할 수 있지만, 밉다고 말할 수 있는 사람은 별로 없는 것 같아요. 정말 사랑해야지만 할 수 있는 말이니까요.

덕질할 때의 감정 이야기가 나와서 생각난 건데, 세연 씨가 주변 친구들을 인터뷰하신 대목을 읽다가 한 친구분이 "덕질은 주접과 착즙이 전부다."라고 말씀하신 걸 보고 밑줄을 그어뒀어요. 너무 맞는 말 같아서요.

저도 그 말에 공감해요. 덕질을 할 땐 어떤 사람의 매력 포인트를 찾아서 즙 짜내듯이 좋아해야 하잖아요. 그걸 착즙이라고 부르는데, 전 착즙을 하고 있다는 의식 없이 착즙을 하는 편이긴 해요. 내 최애가 머리부터 발끝까지 매력적이라고 생각하고, 그게 미치도록 좋아서 앓는 것일 뿐이죠. 저는 덕질할 때 이런 발언도 서슴없이 해요. "발가락 좀 봐. 너무 귀여워." 이 문장도 결국 주접과 착즙으로 구성된 거잖아요(웃음).

(웃음) 세상에나, 그럼 그 외에는 어떤 감정으로 구성된 것 같아요?

아, 망상도 포함할 수 있지 않을까요? 그리고 동기 부여도! 저는 덕질하면 진짜 열심히 살고 싶어져요. 열심히 살아야 그 사람을 볼 수 있으니까요. 또 뭐가 있을까요?

동기 부여랑 같은 선상에 있는 감정이라는 생각이 드는데, 덕질하면 좀 용감해지는 것 같아요. 가본 적 없는 곳까지 데려다주는 게 덕질 아닐까요? 그런 의미에서 궁금해졌는데, 혹시 덕질 때문에 이런 것까지 해봤다 싶은 게 있나요?

이걸 용감하다고 말할 수 있을진 모르겠는데요. 저 정말 별짓을 다 했어요. 기억에 남는 일화가 하나 있는데, '그분' 덕질하던 중학생 때 일이에요. 어느 날 그분이 출연 중인 〈1박2일〉이 부산으로 촬영을 왔다는 소식이 팬카페에 올라온 거예요. 저 부산 사람이잖아요. 감천문화마을에서 촬영한다는 걸 알자마자 난리를 치면서 덕질하는 친구한테 전화했어요. 어린 마음에 먼발치에서 구경이라도 해보고 싶어서 한 시간이나 걸리는 거리를 찾아갔거든요. 그런데 어디 있는지 모르겠더라고요. 그때 저희 앞으로 봉고차 한 대가 지나갔는데, 혹시 촬영 차량일까 싶어서 택시를 잡아타고 따라갔어요. 근데 그냥 봉고차였던 거예요(웃음).

(웃음) 택시비는 있었어요?

아뇨. 저 고등학생 때도 한 달에 5만 원씩 용돈 받아서 썼거든요. 그런데 중학생이 돈이 얼마나 있었겠어요. 택시비가 3만 6천 원 정도 나왔는데, 친구랑 저랑 있는 돈 없는 돈 탈탈 털어서 냈죠. 당시엔 제가 좋아하는 사람이 촬영하러 이 먼 곳까지 내려왔으니 너무 보고 싶은 마음에 그랬지만 되게 무모한 짓이었죠. 하마터면 사생팬으로 몰릴 뻔했으니까요. 헛발질해서 다행이죠, 뭐.

일찌감치 덕후 기질이 있다는 걸 아셨다면서요. 그 대목을 읽으며 궁금해졌는데, 덕후는 선천적으로 타고나는 걸까요, 후천적으로 만들어지는 기질일까요?

선천적인 게 큰 것 같긴 해요. 감정의 폭이 넓은 사람들이 무언가를 광적으로 좋아하는 것 같거든요. 덕질도 열정이 있어야 할 수 있잖아요. 관찰력도 좋아야 하고요. 티브이를 틀면 나오는 수많은 사람들 중에 이 사람의 이런 부분이 너무 마음에 든다 싶어야만 마음에 품게 되니까요. 물론 그럴 기미가 전혀 보이지 않다가 어느 날 우연히 뭐 하나에 미쳐버리는 사람들도 있긴 하죠.

사랑은 늘 사고처럼 찾아오죠.

맞아요. 그렇게 생각해 보면 혹시 그런 경험이 없는 분들은, 아직 상대를 못 만난 게 아닌가 하는 생각도 해요. 그분이 그런 감정을 못 느끼는 게 아니라, 아직 운명의 상대가 그분께 오지 않은 거 아닐까요? 아직 내게 닿지 못한 사랑이 지금 열심히 달려오는 중이어서 조금 늦어지는 것뿐이죠. 팬 활동뿐만 아니라 연애 감정 또한 마찬가지라고 생각해요.

세연 씨는 덕질하는 마음과 연애 감정이 같다고 생각하나요?

아뇨, 좀 다른 것 같아요. 덕질 할 땐 그 사람과 대화를 주고받지는 않잖아요. 멀찍이서 그 사람이 자기 인생을 열심히 살아가는 걸 바라보고 응원할 뿐이죠. 반면 연애할 땐 서로의 관심이 얼마나 통하는지를 보게 되는 것 같아요. 제가 재작년부터 올해는 연애할 거란 얘길 하고 다녔거든요. 저만의 기준을 두고 탐구 중이에요. 첫째는 자격지심이 없는 사람, 둘째는 친구 없는 사람, 셋째는 영화 좋아하는 사람. 이 세 가지 기준으로 제 미래의 남자친구를 찾고 있습니다. 구인 광고 하나 내주시겠어요(웃음)?

잘 정리해 볼게요(웃음). 그럼 그냥 좋아하는 마음이랑 덕질하는 마음은 어떤 차이가 있다고 생각해요?

둘 다 마음으로 하는 일이긴 하지만 덕질에는 숙제가 따라붙는 것 같아요. 의무감이 필요하다고 해야 할까요. 이를테면 한국 아이돌 덕질을 한다고 치면 할 일들이 많잖아요. 앨범 구매나 음원 스트리밍, 문자 투표 같은 거요. 덕후로서 해야 할 일이 있고 시간과 돈을 써야 하죠. 그게 가장 큰 차이 같아요.

〈성덕〉 이후에 "최근에는 어떤 덕질을 하고 있냐?"는 질문을 굉장히 많이 받았던 걸로 기억해요. 그때마다 지금은 그렇게까지 좋아하는 게 없다고 말씀하시더라고요. 그걸 보고 덕질의 기준이 높은 게 아닐까 하고 짐작해 봤어요.

저는 좋아하는 게 정말 많은 사람이에요. 매일매일 무언가를 좋아하면서 살고 있어요. 좋아하는 마음이 습관이 되어버린 거죠. 일상을 살아가는 것처럼 당연한 일인 거예요. 반면에 제게 덕질은 뭔가 하나에 꽂혀서 그것만 파고드는 시간이 확보되어야 해요. 이를테면 제가 요즘 4세대 걸그룹을 굉장히 좋아해서 에스파나 아이브 무대 영상을 자주 찾아보거든요. 하지만 그들의 전 생애사를 다 찾아보고 모든 무대를 하나하나 살펴보진 않아요. 저는 덕질을 시작하면 하나부터 열까지 다 알아야 하는 사람이거든요.

연구하듯이 하는군요.

네. 어떤 대상에 완벽하게 몰입해서 관련된 모든 걸 다 섭렵해야만 하는 상황까지 가야 덕질한다고 여기는 거죠. 가볍게 좋아하는 건 시간이 날 때만 즐기는 것, 덕질은 시간이 없어도 틈을 내서 하는 것.

근래 들어서 새롭게 찾아온 사랑이 있나요?

정말 얼마 안 되긴 했는데, 요즘 황인찬 시인의 시를 읽고 너무 좋아서 열성적으로 관심을 가지기 시작했어요. 시인님이 한 인터뷰 닥치는 대로 다 읽고, 그분이 쓰신 책도 다 사고, 책 읽으면서 음미하고, 인스타그램 모조리

훑어보고…그러면서 지냈어요. 친구들한테도 시인님이랑 언젠가 한번 만나 뵙고 싶다고 혼자서 막 난리 쳤어요. 저는 무언가에 관심이 생기면 저 혼자 생각하거나 일기를 쓰고 마는 편인데, 열렬하게 좋아하는 대상이 생기면 꼭 누군가한테 말하고 싶어져요.

무언가를 사랑하는 사람들은 왜 자신이 품은 애정을 말하지 못해서 안달일까요?

좋아하는 마음이 엄청날수록, 그 마음이 내 안에만 있기에는 너무 거대해서 나도 모르게 자꾸만 밖으로 삐져나오는 거죠. 그래서 그걸 어딘가에 털어놓고 발설해야지만 내 마음에 담아놓을 만큼의 크기가 되는 게 아닐까 싶어요. 어떤 분들은 내가 누군가의 덕후라는 걸 티 내지 않으려고 '일반인 코스프레'를 하잖아요. 저는 그걸 잘 못해요. 좋아하면 마구마구 말하고 싶어서 안달해요. "나 이 사람 진짜 좋아해!" 하고 세상에 소리치고 싶어져요.

황인찬 시인에겐 어떻게 빠진 거예요?

(숨을 들이켠다.)

(웃음) 표정부터 달라지네요.

제가 원래도 시 읽는 걸 좋아해요. 기형도 시인의 시를 정말 좋아했어요. 그분 시를 읽으면 정말 미친 듯이 고독해지는 거예요. 그런데 황인찬 시인의 시집을 읽다 비슷한 감각을 느꼈어요. 두 분 시 쓰는 스타일이 완전히 다른데도요. 제가 사실은 외로운 사람이었다는 걸 알게 되는 느낌이랄까요. 시집을 읽다 보면 사랑에 관한 시가 많이 나오는데요. 한 줄 한 줄 곱씹다 보면 사랑이란 게 너무 아름다운데, 부질없게 느껴져요. 시 속 화자들도 단단해 보이면서도 굉장히 나약한 사람 같기도 하고. 그런 포인트들이 저 자신처럼 느껴지는 것 같아요.

황인찬 시인의 시 속 화자들도, 세연 씨도 사랑이 너무 많아서 외로운 게 아닐까요?

맞아요. 주변 친구들도 제게 그런 이야기를 정말 많이 해요. 너는 진짜 사랑이 많은 사람이라고. 그게 저를 외롭게 만든다고 생각한 적은 별로 없었는데, 황인찬 시인의 시를 읽으면서 때때로 그런 생각을 하게 돼요. 제가 보기엔 시인님도 저처럼 사랑 중독인 것 같거든요. 시인의 말에 그런 문장이 적혀 있어요. "사랑 같은 것은 그냥 아무에게나 줘 버리면 된다." 이 문장이 제 마음을 울렸어요.

어떤 점에서요?

사랑이 가볍고 하찮은 거라고 생각해서 그렇게 말하는 게 아니니까요. 저는 저 말이 사랑이 무한히 샘솟는 사람만이 할 수 있는 이야기처럼 느껴졌어요. 저도 사랑을 아끼지 않는 편이거든요. 그런 점에서 동질감을 느꼈나 봐요. 이런 사람과 같은 시대를 살고 있어서 너무 행복하다는 생각 자주 해요. 제가 요즘 SBS에서 〈덕업정거장〉이라는 팟캐스트를 진행 중인데, 저희 PD님께 섭외 요청하자고 계속 추진하고 있어요. 재미있게 대화할 수 있을 것 같아서요.

〈덕업정거장〉을 진행하며 '덕업일치'의 삶을 살고 있는 직업인들을 만나고 있죠. 그분들과 대화하면서 덕후에 대한 정의가 더욱더 넓어졌을 것 같아요.

저는 영화감독이기 전에 영화 덕후이기도 했으니, 이미 덕업일치를 했다 싶긴 해요. 그렇다고 해서 매일 덕질하는 마음으로 일하지는 않거든요. 영화를 좋아해도 그와 관련된 모든 일을 좋아할 수는 없으니까요. 이를테면, 제가 영화 제작비를 정산하면서 '영화 하는 나 정말 멋져.' 이렇게 생각하진 않잖아요. 그래서 덕업일치에 대해 이런저런 고민을 많이 하던 시기에 DJ를 맡게 되면서 많은 분을 만났고 좋은 영향도 받았어요. 저희 팟캐스트에 나오신 분들은 저보다 인생 선배이고 모두 오랜 시간 동안 자기가 정말 좋아하는 일을 하고 계신 분들이다 보니까, 이야기를 듣다 보면 일을 대하는 태도에 대해서 점검해 보게 되더라고요.

어떤 생각을 하셨는지 구체적으로 듣고 싶어요.

저희 공식 질문 중 하나가 있는데요. "지금 만약 이 직업에서 환승할 수 있다면 내릴 것인지, 아니면 계속 타고 갈 것인지." 물어보거든요. 99퍼센트가 그대로 타고 갈 거라고 답하세요. 지금 직업이 너무 좋아서 굳이 내릴 필요가 없을 것 같다고요. 그 답을 들으면서 정말 좋아하는 마음이란 건 뭘까, 싶었어요. 덕업일치를 하면서도 분명 힘든 일이 많을 텐데, 결국 그걸 이겨내는 것도 모두 애정 때문인 거잖아요. 그 마음을 생각하면 아름다워 보여요. 좋아하는 마음으로 하는 일엔 한계가 없나 봐요.

그 마음을 오래 간직하고 지속하려면 어떻게 하면 좋을까요.

저도 이 일을 오래 한 건 아니라서 잘 모르겠는데요. 요즘 제가 느끼는 건 잠시 떠나 있는 시간도 필요하다는 거예요. 〈성덕〉 이후에 사람들이 저한테 영화는 언제 만들 거냐고, 요즘 도대체 뭐 하냐고 이런 이야기를 많이 물어봐요. 저도 사람이기 때문에 그런 이야기를 들으면 불안할 수밖에 없어요. 젊을 때 좀더 왕성하게 창작해야 하는데 뭘 하는 건가, 싶죠. 그럼에도 불구하고 결국 이 모든 경험이 제가 만들 영화에 다 포함될 거란 걸 알고 있어요. 다시 영화를 만들고 싶다는 마음이 들 때까지 덕심을 충전하는 시기인 거죠.

"새로운 것을 창작하는 사람이 되어야 미래로 갈 수 있을 것 같다."고 했어요. 가까운 미래 속 오세연 감독은 어떤 영화를 만들고 있을까요?
하고 싶은 이야기들은 자잘하게 많은데, 그중에 무엇부터 만들면 좋을지 고민이 커요. 어쨌든 웃기고 사랑스러운 이야기를 좀 하고 싶어요. 원래 코미디 영화를 별로 좋아하는 편은 아닌데, 〈성덕〉을 만들면서 유머 감각이 굉장히 중요하구나 알게 됐어요. 저는 제가 정적인 영화를 훨씬 좋아한다고 생각했는데, 생각보다 웃긴 영화를 좋아했더라고요. 슬며시 미소 지으면서 보는 영화들 말이에요.

〈성덕〉에 이런 문장을 적었죠. "영화를 완성하는 마음, 사람들에게 보여주는 마음에 대해서 또 한 번 생각했다." 세연 씨에게 영화 하는 마음이란 뭘까요?
눈에 보이지 않는 것들을 보이게 하는 거요. 그게 저한테는 영화를 만드는 마음인 것 같아요. 제가 에드워드 양Edward Yang 감독의 〈하나 그리고 둘〉(2000)이라는 영화를 굉장히 좋아하는데요. 거기서 그런 이야기가 나와요. "왜 사람들은 자신의 뒷모습을 볼 수 없을까요?" 그 대사가 너무나도 와닿더라고요. 저는 영화가 사람들의 뒷모습을 보여줄 수 있다고 생각하거든요. 평상시에는 안 보이잖아요, 자기 뒷모습이. 그런데 영화를 통해선 볼 수 있다는 생각을 해요. 누군가에게는 시야 너머에 있는 걸 보여주고, 또 다른 사람에게는 그걸 보고 있는 이의 뒷모습을 보여주는 영화를 만들고 싶어요.

오세연표 극영화는 어떨지 너무 기대되네요. 마치기 전에 짓궂은 질문 하나 해볼게요. 덕질 없는 삶 상상해 봤나요? 세연 씨가 덕후가 아니었다면 지금쯤 어떤 삶을 살았을까요?
청소년기에 누군가를 좋아하면서 영향을 많이 받았기 때문에 덕질 없는 삶은 어땠을지 상상이 잘 안 되긴 해요. 확실한 건 사는 게 좀 덜 재미있었겠죠. 예전에 어떤 분이 "오세연은 조심해야 한다. 어릴 때부터 덕질하면서 일찌감치 사회생활을 배워서 애가 너무 능글맞다."고 하시는 거예요. 저보다 나이가 많은 분이었는데, 나보다 더 아줌마 같다고(웃음). 그런데 정말 그 시절에 덕질하면서 수많은 사람과 교류하며 세상에 대해 많이 배웠어요. 그런 걸 보면 뭔가를 계속 좋아하면서 살 수밖에 없는 사람이구나 싶어요.

아직 덕질의 세계에 입문하기 전인 사람들에게 열렬한 사랑의 이로움에 대해 영업해 보자면요?
일단 덕질을 시작하면요, 길을 걷다가도 웃음이 나오고요. 가만히 있다가도 소리를 지르게 되고, 세상이 아름답게 보이고, 밥을 안 먹어도 배부르고, 피부도 좋아지고, 사람들이 예뻐졌다고 하고….

(웃음) **만병통치약이네요.**
그럼요. 그런 실질적인 이득이 있다는 걸 먼저 말씀드리고 싶고요. 무엇보다도 나를 무조건 행복하게 만들 수 있는 어떤 대상이 존재한다는, 그 기쁨이 정말 커요. 사는 게 쉽지만은 않잖아요. 삶에 치일 때도 그 사람을 생각하면 힘이 나거나, 잘해봐야지 하고 일어설 수 있게 되고, 혹은 마음이 따뜻해지기도 해요. 그게 삶을 살아가는 데 좋은 영향을 많이 주는 것 같아요. 그러니, 무언가의 팬이 되는 일은 정말 아름다운 것이랍니다.

세상의 모든 사랑은 끝을 알면서도 시작되고야 만다. 수많은 가슴 아픈 과거를 지나온 덕후들은 기어코 또 다른 사람을 동경한다. 고장 난 로켓 같은 마음을 품고서, 돌이킬 수 없는 궤도로 나아갈 준비를 마친 채로. 후회할 걸 알면서도 뛰어들게 되는 마음은 뭘까. "누군가는 상처받았음에도 다시 누군가를 좋아하는 이유가 무엇이냐고 물어봐요. 말도 안 되는 비유일 수도 있지만 예를 들어볼게요. 저는 떡볶이를 정말 좋아해요. 그런데 모든 떡볶이가 제 입맛에 맞는 건 아니거든요. 맛있다는 가게에 찾아가서 기대하며 먹었는데 생각보다 별로일 수도 있겠죠. 그렇다고 해서 "나 다시는 떡볶이 안 먹을 거야!"라고 말하진 않잖아요. 그거랑 비슷한 마음인 것 같아요." 해답 없는 애정 앞에서 헤맬 때마다 그 말을 떠올리게 될 것 같다.

2020.09.17.

중심 잡기

영화를 시작할 때는 오직 분노로 가득했는데,
나고 시간이 흐르면서 심층적이고 복합적인 감정이
난다. 처음에는 그저 재미있고 화나고 같이 욕하면서
로했더랬다. 그런데 시간이 지날수록 더 생각나고,
고, 상실감을 느끼고, 동시에 죄책감을 느낀다. 이 감정의
한 층위가 보여야 한다. 한 사람을 사랑했던 사람이
는 최대치는 "나가 돼져라"가 될 수 없다. 절대로.
2차 가해처럼 보이지 않으려면, 그 사람에 대한 연민이
는 안 되고, 그 사람을 좋아했던 사람들에 대한 마음들이
한다. 이건 아주 조심하고 경계해야 하는 부분이다.

나는 그 사람을 사랑하지 않고, 지금 감옥에 들어가 있는
지가 불쌍하지도 않다. 다만, 죽었으면 좋겠다고 생각하지는
는다. 그러니까 아주 복잡한 마음, 극단적이지 않은 마음이
나의 변화와 사람들을 만나는 여정이 자연스레 연결되는
좋지만, 함께 나란히 나아가는 것도 좋은 듯하다.

이해할 수 있어야 한다.

그런데 내가 지금 이 사람들을 이해해달라고 호소하는 영화
를 만드는 게 아니라는 점을 명심해야 한다. J 선생님이 말씀하
신대로 덕질, 덕후의 마음, 이 미묘한 부분을 잡아내 보여주는
것이 중요하다. 사람들이 좋은 편견 속에 있는 빠순이, 덕후, 뭐
이런 것이 아니라 내가 본 모습들, 이상한 마음들, 사랑이라 하
기에도 애매하고 그냥 응원이라고 하기엔 집착에 가깝고 그렇다
고 믿음이라고 하기에 종교와는 또 다른 무엇. 이 이상한 마음.
기괴한 마음. 지금 이상하다고 말했지만, 그렇다고 그들을
이는 것은 또 아닌, 이토록 이상한 마음의 실체를 보여주기.
말로 왜 그러냐고 물어보기. 왜 그렇게까지 하냐고. 이
어쩌면 나에게도 돌아오는 것이다. 나는 왜 그랬을까.
까지 했을까.

덕질을 계속할 수 있을까? 라는 질문.

어떤 날엔 가벼운 대화에서 답을 구하기도 한다. 문제인 줄도 몰랐던 것에 불현듯 답이 떠오르는 순간, 나는 그런 순간을 좋아한다. '말 시리즈'를 읽으면 내 안의 문을 하나씩 발견하게 된다. 누군가의 말을 통해 내 이야기에 귀를 기울이게 되는 덕분일 테다. 책 일부를 떼어 보여주는 것이 실례일 만큼 모든 말이 연결되어 커다란 흐름을 만드는 시리즈다. 부분을 발췌하며 훼손된 분위기가 있음을 미리 밝힌다. 산책하는 마음으로 말과 말 사이를 유람해 주면 좋겠다. 이 지면이 끝나면, 꼭 책을 펼쳐 한 자 한 자 정성껏 읽어보았으면 하는 마음으로 책의 면면을, 그 표정의 파편을 여기 담는다.

마음산책

내밀하고 선거운

글·사진 이주연

자료 제공 마음산책

박완서

1931년 경기도 개풍에서 태어났다. 1950년 서울대학교 국어국문학과에 입학했으나 한국전쟁으로 중퇴하였다. 1970년 마흔이 되는 해 《여성동아》 장편소설 공모에 《나목》이 당선되어 등단하였다. 장편소설로 《휘청거리는 오후》, 《도시의 흉년》, 《그 많던 싱아는 누가 다 먹었을까》, 《그 산이 정말 거기 있었을까》, 《아주 오래된 농담》 등이 있고, 소설집으로 《세 가지 소원》, 《부끄러움을 가르칩니다》, 《엄마의 말뚝》, 《저문 날의 삽화》, 《너무도 쓸쓸한 당신》 등이 있으며, 산문집으로 《세상에 예쁜 것》, 《꼴찌에게 보내는 갈채》, 《살아 있는 날의 소망》, 《나는 왜 작은 일에만 분개하는가》, 《어른 노릇 사람 노릇》, 《못 가본 길이 더 아름답다》 등이 있다. 한국문학작가상, 이상문학상, 대한민국문학상, 이산문학상, 현대문학상, 동인문학상 등을 수상했다. 2011년 1월 22일 여든 살에 암으로 세상을 떴다.

키키 키린

배우. 1943년 도쿄에서 태어났고 본명은 우치다 게이코다. 1961년 극단 분가쿠자의 연극연구소 1기에 합격, 유키 지호라는 예명으로 활동하다 1977년 키키 키린으로 예명을 바꾼다. 1964년 TV 드라마 〈일곱 명의 손주〉에 출연하며 이름을 알렸고, 이후 인기 드라마에서 비중 있는 조연으로 활약한다. 2007년 영화 〈도쿄 타워〉(2007)의 주인공 어머니를 시작으로 〈앙: 단팥 인생 이야기〉(2015), 〈일일시호일〉(2019) 등 다수의 영화에서 극을 이끌어가는 역할을 맡았다. 일본아카데미상 최우수 여우주연상을 비롯 일본 국내외에서 다수의 상을 수상했다. 2008년 〈걸어도 걸어도〉(2008)를 통해 고레에다 히로카즈 감독의 영화에 처음 출연한 후, 2018년 〈어느 가족〉(2018)까지 총 여섯 편의 작품에 함께했다. 2013년 전신으로 암이 전이되었다는 사실을 고백한 뒤에도 꾸준히 연기 활동을 이어가던 그는, 고레에다 히로카즈 감독 어머니의 기일이기도 한 2018년 9월 15일 가족이 지켜보는 가운데 세상을 떠났다.

김혜순

1978년 《동아일보》 신춘문예 평론 부문에 입선했고, 1979년 《문학과지성》에 시를 발표하며 작품 활동을 시작했다. 1989년 서울예술대학교 문예창작과 교수로 임용되어 2021년까지 학생들을 가르쳤다. 시집 《또 다른 별에서》, 《아버지가 세운 허수아비》, 《어느 별의 지옥》, 《우리들의 음화》, 《나의 우파니샤드, 서울》, 《불쌍한 사랑 기계》, 《달력 공장 공장장님 보세요》, 《한 잔의 붉은 거울》, 《당신의 첫》, 《슬픔치약 거울크림》, 《피어라 돼지》, 《죽음의 자서전》, 《날개 환상통》, 《지구가 죽으면 달은 누굴 돌지?》, 시산문집 《않아는 이렇게 말했다》, 산문집 《여자짐승아시아하기》, 시론집 《여성이 글을 쓴다는 것은》, 《여성, 시하다》 등이 있다. 김수영문학상, 현대시작품상, 소월시문학상, 미당문학상, 대산문학상, 캐나다 그리핀 시 문학상, 스웨덴 시카다상, 삼성호암상 예술상 등을 수상했다. 서울예술대학교 문예학부 명예교수다.

아녜스 바르다

전방위 예술가. 사진가, 영화감독, 미술작가를 넘나들며 특유의 작품 세계를 펼쳐 보였다. 누벨바그의 유일한 여성 감독으로 주체적 여성으로서 자각과 삶에서 발견하는 모순, 지금 여기의 현실에 대해 꾸준히 이야기했다. 1962년, 죽음을 앞두고 자신과 세상을 재인식하는 한 여성을 다룬 〈5시부터 7시까지의 클레오〉(1962)로 대중에 자신의 존재를 각인시킨다. 인상파 화가의 작품을 연상케 하는 영상미의 〈행복〉(1964)으로 베를린영화제 은곰상을, 다큐멘터리의 예술적 걸작이라 불리는 〈방랑자〉(1985)로 베니스영화제 황금사자상을 거머쥔다. 말년까지 왕성한 창작욕을 보이며 젊은 예술가 JR과 협업한 〈바르다가 사랑한 얼굴들〉(2017)로 칸영화제에서 최우수 다큐멘터리에 수여하는 골든아이상을 받는다. 2019년에는 베를린영화제에서 60여 년에 이르는 영화 창작 인생을 회고한 〈아녜스가 말하는 바르다〉(2019)를 발표해 영화 팬들을 기쁘게 한 바르다는 그해 3월, 파리 자택에서 암 합병증으로 90세에 생을 마감한다.

박완서의 말

소박한 개인주의자의 인터뷰

대화 속에서 문득, 박완서를 만날 때가 있다. 내가 호명한 적도, 누군가 소환한 적도 있다. 곰곰 되짚어 보면 모두의 이름이라는 생각도 든다. 엄마, 친구, 동료, 인터뷰이…. 박완서를 읽고, 박완서를 배웠으며, 대체로 박완서의 세계를 살아본 자들은 한 번쯤은 이 소중한 이름을 발음해 봤을 테다. 문득 어느 날 인터뷰에서 이슬아 작가가 '나만의 작가'로 박완서를 꼽던 날이, 촉촉한 목소리로 읊던 문장들이 선연히 떠오른다. "박완서 선생님 인터뷰집 읽어보셨어요? 작품 바깥의 선생님은 우아하고 친절한 말하기를 구사하는 사람이에요. 박완서 소설은 서슬이 퍼럴 때도 있고 능구렁이를 품지 않고는 쓸 수 없을 대사가 나올 때도 있잖아요. 그런 작품을 쓴 사람이라곤 믿기지 않을 정도로, 소설 바깥에서는 유순한 얼굴을 하고 계세요. (중략) 선생님이 일궈놓으신 곳에 제가 서 있다고 느낄 때마다 잘해야겠다는 마음이 샘솟아요." 수많은 작가의, 수많은 여성의 과거이자 현재이자 미래인 사람. 박완서는 "선생님의 문학세계는 어떤 것인가요?"라는 질문에 이렇게 답한다. "내가 잘 아는 세계지요."라고. 나는 그 문장에 몇 번이나 밑줄을 그었나. 지독히 인간적인 작가라 생각했음에도 나는 《박완서의 말》을 읽으며 한 번 더 놀라야 했다. 일상적인 사람이라고는 구체적으로 상상하지 못한 까닭이다. 누군가를, 무언가를 좋아하는 모습을 생생히 목격하며 마음 한구석이 잔잔히 일렁인다.

▲ **박완서** 저는 선생님을 언제 처음 뵈었는지 정확한 기억이 없어요. 선생님 글을 독자로서 좋아하고 아끼고 그러다가 한 15년쯤 전인가 어떤 문학 모임에서 만나 뵈었던 것 같아요. *(중략)* 가끔 제가 전화를 드리거나 선생님이 전화를 주시고, 제 작업실로도 몇 번 오셨어요.

피천득 그래요. 만난 지 오래되었어요. 글로도 만나고 사람으로도 만나고, 박 선생님과 나는 언제나 만나고 있지요.

박완서 선생님의 글이나 시를 읽다가 전화를 드려서 제 마음에 쏙 드는 부분을 읽어드리면 얼마나 좋아하시는지 몰라요*(웃음)*.

피천득의 글을 읽다 전화를 걸어 마음에 드는 부분을 낭독하는 박완서를 상상한다. 둥글게 웃는 표정이나 나긋나긋한 말씨 같은 것이 귓가에 들려오는 듯하다. 한 사람의 목소리를 상상하는 것만으로 이렇게 마음이 너그러워질 수 있다니. 피천득이 "박 선생님 글이 참 좋아요." 하고 운을 떼면, 박완서는 "그렇지 않아요." 하고 대꾸하는 사람이다. 칭찬 앞에서 살며시 고개를 떨구고 좋아하는 마음을 이야기하는 선생을 상상하며 왜 나는 자꾸 종이에 곡선을 그렸을까. 책장이 온통 곡선으로 구불구불해진 것을 보면서 좋아하는 마음이란 그런 것일까 곰곰 생각했다.

▲ **박완서** 선생님께서는 반짝이는 이슬이나 예쁜 꽃잎만 고르고 골라서 모으시는데 거기에 비해 저는 잔뜩 허접쓰레기만 모으고 있는 것 같아요. 「장미」「선물」「용돈」 그리고 「나의 사랑하는 생활」이었죠? "여러 사람을 좋아하며 아무도 미워하지 아니하며, 몇몇 사람을 끔찍이 사랑하며 살고 싶다"라고 쓰신 글이?

박완서는 이 문장을 몇 번이나 되뇌고 몇 번이나 받아 적으며 머릿속에 기록했을까. 선생은 알까, 수많은 사람이 박완서의 책을 가지고 있다는 걸, 또 누군가는 선생의 문장을 공책에 또박또박 옮겨 적어 놓았다는 걸, 앞으로도 그런 사람은 계속 생겨날 거라는 걸.

▲ 피천득 *(돈을)* 많이 벌면 그것 때문에 노예가 될 것 같아요. 버릴 수도 없고, 어디 기부하자니 아깝고 그럴 것 아니겠어요? 그 돈을 계산하고 관리하고 하는 데 드는 시간이나 정력이 얼마나 크겠어요. 가만 보면 돈 모으는 이들은 돈 모으는 재미밖에 모르는 것 같아요.

박완서 정말 그래요. 인생에 귀하고 좋은 게 얼마나 차고 넘치는지 그런 사람들은 모르는 것 같아요.

당연히 돈보다 중요한 건 많다. 돈만큼 중요한 것도 많다. 그렇다면 박완서가 말한 '인생에 귀하고 좋은 것'은 무엇이었을까. 문학이었을 수도 있겠고 책이었을 수도 있겠고, 책 바깥의 무엇일 수도 있을 테다. 선생이 모아둔, 마구 뜯어버린 편지봉투("편지봉투를 뜯을 때나 신문이나 잡지에서 갈무리해둘 것을 스크랩할 때 곱게 자르지 않고 마구 뜯어버리십니다.")도 '귀하고 좋은 것' 중 하나가 아니었을까. 수많은 귀함 안에 가족이라는 조각이 있었음을, 《박완서의 글》을 읽으며 어쩐지 알 것 같았다.

▲ 박완서 우리 손자가 학교에서 자주 공중전화를 해요. 글쎄, 전화를 해가지고는 "할머니 오늘 뭐 하셨어요?" 하는 거예요. 전혀 없던 일이라 "어떻게 이렇게 착한 맘이 들었지?" 했더니 제 친구 하나가 그 삼촌이 전화 카드를 사주면서 할머니가 네 생각을 많이 하시니 전화를 자주 하라고 했대요. 걔가 전화하는 걸 보고 자기도 한대요. 효도가 전염된 거예요. 손자가 전화하면 하루 지낸 얘길 하게 되더라구요. 효도가 별거 아니더군요. 그리고 이 녀석이 부산에서 올라오면 넙죽 절을 한다니까. 난 걔가 어째 그런지 몰라. 하하하.

손자 이야기를 하면서 '하하하' 하고 웃는 박완서의 모습을 그려 본다. 소박한 차림으로 방 한구석에 앉아 둥글게 웃고 있는 선생의 모습을. 이 대화는 1996년 《참여사회》에 수록된 인터뷰로, 인터뷰어는 오숙희 여성학자였다. 그는 인터뷰 말미에서 "요즘은 무슨 생각 하시느냐"는 마무리 질문을 건넸고 이에 박완서 선생님은 손자 이야기로 '하하하' 웃으며 대화를 맺는다. 문학계 안에서, 작가라는 이름으로 존재하는 박완서를 넘어 할머니라는 역할의 박완서, 누군가의 엄마이자 어른으로서의 선생님을 만나 기뻤다. 문학이라는 옷을 잠시 곁에 두고 날것 그대로 웃고 있는 무구한 모습. 나는 책 속에 담긴 그런 표정과 말투를 사랑하지 않을 수 없었다.

김혜순의 말

이 책의 서문은 인터뷰어 황인찬 시인의 글로 시작된다. “현존하는 시인 가운데 하나를 꼽으라면 나는 주저하지 않고 김혜순 시인의 이름을 말할 것이며, 그러한 선택을 할 이가 결코 나뿐만은 아니리라는 것 또한 확신한다.” 이 문장을 읽으며 인터뷰어가 어떤 마음으로 대화를 임했을지 감히, 조금이나마 헤아려 보았다. 대화는 이야기하는 사람들의 마음가짐에 따라 흐름과 분위기가 좌우된다고 믿는다. 어느 한쪽의 마음이 닫혀 있거나 다른 곳을 향해 있다면 대화는 매끄럽게 흘러갈 수도, 길게 이어질 수도 없을 터. 두 사람의 대화가 이리 흐르고 저리 흐르는 동안 그 사이를 좋을 대로 마음껏 부유하며 같은 곳을 향해 흘러가는 독자가 되었음이 못내 기뻤다.

가끔 궁금하다. 좋아하는 예술가의 생활은 어떠한지. 알게 되어 실망할 수도, 몰라서 좋을 때도 있겠지만 생활과 삶을 문득문득 상상하게 된다. 황인찬 시인은 “선생님께서는 스스로 어떤 딸이었다고 생각하고 계신지” 묻는다. 시인으로서의 김혜순이 아니라, 딸로서의 김혜순을 들어볼 수 있다는 생각에 가슴이 뛰었다.

▲ 김혜순 제가 어떤 딸이었는지는 잘 모르지요. 그렇지만 우리 엄마는 저에게 많이 의지했던 것 같아요. 돌아가시기 전에 의식을 잃었을 때도 모든 목소리를 알아듣지 못했지만, 끝까지 제 목소리에만은 대답을 했지요. 그리고 살아 계시는 동안 저를 항상 기다렸어요. 전화를, 학교에서 돌아오기를, 휴가를 내서 함께해 주기를, 그리고 외국에 갔다가 얼른 돌아오기를, 아마 돌아가신 지금도 제가 빨리 곁에 오기를 기다리고 있을 것 같아요. 저는 지금도 신기한 것을 보면 ‘엄마, 얼른 와서 이것 좀 봐’ 하고 속으로 외쳐요. 많은 사람이 부모가 돌아가시면 후회한다고 하지만 저는 후회가 없었어요. 다만 보고 싶고 그리운 감정은 점점 커졌지요.

부모가 돌아가시고 후회하지 않았다는 이야기를 이토록 확실하게 말할 수 있는 사람이 세상에 몇이나 될까. 나는 오늘도 엄마한테 무심결에 내뱉은 작은 말씨를 떠올리며 후회한다. 조금만 더 둥글게 말할걸, 조금만 덜 날카롭게 말할걸. 엄마니까 괜찮을 거란 생각을 엄마여서 더 세심해야 한다고 바꿔 생각할걸. 후회가 없다고 말하는 딸 김혜순인데도 보고 싶고 그립다고 이야기하는 걸 보며 엄마를 생각하는 마음은 여느 자식이나 비슷하겠구나, 하고 다소 납작하고 편평하게 생각해 보기도 한다. ‘그러니까 잘해야지.’라는 마음을 새기지만 언제나 마음이 이 자리에 있지만은 않을 것임을 안다. “어머니의 죽음 이후 남은 것들에 대해 감각하고, 그 죽음을 다시 경험하는 시”(〈빈집의 아보카도〉)를 쓴다는 건 얼마나 아프고도 강한 일인가.

▲ 김혜순 이 시는 제 경험을 그대로 쓴 것이지요. 저는 엄마의 집에 가서 엄마의 가물들을 정리했어요. 엄마의 물건들은 모두 용처에 따라 분류되었지요. 엄마의 사물들은 전부 엄마의 감각을 지닌 채 제 손길 아래서 떨었습니다. 제 몸이 엄마의 사물들 속으로, 사물들이 엄마의 떨림을 간직한 채 제 속으로 파고들었습니다. 우리는 거대한 가촉성可觸性이라는 우주 안에서 마구 떨며 헤어졌습니다.

언젠가 가족의 죽음을 상상한 적이 있다. 형제가 없는 내가 훗날 진정한 고아로 지구에 혼자 남게 되면 마음이 어떨까 곱씹다가 정말로 '가슴이 아파서' 침대에서 한참 가슴 어딘가를 부여잡고 주먹으로 두드린 기억이 난다. 〈빈집의 아보카도〉를 다시 읽어보기로 한다. "너에게 어디 가? 하고 묻던 모서리. 너는 이제 네 집의 쉰여섯 개의 모서리를 눈 감고 다 짚어야 잠을·잘 수 있다."라는 대목이 왜 이토록 마음을 건드리는지. 지금은 설명할 수 없다. 내가 차마 다 상상하지 못한 슬픔이, 고통이 여기에 있다. 나는 딸 김혜순의 문장에서 먼 미래와 엄마가 겪었을 어떤 과거를 본다.

▲ 김혜순 저는 이제 사라진 엄마의 집을 가방처럼 등에 짊어지고 다니면서, 그 집의 모서리들을 매일 더듬는 사람이 되었다고나 할까요.

어떻게 엄마 잃은 마음을 이렇게 표현할 수 있나. 시를 이야기하는 대목에서 김혜순 시인이 "죽음의 존재는 몇 인칭일까요?" 하고 물었음을 기억한다. 언제나 생각하기를 미루는 일, '죽음'이라는 것에 관해 처음으로 제대로 생각해 보았다. 마주해 보려 한 적도 없고, 마주하게 되면 먼저 피해버리던 존재를 머릿속에 떠오르게 하는 일. 《김혜순의 말》이 그것을 가능하게 했다.

▲ 김혜순 죽음의 존재는 몇 인칭일까요? 나의 엄마는, 우크라이나에서 죽은 그 생때같은 젊은이들은, 4·16참사에서 죽은 아이들은 몇 인칭입니까? 나의 죽음을 '나'라고 부를 수 있습니까? 내가 시 안에서 유령 화자로 말을 시작하자 내 죽음은 인칭으로 드러낼 수가 없어서 '너*(희)*'가 되었습니다. 저는 제가 물리적으로 죽은 후에도 '나'라는 단독 자아로 살지 않을 거라 생각합니다. 나의 죽음은 '나'를 '나 아닌 것'으로 만들 겁니다.

키키 키린의 말

〈걸어도 걸어도〉(2008)

▲ 고레에다 *(전략)* 주인공을 연기한 아베 히로시 씨가 부인과 의붓아들을 데리고 본가에 오는 장면을 보면 키린 씨가 현관에서 "어서 와" 하고 손을 모아 머리를 숙이는데요, 키린 씨가 가지런히 놓아둔 슬리퍼를 아들이 신지 않고 가버리죠. 그때 키린 씨가 슬리퍼를 손에 든 채 엉거주춤한 자세로 아들 가족의 뒤를 따라가거든요. 제가 각본에 "슬리퍼를 들고 따라간다"라고 쓰지 않았으니 키린 씨가 스스로 그렇게 하신 건데요, 그걸 보고 내심 대단하다 느꼈어요. 안 신은 슬리퍼를 들고 가는 데 특별한 의미가 있는 건 아니지만 '아아, 엄마구나' 싶었죠.

키키 그러니까 말이죠, 그런 걸 우연히 연기하는 게 아닌데도 대부분의 사람들은 안 봐준다고*(웃음)*. 살인을 한다든가 하는 특별한 장면이라면 다들 보지요. 하지만 평범한 대목의 평범한 움직임을 봐주는 게 배우로서 굉장히 기쁘거든요. 그게 바로 내가 홈드라마에서 내내 길러온 거예요. 인간이 살아 있고, 움직이고 있고, 멈춰 있지 않다는 것을 고레에다 감독은 확실히 보고 있고, 또 그런 방식으로 찍어요.

이 대목을 읽으며 왜 그렇게나 울었을까. 책장이 다 젖을 정도로 울고, 또 울었다. 아주 평범하고 일상적인 부분까지 세심하게 연기하는 키린의 모습을 내가 그토록 좋아했다는 걸 깨달았기 때문이라고 생각했는데, 다시 읽고 생각해 보니 어쩌면 이것은 그리움이었는지도 모르겠다. "인간이 살아 있고, 움직이고 있고, 멈춰 있지 않다는 것"을 살아 있는 키린의 입으로 들었던 것이니까, 그것이 기록으로 남아 전해지고 있으니까. 키린의 대화를 읽으며 나는 생각한다. 삶이라는 경이를, 일상이라는 소소함을, 살아 있음의 아름다움을. 너무 당연해서 지면을 할애해 적어 내기도 아쉬운 시간의 소중함을. 어쩌면 이런 당연한 것을 몸소 깨달을 때 사람은 어딘가 자라나게 되는 게 아닐까.

〈바닷마을 다이어리〉(2015)에 관해 대화 나누는 대목에서 키린이 이런 이야기를 한다. "내 가치관 가운데 '좋고 나쁨과는 별개로 사실을 하나씩 확인해 나가는 게 사람 아닐까'라는 게 있어서." 나는 세상에 나쁜 사람은 없다고 믿고 싶어서 어릴 때부터 성선설을 믿었다. 태어나 터뜨리는 첫울음은 항상 선하고 착한 소리일 거라고 여겼다. 세상을 너무 순수하게(적확히는 '나이브하게') 보는 거 아니냐는 지적을 들어도 그렇게 믿어야 옅어지는 믿음을 꽉 잡을 수 있을 것 같았다. 나조차도 본래 선한 사람은 아닐 수 있겠다는 의심을 어떻게든 지우고 싶었다. 성선설을 향한 믿음이 자꾸 깨지는 바람에 어느새 집착 비슷한 걸 하게 되어버린 나에게 키린이 해답을 주는 듯하다. 좋고, 나쁨이 중요한 게 아니라고. 어떤 좋음에도 어떤 나쁨에도 분명히 이유와 배경이 있다고.

▲ 고레에다 키린 씨가 영화에 단역으로 출연하기 시작하신 게 1966년부터였고, 그 뒤로 2007년 개봉한 〈도쿄 타워〉의 어머니 역을 맡기 전까지는 작품을 책임지는 큰 역할을 별로 안 하셨죠. 무슨 이유가 있었나요?

키키 줄곧 영화는 계속 남으니까 싫었거든요. 옛날에는 TV 방송을 비디오로 녹화해두는 경우도 없었으니 순식간에 사라졌죠. 그게 좋았어. 하지만 TV 방송도 남아버리는 시대가 돼서 무서웠어요. 그래서 별생각 없이 빈둥거리다가, 영화도 한 장면만 나오는 일을 계속했네요. 고레에다 감독 같은 분이 나한테 같이 하자고 청한 이유가 뭘까, 내내 생각했는데 그건 역시 '병' 때문이 아닐까 싶어요. 병을 앓음으로써 내가 영화에 출연하는 방식이 바뀐 건 아니지만, 마음가짐은 크게 변했거든. 좀 겸허해진 것 같아요. 살아가는 방식에 있어서도요. *(후략)*

이어지는 답변 중 한 대목에서 키키 키린은 말한다. "나 자신을 물처럼 만들어서 세모난 그릇이라면 세모, 네모난 그릇이라면 네모, 동그란 그릇이라면 동그라미가 되어 꾸밈없이 거기에 들어가 보는 게 중요하지 않을까, 하고요." 연예계라 함은 꾸미는 것을 잘해야 한다고, 짐짓 그런 체하거나 그렇지 않은 체하는 것이 중요하다고 생각한 나의 세계가 어딘가가 모양을 달리했다. 그것은 꾸미는 것이 아니라 자연스러운 것이었다. 고체 같은 사람이 또 다른 고체인 척하는 게 아니라, 자연스럽게 액체가 되기를 자처하는 일. 나는 무언가를 지독하게 잘못 알고 있었던 게 아닐까. 방송 하는 사람들은 꾸며놓은 자아 안에서 살아간다고 여긴 안일한 생각이 '기꺼이 꾸며질 각오를 한다.'는 용기로 모습을 달리한다.

〈어느 가족〉(2018)

▲ 키키 *(안도)* 사쿠라 씨가 반들반들한 얼굴로 눈앞에 있어서 "언니, 자세히 보니까 예쁘네"라고 나도 모르게 말해본다든가.

고레에다 오늘은 우선 그 부분을 여쭤보고 싶었어요. 그 대사는 제가 쓴 각본에는 없어요. 근데 키린 씨가 불쑥 그렇게 말했잖아요. 왜 그렇게 말씀하셨어요?

키키 진심으로 그렇게 생각했거든. 여름의 빛과 피부의 아름다움, 걸친 옷도 엉망이고 먹는 것*(옥수수)*도 먹는 태도도 엉망이지만, "예쁘네 언니, 자세히 보면 예쁜"라고 살짝 말해보고 싶어졌어. 그래서 나도 모르게 말했더니 사쿠라 씨가 어떻게 대답하면 좋을지 모르겠다는 표정을 지었지. 그게 좋더라.

어느 날엔가 키린이 나오는 영화를 연달아 본 적이 있다. 어느 영화에서 그는 철저한 엄마였고, 또 어디에서는 할머니였고, 그냥 여자일 때도 있었다. 때로는 빵을 만들었고, 어떨 땐 밥을 지었다. 차를 우리거나 다과를 만질 때도 있었다. 따스한 햇살 아래를 거닐 때도 있었고, 매서운 폭풍우 치는 곳에 서 있거나 캄캄한 부엌에서 뒷모습을 보여주기만 할 때도 있었다. 무서운 얼굴도, 온기 어린 얼굴도 모두 키린의 것이었다. 나는 생각한다. 이 다채로운 표정은 그간 만들어진 너무 많은 그릇에 담겼던 액체가 된 키린이었음을. 그리고 문득 말해보고 싶어졌다. "언니, 자세히 보니까 예쁘네." 키린의 세계를 연달아 경험하고 나니 감히 그런 말을 해볼 수 있겠다 싶었다. 그것은 어쩌면 이 책 첫 장에 적혀 있는 말 때문인지도 모른다. "키키 키린은 재밌다. 훌륭한 것도 즐거운 것도 도움이 되는 것도 아니고, 역시 재밌다."

아녜스 바르다의 말

삶이 작품이 된 예술가, 집요한 낙관주의자의 인터뷰

〈행복Le Bonheur〉(1964)

이 영화에서 주인공 프랑수아는 아이를 키우며 행복한 결혼 생활을 하고 있다. 하지만 그는 새로운 연인을 만나며 좀 더 많은 행복을 누리고자 한다. 결국 그의 행동은 심란한 아내의 *(추정이지만 명백해 보이는)* 자살로 이어지고 만다. 비록 영화는 '행복'의 어두운 면에 천착하지만, 바르다는 시각적으로 '행복의 색조'를 단호히 유지한다. *(중략)*

"제가 이 영화에서 이해해보고자 한 건 이런 거예요. *(…)* 행복의 의미는? 무엇이 이토록 행복을 갈구하게 만드는 걸까? 무엇이 행복에 이처럼 자연스레 끌리게 만드는 걸까? 도대체 이 형용하기 어렵고, 조금은 괴물 같은 녀석의 정체는 무엇일까? *(…)* 이 녀석은 도대체 어디서 온 걸까? 어떤 형태를 띠고 있을까? 왜 존재할까? 왜 사라지는 걸까? 왜 사람들이 쫓아가서 잡을 수 없는 걸까? 그리고 무슨 이유로 어떤 사람들은 잡을 수 있는 걸까? *(…)* 왜 가치나 훌륭함과는 아무 상관이 없는 걸까?"

— 《아녜스 바르다의 말》 서문 중에서

이 영화가 처음 나왔을 때, 그러니까 1960년대에 행복의 색조를 띤 이 영화를 보고 행복해하는 이들보다는 불쾌해하는 이들이 많았다는데, 단지 시대의 문제만은 아닌 듯하다. 가치 판단이라는 건 공적인 듯하면서도 굉장히 주관적인 것이어서, 나는 그런 논의는 마음 저편에 두고 아녜스 바르다의 말을 좀더 들여다보기로 했다. 끝없이 물음표로 이어지는 바르다의 질문을 몇 번이고 되풀이해 읽어보지만 답을 내릴 수 없다. 애초에 행복이란 너무도 쉽게 형태를 바꾸는 것이어서 순수한 모습이기도 하고, 어떨 때는 쾌락이나 욕망의 형태를 취할 때도 있지 않은가. 목적과 의도가 있는 행복을 행복이 아니라고 누가 말할 수 있을 것인가.

오늘 내가 누린 몇 개의 행복을 떠올려 본다. 별로 좋은 날은 아니었다. 몸도, 마음도 피로해질 대로 피로해진 상태였고 여유를 누릴 만한 상태도 아니었다. 혈관에 카페인을 욱여넣고 '이래도 되나.' 생각하던 날이었음에도 나는 행복을 감지했다. 사람이란 아무리 캄캄한 동굴에 있어도 작은 기쁨을 오감으로 발견해 내려는 동물이니까, 그렇다고 믿으니까. 차디찬 커피를 손에 쥐고 무심코 창문을 열었다. 한여름답게 눈부신 햇살이 방안으로 밀려 들어왔다. 활기찬 사람들이 거니는 공원을 높은 곳에서 내려다보니 다양한 움직임이 눈에 띈다. 커다란 물총을 들고 물줄기를 발사하는 여자아이의 싱그러움, 본격적으로 공원을 빠르게 걷는 듬직한 청년의 모습, 가벼운 차림으로 산책하는 강아지와 아주머니의 다감한 걸음, 운동기구를 느리게 움직이는 노인의 친숙한 발짓. 그런 장면과 함께 훅 끼쳐온, 내 주변을 감도는 여름 냄새. 시간을 쪼개서라도 여름이 건네는 행복을 힘껏 감각하고자 집 밖으로 나섰을 때, 누군가 나를 불러 세운다. "학생…." 학생이 아닌지라 긴가민가하며 고개를 돌렸을 때, 무거운 보따리를 들고 이쪽을 바라보는 할머니를 만났다. 할머니가 내게 건넨 건 구깃해진 종이 쪽지와 옆 동네 주소. 땀을 흘리며 웃을 기력도 없어 보이는 노인을 마주하며 다시 한번 생각한다. 내가 한껏 느낀 여름날의 행복이 누군가에게는 안전보단 고통에 가까울 수 있겠구나. 목적지까지 바래다 드리면서도 여름의 행복, 혹은 고통에 관한 생각을 멈출 수가 없었다. 나의 순진한 행복이 오만처럼 느껴진 까닭이다.

그 모든 감정을 두고도 한 가지 확실한 것이 있다면 바르다가 말한 대로 행복이란 어떤 모습이든 '사람들이 쫓아가서 잡을 수 없'는 것이며 '무슨 이유로 어떤 사람들은 잡을 수'도 있다는 것이다.

창문을 열지 않았다면 나는 작은 행복감을 만나지 못했을 테고, 의도나 목적 없이 창문을 열었기에 행복을 잡을 수 있었다는 것만은 확실하니까. 다만, 그렇지 못한 장면들에 마음이 작아지는 순간까지 온전한 행복이라 이야기할 수 있나 다시 생각해 보게 된다.

〈노래하는 여자, 노래하지 않는 여자〉(1977)

▲ 바르다 우정은 하나의 강력한 연결 고리예요. 질투도 유발하고 그리움도 만들어내지만, 함께할 때 생성되는 그 아름답고 즐거운 순간들은 대단하죠. 사랑의 경우는 좀 더 나아가요. 서로를 만지고 싶은 욕망을 품게 되는 지점에 도달해요. 이 영화에서 이런 육체적 연결 고리는 생각하기 힘들죠. *(중략)* 우정은 또한 예기치 못한 변화의 가능성을 지니고 있고, 후유증도 만만찮죠. 그럼에도 우정은 필수적이고, 살아 움직여요. 함께하는 즐거움이죠.

고백하건대 나는 이 영화를 보지 않았다. 그러나 《아녜스 바르다의 말》을 읽으며 보지 않은 영화의 서사를 헤아릴 수 있었다. 그리고 생각했다. '여성들 간의 우정'이라는 것에 관하여. 우정이라 부를 수 있는 몇 가지 감정과 이야기와 친구들 얼굴을 떠올린다. 불과 오늘만 해도 작은 신경전을 겪고 '역시 사람은 힘들어.' 하고 고개 젓고는 몇 시간 뒤 아이스크림 가게에서 친구가 먹고 싶어 하던 아이스크림을 발견하곤 금세 기뻐지지 않았나. 기분의 생채기 같은 건 금세 하찮아지게 하는 어떤 감정들이 있다. 그것은 우정의 형태를 띠기도 한다. 바르다가 말했듯 "서로를 만지고 싶은 욕망"과는 거리가 멀지만 분명히 강력한 무엇. 함께한다는 즐거움, 같이 있지 않아도 감정을 공유하고 있다는 기쁨. 그런 것이 분명히 친구와 나 사이에 있음을 실감했다. 평소라면 무심코 흘려보냈을 우정이라는 단어를 《아녜스 바르다의 말》을 읽으며 낯 간지럽지 않게 떠올릴 수 있다. 나는 이것이 책과 말이 주는 힘이라 믿는다.

▲ 바르다 아무튼 저는 돌아왔고, 다들 제 영화들을 보고, 제게 말을 걸어주고, 질문들을 해요. 따뜻하게 환영해주고 있어요. 온기가 느껴져요. 아마도 저는 프랑스 영화계에 여전히 존재하고 있는 듯해요. 뜨거운 반응이나 넉넉한 쉼터는 얻지 못하겠지만 적어도 저는 지금 내부에 있어요, 외부가 아니라.

이 이야기를 하기 전에 바르다는 말한다. "1980년, 《카이에 뒤 시네마》에서 프랑스 영화를 주제로 두 차례에 걸쳐 특별호를 발행했는데, 저는 지나가면서도 언급이 안 됐죠. 제 영화는 말할 것도 없고요. 세상에!" 나는 바르다가 이런 말을 할 수 있는 사람이어서 좋았다. 그러니까, "어려운 처지에 놓인 여성들을 돕기도 하고 함께 신뢰하면서 일을 해나갔다."는 말에 "그런 용기는 어디서 나온 건가요?" 하고 묻는 인터뷰어에게 이렇게 말하는 면모를. "용기 같은 건 없었어요. 제겐 자연스러운 거였어요. 오빠나 남동생이 저보다 더 나은 존재라고 생각할 이유가 없었죠. 그들도 나쁘진 않았지만, 제가 그들보다 못한 부분이 있다는 생각은 전혀 들지 않았어요." 《아녜스 바르다의 말》에서 그를 '집요한 낙관주의자'라고 했던가. 이에 보태어 나는 무구한 얼굴을 본다. 〈쉘부르의 우산〉(1964)을 "참 아름다운 영화"라고 말하는 그의 모습에서, '누벨바그의 대모'라는 말을 온전한 칭찬으로 받아들이며 "저는 개척자였고, 개척자는 언제나 모험을 추구하죠."라고 말하는 당당한 모습에서.

아날로그키퍼라는 문구 브랜드를 처음 만났을 때가 떠오른다. 한 손에 들어오는 스케줄러를 찾다가 흘러 들어간 그곳에서 홀린 듯 시간을 보냈다. 만든 이의 응원은 사근사근한 말투로 백지를 채웠고, 만든 이의 쓰임은 진실한 모습으로 공백을 메웠기 때문이다. 기록물마다 춤추는 작고 동글동글한 글자들은 어떤 이가 써두었을까 궁금하면서도, 기저에는 사랑이 있음이 분명해 보였다. 쓰는 사람이기에 쓰는 마음을 알 수 있다는 아날로그키퍼 문경연은 언제나 기꺼이 종이 앞에 마주 앉는다.

종이 앞에 마주 앉은 마음으로

문경연—아날로그키퍼

에디터 이명주
포토그래퍼 임정현

덕분에 한가한 월요일의 서촌을 구경하게 되었어요. 만나게 되어 반가워요.
안녕하세요. '아날로그키퍼analogue keeper' 문경연이라고 합니다. 기록을 위한 도구를 만들고 소개해요. 사실 이런 말보다는 꾸준히 쓰는 사람이라 소개하곤 해요.

그 말도 좋은데요? 대화를 나누는 이곳은 '파피어프로스트papier, prost'죠. 문을 연 지 얼마나 됐어요?
5월에 오픈했으니 두 달쯤 되었네요. 파피어프로스트는 아날로그키퍼를 경험하고 느낄 수 있는 공간이에요. 아날로그키퍼 문구들은 주로 온라인이나 오프라인 숍에 입점해서 퍼져 나갔는데, 아쉬운 점이 있더라고요. 쓰는 분들의 표정이라든지 무엇을 좋아하고 무엇을 고르려다 내려놓는지를 전혀 모르잖아요. 하나를 사더라도 또는 아예 사지 않더라도 아날로그키퍼에 어떤 얼굴로 닿는지 궁금했어요.

흔히 듣던 단어의 조합은 아닌 것 같아요. 어떤 의미를 가진 이름이에요?
오랫동안 알고 지낸 독일 친구가 있는데요. 그 친구가 저를 종이라는 뜻의 독일어인 '파피어'라고 불렀어요. 제가 워낙 쓰는 걸 좋아하다 보니 붙인 이름이죠. 그리고 남편을 '프로스트'라고 불러줬어요. 혹시 들어올 때 문 손잡이를 보셨어요?

안 그래도 손잡이가 무척 특이했어요. 둥근 컵 같은 걸 밀고 들어온 것 같은데요.
맞아요. 프로스트는 '치얼스', 건배라는 의미예요. 술을 즐기지 않는 남편을 그렇게 부른 이유는 기분 좋은 사람들과 함께할 때 떠오르는 단어이기 때문이래요. 남편이 사람들을 대하는 태도에서 건배가 떠올랐다고요. 이 공간을 꾸리기로 할 때 어떤 이름을 줄까 고민했는데 순간 종이와 건배가 번뜩 생각나더라고요. 그 친구한테는 비밀로 하다가 파피어프로스트가 완성된 후에 초대한 적 있어요. 그때 깜짝 공개했죠(웃음). "네가 만들어준 이름이야!" 정말 좋아해 줬어요.

곳곳에 경연 씨와 팀원들의 기록물이 놓여 있고, 쓸 수 있는 공간이 마련되어 있네요.
공간의 목적을 고민했을 때, 책을 읽고 기록하는 사람이 오길 바랐어요. 큰 테이블에 앉아 가방에서 일기장 꺼내서 쓰고 가는 분들 있잖아요. 카페는 가기 싫고 서점도 내키지 않은 날에 여기서 쓰고 싶어지도록요. 그래서 매대 높이를 높여서 시선에 구애받지 않고 오래 머물도록 구성하고, 우리 기록물을 최대한 늘어놔요. 일종의 샘플로 보여주는 건데 많은 공을 들이죠. '과연 여기 주인들은 제품을 써봤을까? 잘 알고 있을까?'라는 의문이 들지 않도록요. 쓰는 사람이 쓰는 사람의 마음을 알 거라 믿으면서, 노력이 더 필요하더라도 기록물을 꼭 보여주자고 팀원들과 약속했어요.

자유롭게 쓰도록 둔 펜들과 스티커, 시필지, 기록을 돕는 질문지까지. 여긴 쓰는 사람이 만든 공간이라는 확신이 들어요. 정말 바빴겠어요.
바빴어요(웃음). 여길 계약하고 1년 동안은 준비에만 몰두했으니까요. 그래도 체력을 잃지 않으려고 노력했어요. 아픈 데가 있으면 그만큼 퍼포먼스를 내기 힘들잖아요. 일주일에 3일은 아침 수영을 하고, 아침 운동이 없는 날에는 저녁에 필라테스를 하고요. 하루에 복합적인 생각을 많이 하는데, 운동은 그 순간에 집중하게 되니까 좋아요. 수영은 생존, 필라테스는 자세! 그 외에도 밤에는 꼭 기록을 남기고, 그마저도 못 하면 쉬는 날에 밀린 기록을 쓰곤 해요.

오늘 나눌 이야기가 많을 것 같은데요. 한숨 돌리고 문구 이야기부터 시작해 볼까요? 문구 애정의 역사를 들려주세요.
시작은 어릴 때가 떠올라요. 초등학교 입학쯤, 아빠가 뜬금없이 자길 따라서 밥을 먹으러 가야 한다고 했어요. 그래서 고기를 잔뜩 먹고 아빠랑 도란도란 걷다가 동네에 있는 모닝글로리에 간 거예요. 마음에 드는 걸 골라보라고 하시길래 파란색 플라스틱 케이스의 36색 크레파스랑 6공 바인더 다이어리를 골랐어요. 그 제품 하나하나가 기억에 남는다기보다, 그걸 골랐던 경험 자체가 저한테 되게 중요했어요.

어떤 점에서요?
어릴 때는 주는 옷 입고 주는 밥 먹고, 어떻게 보면 선택할 수 있는 보기가 별로 없잖아요. 문구를 골랐을 때 '아, 이건 내가 고를 수 있구나.' 싶었어요. 공책의 색이라든지 연필이나 필통이라든지 나만의 개성을 찾을 수 있는 수단이 되어준 거죠. 그때 문구가 나랑 되게 잘 맞는다는 생각도 들었던 것 같아요. 용돈을 받기 시작하면서 문구를 더 맘껏 골랐는데, 옷이나 신발도 좋아했지만 문구만은 좋아하는 감정이 팍 식지 않고 꾸준했어요.

나의 것을 직접 고른 경험에서부터 물꼬를 튼 거네요. 그 시절 가장 좋아하던 문구를 꼽아본다면요?
펜이요. 반마다 필통 세 개씩 들고 다니고 엄청 무거운 친구들 있잖아요. 그게 저였어요(웃음). 샤프 스무 개씩 갖고 있고, 수많은 필기구 중에서 뭐 하나 없어지면 바로 알아챘어요. 신제품이 나왔는지 살펴봐야 하니까 문방구도 엄청 자주 갔고요. 친구들 하이테크 펜 고장 나면 고쳐주고요.

그걸 어떻게 고쳐요? 사자마자 떨어뜨려서 망가진 경험이 있거든요. 되게 비쌌잖아요.
하이테크는 심이 얇으니까 부딪히면 쉽게 구부러져서 안 나오는 데요, 뭉툭한 가위 같은 걸로 끝을 살짝 올려주면 돼요. 그때 저는 펜이 예쁘니까 사거나 쓰는 게 아니라, 그날의 쓰임에 맞춰서 골랐어요. 이런 필기에는 이 펜이 알맞겠다는 손의 감각이 있었달까요? 문구랑 궁합이 잘 맞아서 그랬나 봐요. 지금은 누군가의 글씨체를 보거나 글씨체의 특징을 들으면 그 사람과 잘 어울리는 펜이 바로 떠올라요.

신기하네요. 필기구가 많았으니 쓰는 걸 좋아하는 것도 당연한 걸까요? 어머니와 교환 일기를 썼다고요.
초등학교 5학년 때였어요. 남동생이 보면 안 되니까 자물쇠 달린 일기장으로 골라서 엄마랑 열쇠 하나씩 나눠 가졌어요. 하루는 제가 쓰면 다음 날은 엄마가 쓰고…. 한 권을 나눠 쓰던 기억이 생생해요. 지금 생각해 보면 놀거리를 만들어주고 싶으셨던 것 같아요. 저희 집 거실에 텔레비전이 없었거든요. 안방에 있는 작은 텔레비전으로는 주말 저녁에 〈X맨〉 정도만 볼 수 있었고요. 대신 가장 큰 방에는 책이 가득했어요. 저랑 동생이 다 읽은 책에 스티커를 붙였는데, 둘 다 견출지를 공들여서 고르고 붙이던 기억이 나요.

경연이와 엄마의 하루를 지냈던 하루였구나.
엄마는 즐거웠는데 경연이는 어땠니?
봄에는 취한단다. 술을 마셔서 취한 것처럼.
하얗고 발그레하고 몽땅 흐드러지는 것을 보면
향기와 자태에 취한단다.
무심코 지나치지 말고 자연에 흠뻑 젖어보렴.
그리고 글을 써서 너의 마음을 표현하면
먼 훗날 미소지으며 행복해 할 때가 온단다.
— 2004년 4월 5일. 교환 일기 중 엄마가 경연에게

엄마 안녕하세요? 저 경연이에요^____^
(중략) 공부도, 노는 것도 열심히 해서
엄마를 기쁘게 해 드리겠습니다.
요즘 많이 힘드시죠?
어서 빨리 피로가 풀리셨으면 좋겠어요!
컵스카우트 때문에 다리 많이 아프실텐데,
내년에는 안하셨으면 좋겠네요~
— 2004년 5월 16일. 교환 일기 중 경연이 엄마에게

어머니도 기록을 즐기시나 봐요.
읽고 쓰는 걸 좋아하셨어요. 가계부나 일기 쓰는 모습을 오랫동안 봐왔고요. 아직도 전하고 싶은 말이나 응원을 보내고 싶으면 꼭 메모지에 적은 후에 사진으로 찍어서 보내주세요. 그리고 가족들끼리 아직도 생일 때마다 편지를 주고받아요. 엄마는 아빠 생일 때마다 "자~ 읽는다!" 하면서 당신이 쓰신 편지를 모두에게 읽어주세요(웃음).

글로 진심을 적는 게 어렵진 않았어요? 닭살 돋는다든지, 오글거린다든지 그런 말들 하잖아요.
감정이나 생각을 쓰는 게 제 삶의 태도에선 굉장히 자연스러운 부분이었어요. 가족이나 친구들도 저와 비슷해서 더 어렵지 않았나 봐요. 고등학교 때 기숙 학교에 다녔는데 제일 친한 친구랑도 항상 편지를 썼어요.

잠시만요, 기숙 학교라면 항상 붙어 있는 거 아녜요?
맞아요. 3년 내내 붙어 있었어요(웃음). 한번은 그 친구가 좋은 대학 갈 거라면서 한 달 반 정도 템플스테이에 간 적이 있어요. 친구가 없으니까 너무 서운하고 쓸쓸하더라고요. 그래서 스프링 노트를 한 권 사서 거기에 매일 편지를 적었어요. '이렇게 널 생각했다는 걸 알면 얼마나 감동받을까.' 하면서요. 그러고 돌아오자마자 만났는데, 친구도 절 생각하며 똑같이 노트에 편지를 써 온 거예요. 깜짝 놀라고 기분도 좋았어요. 그 친구랑은 아직까지도 그러고 지내요. 기록에 대해 '쿵짝'이 잘 맞는 사람들이 주변에 많았어요.

대학교 졸업을 앞두고 두 달 정도 문구 여행을 다녀왔죠. 그 이야기를 《나의 문구 여행기》라는 책으로 펴냈고요. 좋아하는 걸 더 많이 경험하고 싶어 떠난 거겠죠?
사실은… 비행기표가 정말 저렴했어요. 파리로 들어가서 뉴욕에서 아웃인 표였고, 중간에 런던을 들렸는데 60만원인 거예요! 이 가격에 두 대륙을 갈 수 있는데 놓치고 싶지 않았어요. 그때 제 전공이 디자인이었고 당연한 듯 IT 기업 입사를 준비 중이었거든요. 누가 취업도 안 하고 모아둔 돈 날려서 가는 게 맞냐고 물어보면 딱히 할 말이 없더라고요. 그래서 "내가 좋아하는 거 보러 가는 건데?"라고 했어요. 좋아해서 간다면 아무도 뭐라고 못 하잖아요.

Card Set Line up

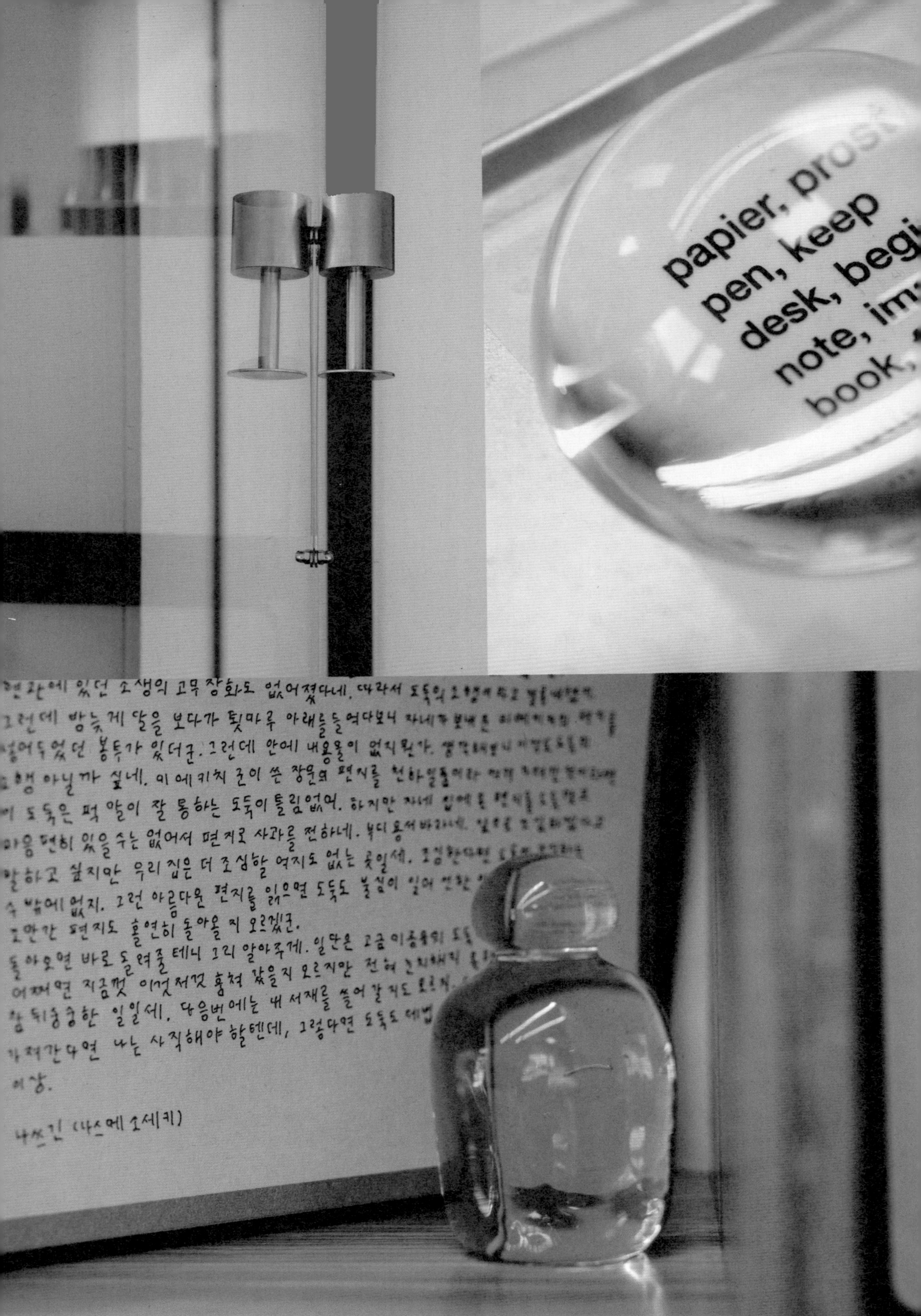
papier,
pen, keep
desk,
note,
book,
현관에 있던 소생의 고무장화도 없어졌다네. 따라서
그런데 밤늦게 달을 보다가 툇마루 아래를 들여다보니
넣어두었던 봉투가 있더군. 그런데 안에 내용물이 없지 뭔가.
행 아닐까 싶네. 이에키치 군이 쓴 장문의 편지를
이 도둑은 퍽 말이 잘 통하는 도둑이 틀림없어. 하지만
마음 편히 있을 수는 없어서 편지로 사과를 전하네.
말하고 싶지만 우리 집은 더 조심할 여지도 없는 곳일세.
수 밖에 없지. 그런 아름다운 편지를 읽으면 도둑도
훔쳐간 편지도 홀연히 돌아올 지 모르겠군.
돌아오면 바로 돌려줄 테니 그리 알아주게.
어쩌면 지금껏 이것저것 훔쳐 갔을지 모르지만
참 뒤숭숭한 일일세. 다음번에는 내 서재를 쓸어 갈지도 모르지.
가져간다면 나는 사직해야 할텐데, 그렇다면 도둑도
이상.
나쓰긴 (나쓰메 소세키)

그래도 문구를 제대로 즐겨볼 만한 유예의 시간을 얻은 거네요.

맞아요. 이왕 주변에다가 '문방구 여행'이라고 해두었으니, 가보자 싶었어요. 가고 싶은 해외 문방구 리스트도 이미 가득했고요. 펜, 마스킹테이프, 노트처럼 항상 들고 다니던 걸 챙기니까 엄마가 너는 왜 옷보다 문구를 먼저 챙기냐고 물어보셨죠. 제대로 무언가 해보자는 욕심은 있었는데 파리 도착하자마자 환상이 깨졌어요. 여행자로 있다 보니까 루틴이 없었거든요. 이 시간을 낭비하게 될까 봐 불안했고, 혼란을 잠재우기 위해 어떤 기록이든 남기자고만 생각했어요.

가벼운 마음으로 도착하진 못했지만 기억에 남는 순간들이 궁금해요. 파리는 어땠어요?

쓰는 사람들의 문화가 인상 깊었어요. 갤러리 안 카페들을 자주 갔는데 거기에 쓰는 사람이 정말 많은 거예요. 우리나라에서는 그곳을 전시 보기 전이나 후에 들렀다 가는 정도로만 여기잖아요. 인파가 몰렸다가 한순간에 빠지기도 하고요. 퐁피두 미술관의 카페를 좋아했는데, 노트에 무언가 쓰는 사람들을 보면 완전 무아지경이에요. 어디선가 쓸 곳을 찾아서 온 것처럼요.

여러 도시를 연달아 경험했는데 도시가 가진 특징들도 느껴졌나요?

베를린과 바르셀로나는 이어서 다녀왔는데 두 도시 간의 대비가 컸어요. 베를린의 첫인상은 레고로 만든 동네 같달까요. 3시면 해가 지고 톤 다운된 모습을 마주해요. 루이반Luiban의 엽서 매대를 하루 종일 구경하고 밥값과 교통비를 아껴 문구를 샀어요. 빈티지 필기구를 구경하고 우연히 만난 다큐멘터리 감독한테서 펜을 선물 받기도 했는데, 축축하고 추운 도시라서 그런지 움츠러드는 기운을 느꼈고요. 반대로 날이 온화한 바르셀로나는 그간의 긴장이 풀리더라고요. 선명한 도색이 눈에 띄는 문방구에 들어갔더니 알록달록 문구가 가득했어요. 햇살도 따뜻하니 '취업은 뭐, 될 대로 되라!' 싶었죠.

어려운 질문일지도 모르겠지만, 가장 마음에 들었던 문방구 하나를 골라볼까요?

런던의 프레젠트&커렉트Present&Correct가 바로 떠올라요. '수집가의 방'이라고 부를 정도로 좋아하는 곳이에요. 작은 집기들이 먼지 없이 깔끔하고, 각양각색의 작은 클립 하나도 모두 개별로 구경할 수 있죠. 사실 파는 사람은 뭉텅이로 한꺼번에 파는 편이 낫거든요. 그런 점에서 문구를 대하는 주인장의 태도가 보여요. 수기 영수증도 정성스럽게 써주는데, 열심히 기록하라는 암묵적인 인사 같았어요. 아, 그리고 한편에 '이페메라Ephemera'도 판매해요.

그게 뭐예요?

누군가 수집한 우표나 껌 종이처럼 수명이 짧은 종이 조각이에요. 직접 모은 이페메라를 판다는 게, 수집이라는 행위를 다른 이가 이어나가도록 돕겠다는 마음처럼 느껴졌어요. 제가 최근에는 문구류 수집을 잘 하지 않거든요. 이제는 충분히 모았으니 어디서나 살 수 있는 건 갖고 싶지 않아서요. 그래서 저만의 이페메라를 모아요. 빵 봉투, 쇼핑 봉투같은 빈티지한 지류나 브로슈어, 코스터, 우표, 맛있게 먹은 잼 상자 같은 것들요. 그때만의 인쇄 기법이나 디자인 스타일을 볼 수 있어서 좋아해요. 여행 중에 구겨질까 봐 지퍼백에 보관해서 가져오고, 도시 별로 스프링 파일을 사서 끼워둬요.

일상에서 지나치지 않고 수집하는 거니까 값으로 따질 수 없는 특별함이 있네요.

'누가 이런 걸 모으느냐 싶지만 내가 모은다!'의 마음이죠(웃음). 돈으로 살 수 있는 건 이미 충분해요.

여행에서 좋은 감정만 얻기는 힘들잖아요. 경연 씨도 그런가요?

물론이죠. 현실과 미래 사이 경계에 놓인 기분이라 혼란스러웠어요. 긴 여행 동안 분명 즐거웠고 좋은 걸 구경했지만 항상 혼자였고 미래에 뭘 할지도 보이지 않았어요. 시각적인 기쁨은 충족이 되는데 그 경험을 소화하지 못하는 기분이었죠. 물론 안일한 마음도 있었어요. 돈을 써서 세계를 여행하니 무조건 좋을 거라는 건 말도 안 되는 환상이죠. 저와 맞지 않는 것도 있었고 실망스러운 곳도 많았으니 그걸 느끼는 과정에서 저만의 기준이 생겼다고 생각해요.

문구를 좋아했고 좋아하고, 많은 시간과 경험을 쏟는데도 그저 취향으로만 바라본 이유가 있어요?

좋아하는 걸 좋아한다고 말하는 데에는 용기가 필요했어요. 사실 문구를 싫어하는 사람은 찾아보기 힘들어요. 세상 사람들 다 쓰고 있는데 이걸 내가 좋아한다고 말하는 게 맞나 싶은 거죠. 스무 살은 20년 동안 쓴 거고 쉰 살이 된 사람은 50년 동안 쓴 건데, 누가 더 좋아하는 건지 모르겠고요. 만약 여름에 스니커즈 신는 거 좋아해, 정도의 말이었다면 이렇게 어렵지 않았을 거예요.

자신의 진심을 가늠해 봤던 거네요. 취향이나 선호는 보잘것없이 여겨지거나 다른 이와 비교하기 쉽기도 하고요. 처음에 아날로그키퍼를 만들 때도 단기 프로젝트였다고 했죠?
일종의 시한부 프로젝트였어요(웃음). 당시 하반기 취업 시즌까지만 운영하기로 약속했거든요. 문구에 대한 혼란스러움을 성취를 통해 기승전결로 마무리해 보겠다면서요. 막상 시작하니 나만의 것을 구상하고 제작하는 일이 재미있더라고요. 고난도 있고 어려움도 많지만 오히려 책임감을 갖게 되는 것도 좋았어요. 새롭게 공부해야 될 게 많았는데 그만큼 더 아는 사람이 된다는 거니까 뿌듯했죠.

칼을 들었으니 무라도 베어야 한다는 마음이었다가 요리에 빠지게 된… 그런 건가요? 주변 반응도 궁금해져요.
엄마랑 동생은 직감하고 있었대요. 아빠만 빼고요. 그때 동생이 처음으로 아빠를 설득했어요. 누나가 저렇게까지 하는데 지켜보자고, 용돈도 안 받고 밥도 알아서 먹고 사는 것 같으니 믿어주자고요. 당시 애인이었던 남편도 처음에는 긴가민가했대요. 여행 갔다 오더니 뭔가 뚝딱뚝딱 만드는데 사실 다 지인들이 사주는 거 아닌가 싶었대요(웃음). 그래도 제가 어릴 때부터 한다고 하면 그걸 꼭 해냈던 아이라 가족도 애인도 믿고 응원을 해줬어요.

아날로그키퍼의 대표가 둘이 된 것도 그때부터죠?
프로젝트가 아닌 본격적인 사업을 해보려고 하니 혼자서는 도저히 안 되겠더라고요. 원래 남편이 서비스 기획자로 회사를 다니고 있었는데 브랜드를 꾸려보고 싶은 마음이 있었어요. 함께 하면 좋겠다는 확신이 들어서 삼고초려의 마음으로 모셔왔죠. 제가 디자인과 브랜딩, 문구 제작을 담당한다면 남편은 전반적인 운영을 도맡는 걸로 역할 분담이 되었어요. 그렇게 1년 동안은 사무실에서 간이침대 펴놓고 화장실에서 먹고 자고 버텼죠. 침대도 이케아에서 10만 원짜리 산 거라 엄청 삐거덕거렸거든요. 눈 뜨면 출근하고 눈 감으면 퇴근하는 그런 삶.

지금의 아날로그키퍼를 생각하면 상상이 어렵네요.
저 자신을 호되게 검증했던 시기 같아요. 너 정말 이렇게 먹고 사는데도 괜찮은 거니? 집도 없는데 괜찮아? 근데 1년을 꽉 채워 이렇게 보내도 계속 하고 싶은 마음이었어요. 그만두고 싶지 않았고 팔리는 게 어디냐, 다음 걸 계속 만들 수 있는 게 어디냐고 생각할 때 느꼈어요. 아, 나 이거 계속 하겠구나.

오랫동안 좋아하던 마음이 단단해져서 뿌리가 되어줬네요. 두 분이 똑같은 생각이었어요?
남편은 '아, 이거 큰일났다.' 했대요(웃음). 빨리 이 상황을 벗어나야겠다고요. 그동안 좋은 회사 다니면서 매일

쓰레기통이 비워지는 일상이었는데, 완전히 달라졌잖아요. 브랜드를 업그레이드하기 위해 열심히 했고 하나둘 팀원도 들어와 주었어요.

아날로그키퍼라는 이름은 프로젝트 때부터 변함없이 쓰고 있죠.

쓴다는 건 느림과 기다림의 연속이니까 아날로그 세계의 일이라고 생각해요. 거기다가 키퍼를 붙이게 된 건 일종의 페르소나를 만든 거죠. 기록하는 사람들이 하나로 모였을 때 뭘 중요하게 생각할까, 아날로그 감성을 애틋하게 생각하지 않을까. 그런 마음을 '지키는 사람'이라고 표현하고 싶었어요.

지킨다는 것에 방점이 찍힌 이름이었네요. 이제는 좋아하는 걸로 자기소개를 하게 됐는데 어때요?

음, 사실 아직도 편하게 소개하진 못해요(웃음). 물론 기쁘지만 브랜드를 5년 정도 꾸리게 되니까 아직 시작도 안 했다는 생각을 되게 많이 하거든요. 뭔가를 너무 좋아해서 성취했다고 말하기엔 조금 부족한 것 같아서, 그냥 꾸준히 쓰는 사람이라고 말하는 게 편해요.

안녕하세요. 여름의 더위를 실감하며 금요일에 도착했습니다. 잠깐 사이에도 땀이 헤아려지는 요즘을 건강하게 보내고 계신가요? (중략) 쓰는 일을 멈추지 않기 위해선 이런 작고 귀여운 상상이 필요한 것 같습니다. 실은 나 비밀 모임의 보스야. 꽤 오래된 조직이야. 강한 편이고, 쉽게 넘볼 수 없어, 라고요. 어차피 들킬 수 없는 생각이니 이 여름, 종이 앞에 앉을 때 조금은 심각해져 볼까요? 그 심각함으로, 진지함으로 우리는 더 깊고 강해질 수 있습니다.

— 2023년 7월 8일 아날로그키퍼 경연

쓰는 사람에게

안녕하세요. 이 편지는 수취인이 없습니다. 모든 쓰는 사람에게 보내는 편지예요. 만약 지금 책상 앞에 계시면, 편지가 제대로 도착한 것 같습니다. (중략) 쉽진 않겠지만 마지막 문장까지 마음을 많이 쓰시길 바라봅니다. 그래서 받은 사람의 기울어진 몸이 한동안 멍할 만큼의 고유한 원본을 만드시길 응원합니다. 그 고유한 만큼 쓰는 분의 마음이 깊어지리라 자신하기 때문입니다. 저의 마지막 인사는 이렇습니다. '백지 위에서 내내 다정하시길!'

— 2023년 7월 8일 아날로그키퍼 경연

제품을 소개하는 정성스러운 문장들에 시선이 머물러요. 항상 인사를 붙이고, 감정을 전한다는 의미에서 편지 같기도 하고요.

아날로그키퍼의 러브 레터라고 생각해요. 샘플로 보여줄 기록물, 인스타그램에 적을 텍스트, 작은 인사까지 수십 번 고민하고 시간과 정성을 쏟아요. 아무리 생각해도 저는 편지를 참 좋아하나 봐요. 진심의 원본 같아요. 남편이 한때 이런 말을 한 적이 있어요. 돈으로 할 수 있으면 그게 제일 쉬운 방법이라고. 편지는 아무리 돈을 줘도 누군가를 대신해서 진심으로 쓸 수는 없잖아요. 내가 이 시간과 이 마음을 들여서 쓰는 편지라면 줄 수 있는 최대한의 것 아닐까요?

경연 씨는 편지에 어떤 내용을 쓰는 지 궁금해져요.

모든 종류의 기록은 솔직하게 쓰려고 해요. 보통 편지는 소중하게 간직하는 거니까 내밀한 감정을 쓰려고 노력하죠. 저는 누군가가 보고 싶었을 때 문장이 줄줄 써지는 것 같아요. 우리의 시차와 공간차가 아쉬워서, 편지를 쓰는 과정뿐 아니라 평소에도 당신의 생각을 많이 했다고 표현해요. 봉투를 예쁘게 꾸미거나 나만의 힌트를 써두기도 하고요.

전하고 싶은 말에 무게중심을 더 두는 거네요.

상대방이 듣고 싶어 하는 말을 완벽히 안다고 할 수 없으니까요. 전하고 싶은 감정을 잘 포장하고 다듬어서 선물하는 것이 최선이라고 생각해요.

혹시… 누군가 볼지도 모른다는 불안한 상상을 하진 않나요? 편지 외에 모든 내밀한 기록들도요.

저와 남편의 암묵적이고 유일한 약속이 있어요. 절대 몰래 읽으면 안 된다는 것. 식탁에 노트가 펼쳐져 있어도 절대 안 읽고 다시 덮어줘요. 부모님도 제 일기장을 몰래 보지 않으셨어요. 일기에는 자책하고 후회하는 감정도 솔직하게 쓰는 터라 남에 대한 말보다 저에 대한 말이 많아요. 그리고 모든 글에는 쓰는 사람의 감정이 담기잖아요. 다짐하는 글이라면 꾹꾹 눌러서 힘차게, 화가 나면 글자에서도 분노가 느껴지고, 즐겁다면 느낌표도 많고 가볍게 쓰겠죠. 만약 아픈 감정을 쓴다면 너무 괴롭더라도 일단 써놓고 메모지로 '감정이 정리되면 읽을 것', '다신 읽지 말 것' 이런 식으로 붙여둬요. 제가 과거 기록물을 자주 들춰보는 사람이라 이런 장치가 필요하더라고요.

그럼 오늘만 살짝 물어봐도 될까요? 최근에 썼던 기록이 무엇인지요.

남편에게 편지 쓰던 게 떠오르는데요. 평소에 하지 않는 표현으로 애정을 전하려고 노력해요. 그런데 남편과 제가 스무 살 때 만나서 7년 동안 연애했고 지금 결혼 4년 차거든요. 사랑한다는 말을 얼마나 다양하게 했겠어요? 그래서 점점 쉽지 않아요(웃음). 편지에는 오빠를 만나서 내가 날 더 좋아하게 됐다, 네가 준 사랑이 엄청 컸다, 이런 말을 적었던 것 같아요.

기분 좋은 사랑의 언어네요. 일기나 편지 외에도 꾸준히 쓰는 게 있어요?

오랜 시간 공들여서 채우는 노트들이 있는데요. 하나는 언젠가 노트라고, 언젠가 이루고 싶은 것들을 적어두는 거예요. 소소한 거라도 무얼 바라는지 구체적으로 적는데 나중에 다시 보면 이루어진 게 많아서 신기해요. 또 하나는 생경한 단어들을 모아두는 저만의 단어 사전이에요. 얼마 전에 '렉시콘Lexicon'이라는 단어를 들었는데요. 개인이 가진 언어 보따리 같은 개념이래요. 영감은 필요할 때 스윽 나타나는 게 아니니까 특별한 단어를 발견할 때마다 모아두어요.

음식점에 가면 효능을 알려주는 글이 꼭 있잖아요. 문방구에도 그런 게 있다면 어떨까 하는 생각으로 물어볼게요. 기록의 효능은 뭘까요?

자신과 좀더 친해져요. 기록은 자기 자신에게 말을 걸어보는 거잖아요. 좀더 잘 살길 바라면서 보듬는 마음이 숨어 있다고 생각하거든요. 쓰기만 하면 대단한 사람이 된다, 부자가 된다고 말할 수는 없지만 적어도 꾸준히 쓰면 자신과 대화를 할 줄 아는 사람이 될 거예요.

기록을 통해 대화를 걸어보니 경연 씨는 스스로 어떤 사람 같던가요?

전 제가 미래지향적이고 빠르고 파이팅 넘치는 줄 알았거든요(웃음). 그런데 멀지 않은 일상을 고민하고 하루를 공들여 보내기를 좋아한다는 걸 쓰면서 깨달았어요. 얼마 전, 집이 너무 지저분했던 일이 일기에 적혀 있어요. 이곳은 이렇게 깔끔한데 우리 집 문을 열면 엉망인 거예요. 사소한 것들을 감각하곤 하니까 일상이 무너지면 엄청 우울해지든요. 그랬을 때, 내일 아침에 거뜬히 일어났으면 좋겠다고, 앞으로는 매주 일요일에 꼭 식재료를 미리 손질해 놨으면 좋겠다고 기록해요. 일상을 되찾으라는 일기의 시그널을 받는 거죠.

쓰는 일 자체가 어려운 사람들을 살짝 도와준다면요?

마음에 드는 필기구를 골라보세요. 그리고 자유롭게 생각하세요. 기록은 침묵 속에서만 가능한 대화예요. 입을 앙 다물고 내 안에 있는 이야기를 풀어내잖아요. 기승전결 필요 없고 문장의 맺음, 맞춤법, 띄어쓰기 전부 상관없어요. 갈등이 없을 수도 있고, 발단만 늘어두다가 끝날 수도 있어요. 무엇이든 괜찮아요.

종이와 나 사이에선 무엇이든 괜찮다는 마음, 간직할게요. 오늘의 대화는 어떤 기록이 될지 궁금해지네요.

음… 오늘 처음 만난 두 사람이 수집과 기록만으로도 이렇게 오래 이야기할 수 있다는 게 정말 즐거웠다고 쓰려고요. 서로 다른 사람이 마주해 무언가 만들어내는 건 변함없이 좋고 재미있다는 것도요.

"에디터님은 평소에 글씨를 어떻게 쓰세요?" 긴 대화를 마친 뒤 경연 씨는 나에게 질문을 던졌다. "저는… 빨리 대충 쓰고 또 작게 쓰는 것 같아요." 발그레한 얼굴로 고개를 끄덕이던 경연 씨가 나에게 꼭 맞는 펜이라며 한 자루 건네주었다. 그 곁에는 원고를 볼 때 사용하라는 도톰하고 매끄러운 빨간색 샤프도 한 자루 있었다. 품고 있던 마음을 나누고 싶은, 함께하고 싶은 마음에서 좋아한다는 감정이 완성되는 게 아닐까. 필통 속 두 자루의 필기구가 보일 때마다 발그레한 다정함이 떠오를 듯하다.

10여 년 전쯤, 대형 카페에서 한 남자를 본 적이 있다. 그는 엄청난 종이 더미와 클리어 파일, 노트를 자그마한 테이블 위에 아슬아슬하게 올려둔 채 주변 소음은 상관없다는 듯 무언가를 부지런히 적어 내려가고 있었다. 알지만 모르는 사람, 깊이 알진 못해도 무대 위에서 자주 보는 사람. 그의 이름은 김목인이다.

여름 오후 기록

김목인—음악가

에디터 이주연

포토그래퍼 Hae Ran

만나서 반갑습니다. 음악도 하고, 책도 쓰고, 번역도 하면서 지내고 계시지요. 목인 씨를 어떻게 소개하면 좋을까요?

보통은 싱어송라이터 김목인입니다, 라고 소개하고 있어요. 다만, 요 몇 년 여러 일을 하다 보니 어떤 작업에 대한 대화냐에 따라 멈칫하게 되는 순간도 생기죠. 저자 소개를 쓸 때 음악가를 맨 앞에 쓰기는 조금 멋쩍은 거랑 비슷하달까요. 저를 먼저 책으로 만나신 분은 음악 한다는 소개를 낯설어 하거나, 책 자체가 음악과 상관없을 때도 있으니까요. 또 어떤 분은 제가 여러 가지 일을 하게 된 과정을 모르시니까 제대로 설명하지 않으면 어리둥절해 하기도 해요. 그래도 저한테는 음악이 가장 먼저 택한 직업이었으니 음악가라고 소개하고 싶어요.

뉴스레터 〈김목인의 풍경과 코러스〉에서 "대체 본업의 기준은 뭐지?"라는 주제로 이야기를 풀어나가기도 했죠. 그 답을 찾았나요?

옛날엔 그 기준에 대한 생각이 참 많았는데 요즘에는 본업과 부업으로 정확히 나누는 데 집중하지 않게 됐어요. 애초에 책에 관심이 많았고 발표하지 않더라도 글쓰기는 항상 하는 일이니까요. 그래서 지금은 음악가와 작가 모두 제 정체성 중 하나로 생각하고 있어요. 본업의 기준을 이야기해 보자면… 어떤 일을 못 하게 됐을 때, 포기해야만 할 때 남기게 되는 한 가지라고 생각해요. 사실 직업으로서의 본업이라기보다는 성향이나 마음이 닿는 일이겠지요.

그런 의미에서의 본업을 이야기해 볼까요?

이것저것 메모하는 사람과 악기 연주를 좋아하는 사람, 그 두 가지가 남지 않을까요? 지금은 한발 더 나아가서 노래도 하고, 공연도 하고, 책도 내지만 그런 것들은 여건과 환경이 맞아서 할 수 있던 일이라고 생각해요. 상황이 아무리 변해도 연주하고 싶다는 마음은 남아 있거든요. 습관적으로 쓰는 일도 그렇고요. 그게 바로 정체성과 연관되는 게 아닐까 싶어요.

저는 노래하는 목인 씨가 참 익숙한데 노래 부르는 것보다는 곡을 만드는 게 좀더 정체성에 가까운 일이군요.

노래를 하고 싶어 음악을 시작한 게 아니라 더 그런 것 같아요. 제가 음악을 시작할 땐 편곡이나 피아노 연주, 레코딩에 관심이 더 있었거든요. 그러다 점차 관심사가 변해 밴드 연주와 싱어송라이팅으로까지 이어진 거죠. 지금도 피아노로 곡을 쓰면 굳이 가사를 붙여야겠다는 생각이 안 들 때도 많아요. 연주곡 상태로 완성하는 건데, 주로 싱어송라이터로 활동하다 보니까 발표할 일은 많지 않아요. 작년 11월에는 재미공작소라는 공간에서 제 모든 곡을 피아노로 연주하는 공연을 해봤는데요. 기타로 만든 곡을 다 피아노로 바꿔 연주하려다 보니 힘도 들었지만 정말 재미있더라고요.

방 안쪽에 피아노가 보이는데 요새도 자주 치세요?

요즘엔 피아노보다 아코디언을 열심히 치고 있어요. 올 초에 중고 버튼 아코디언을 한 대 구했는데… 피아노의 하얀 건반과 검은 건반을 버튼으로 쫙 펼쳐놓은 거라고 보시면 돼요. 버튼을 하나씩 치면 반음씩 올라가는 형태죠. 보여 드릴까요? (아코디언을 연주한다.) 왼손은 화음을 연주하기 편하게 구성되어 있어서 손에 익기만 하면 연주하기 어렵지 않아요.

와…. 픽사 애니메이션의 한 장면 같아요.

연주해 보셔도 돼요(웃음).

엄청 무거워 보이는데요(웃음). 어깨에 걸치는 데만 한나절일 것 같아요.

아, 그렇죠. 무겁긴 무거워요. 15킬로 정도 되려나…. 고생 끝에 데려온 악기예요. 악기 거래 사이트에서 프랑스 사람에게 산 건데, 판매자가 해외에 판매할 생각은 없었나 봐요. 저는 이미 결제를 다 한 상태인데 안 팔려고 하셔서 설득하느라 꽤 고생했어요. 우여곡절 끝에 온 악기죠. 올 초에 〈마르셀 아코디언 클럽〉이라는 단편소설을 썼는데 거기에 이 경험도 조금 섞여 있어요. 책으로 쓰게 될 줄은 몰랐는데 작은 경험이 또 이렇게 확장되네요(웃음).

대학생 때는 영화를 만들고 싶었다는 인터뷰를 봤어요. 영화도, 음악도 창작 영역이라 생각하는데 창작이라는 게 목인 씨에게 어떤 의미예요?

영화는 정말 옛날 얘기네요(웃음). 90년대 후반에는 영화가 나름대로 붐이었어요. 저도 '씨네 키드'로 영화 동아리에 열심히 참여하고, 16밀리 필름 수업 받고, 시나리오도 쓰고 그랬죠. 그땐 제가 음악을 할 거라고는 생각도 못 했어요. 저한테 창작은 하고 싶은 이야기가 제 안에 미리 만들어져 있고 그걸 내보내는 게 아니라, 경험한 것을 나름의 언어로 재구성하는 거예요. 만약 오늘 너무 안 좋은 일이 있었다면 짜증 내고 끝내는 게 아니라 약간 거리감을 두고 보는 거죠. 픽션처럼 다른 전개를 상상해 보기도 하고요. 그런 식으로 거리감을 두고 제 경험을 이야기로 기록하는 거예요. 영화도, 음악도 마찬가지인 것 같아요. 창작이 모두 그렇다고 말하긴 어렵지만 적어도 제가 하는 창작은 이야기를 다루는 일이에요. 어떻게 하면 가장 적당한 형식으로 잘 담아낼 수 있을까 고민하는 거죠.

내 경험을 제삼자가 되어 관찰하고 기록하는 거네요.
맞아요. 그렇다고 작품을 만들려고 일부러 관찰하는 일은 별로 없어요. 생각해보지 못했던 프로젝트를 의뢰받을 땐 그럴 수 있겠지만, 보통 제가 하는 작업들은 평소의 관심사를 따라가요. 그래서 앨범도 2-3년에 하나씩 느린 호흡으로 나오죠. 앨범이 나오면 사람들이 "평소에 사람들을 이렇게까지 관찰하냐."거나 "대화를 다 기억하고 있어?" 하고 물어보는 일이 많은데요. 제가 기억력이 월등하게 좋아서 그런 건 아니고요. 경험한 걸 잘 기억하려고 하는 습성이 있는 것 같아요. 어떻게든 더 많이 기억하려 하거든요.

시간이 흘러버리면 인터뷰를 월요일에 했는지, 수요일에 했는지도 헷갈리잖아요. 하지만 기록에 너무 집착해도 피곤하니 습관적으로 정리하고 있어요. 생각을 정리한다는 기분으로요.

오늘은 《미공개 실내악》 이야기를 해보려고 대화를 제안했는데요. 이 책은 악보처럼 '악장'으로 구성되어 있죠. 1악장은 '이웃', 2-4악장은 '공연'을 테마로 여러 이야기가 담겨 있어요. 독특한 구성이라 즐겁게 읽었어요.
이 책은 악장별로 각 키워드를 수집한 형태지만 평소에 이렇게 항목을 나눠 수집을 엄청나게 해놓는 건 아니고요. 제 생활반경, 그러니까 동네에서 보내는 시간이나 공연하는 일들이 자연스럽게 반영되었어요. 3악장은

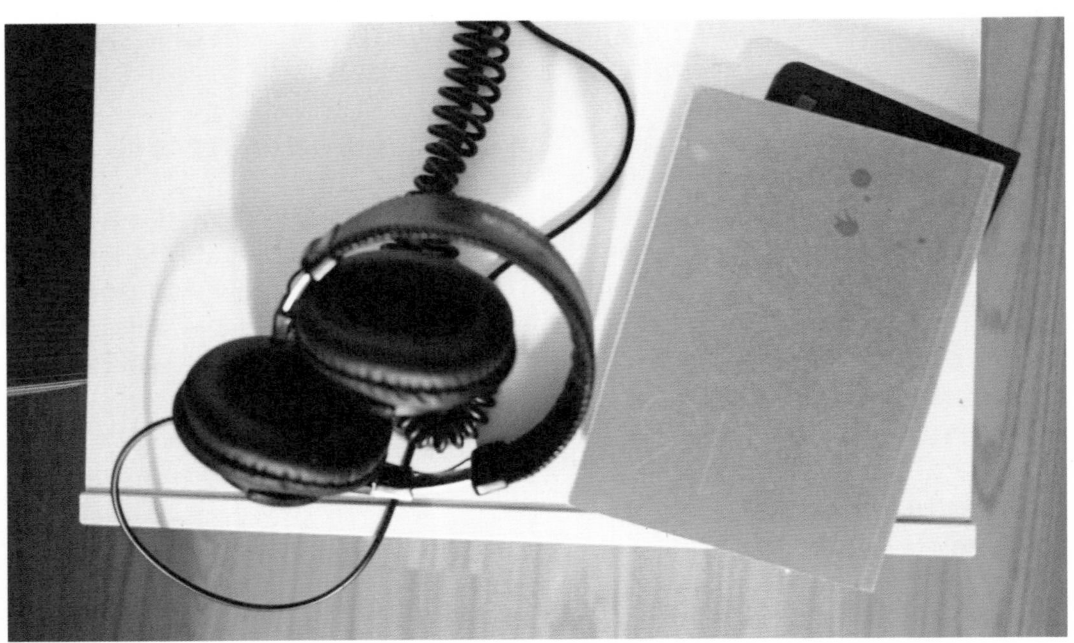

왜요?
저도 궁금해요(웃음). 현재를 살기도 바쁜데 지나간 일을 계속 기록하면서 기억하려는 건 비효율적인 일처럼 보이기도 하잖아요. 근데 해보니까 이런 기록이 창작의 재료가 되더라고요. 창작을 위한 기록은 아니지만, 습관적으로 관찰하고, 일기를 쓰다 보니 저절로 이야기를 구성하는 단련이 되는 것 같아요.

일기장 궁금한데요(웃음).
다짐이나 반성 같은 건 하지 않아요. 거의 일지 수준이에요. 무슨 일이 있었는지 기억하려고 써두는 거죠. "오늘 2시에 《AROUND》 인터뷰를 했다." 정도라도 써 두면 기억을 되살릴 수 있어요. 바쁜 일이 있고

공연장에서 볼 수 있는 각양각색의 대기실 형태를 모아두었는데, 사실 공연 전의 대기실은 뭔가를 자세히 관찰할 분위기는 아니에요. 할 수야 있겠지만, 공연을 앞두고 그만큼의 여유는 없거든요. 책에는 대기실 유형이 간략한 그림으로도 실려 있는데 이걸 도면처럼 구성할 생각도 해봤거든요. 그런데, 그러려면 현장에서 엄청나게 많은 에너지를 써야 하잖아요. 돌이켜보면 중간중간 기록을 많이 해두었기 때문에 기억을 좀더 섬세하게 그림으로 재구성할 수 있던 것 같아요.

테마를 정하고 수집하기 시작한 게 아니라, 수집된 것을 테마에 맞추어 나눈 거군요.
네. 이아립 편집장님이 자유롭게 아무거나 써보라고

하셔서, "뭘 쓰면 좋을까?" 하고 이러저러한 이야기를 나누었는데 그때가 코로나19가 한창 심하던 때였거든요. 동네 밖으로 잘 벗어나지 않던 시절이었죠. 보시면 알겠지만, 이 동네엔 뭐가 별로 없어요. 상권도 없고, 큰 사건도 없고, 소소하게 일어나는 일뿐이지만 그걸 한번 기록해 볼까 싶었어요. 평소에 가족과 슈퍼마켓 다녀오면서 나눌 법한 이웃 이야기들 있잖아요. "어제 길에서 이런 일이 있었어. 웃기지?" 하는 것들이요. 평소 모아온 에피소드도 있겠다, 써볼 수 있지 않을까 싶었는데 하다 보니까 '이 사람 이야기도 넣으면 좋겠다!' 하면서 이야기가 늘어나더라고요. 의외로 동네에서 벌어지는 희한한 사건이 참 많아요. 책에 안 들어간 에피소드도 있고요.

네(웃음), 들려주세요.

자주 가던 중국집 이야기거든요. 이 동네로 이사 오고 화교분이 하시는 중국집엘 아내와 자주 다녔어요. 자연스럽게 그곳에서 서빙하시는 분과 서로 얼굴을 알고 지내게 됐는데, 그 분이 저희 집 앞에 있는 냉동 창고에서도 일을 하시는 거예요. 그러니까 중국집 일도 하시고, 냉동 창고에서 운반 일도 하시는 건데요. 그 아저씨는 중국집에서도 저를 보고 냉동 창고에서도 저를 보고(웃음)…. 근데 제가 붙임성 있는 성격이 아니어서 살갑게 인사하거나 챙겨 드리질 못했어요. 더운 날 일하고 계실 때 음료수라도 건네 드리고 싶었는데 한두 번밖에 그러질 못했죠. 알긴 아는데 모르는 사람 같기도 한 느낌이어서(웃음). 마을버스도 기사님 몇 분이 번갈아 가며

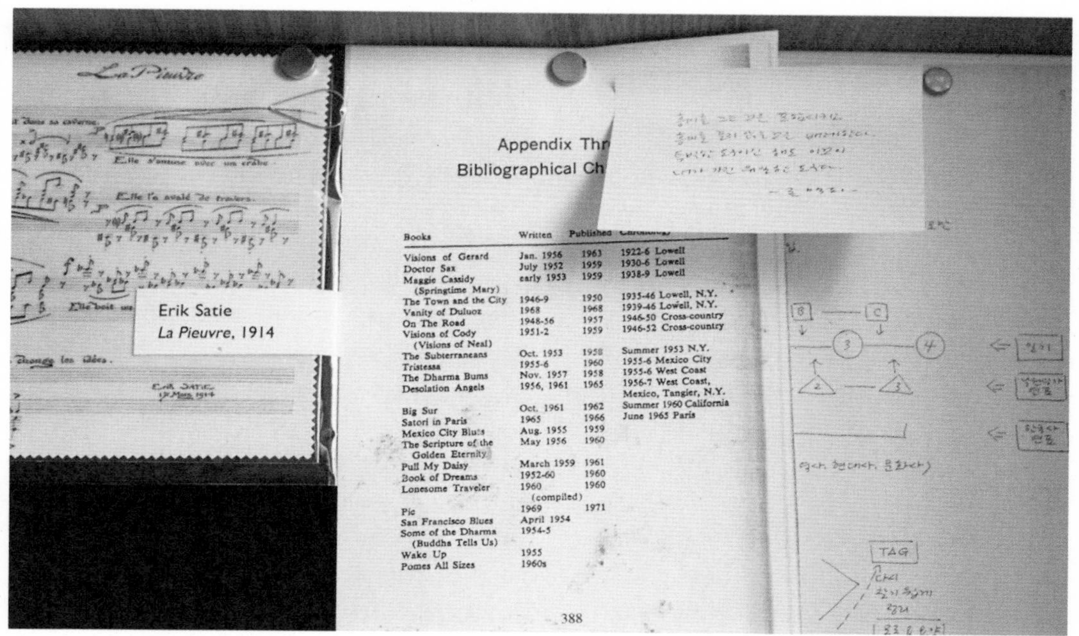

책에 안 담긴 이야기도 궁금해요.

동네마다 동네 일을 다 꿰고 있는 분들 한 명씩 있잖아요. 누구나 그분을 알고 있고, 간단하게 동네에서 처리해야 할 일이 있으면 찾아가는 그런 분이요. 이 동네에도 그런 분이 계신데, 동네에 있는 재활용품을 몽땅 수집하시거든요. 모든 물건이 그 가게 안에 들어가 있어요. 특정 시간마다 강아지들을 데리고 산책하시는데, 어떤 경로를 통해 이 마을의 반장 역할을 하고 이런 일을 하게 됐는지 궁금한 거예요(웃음). 또, 한번은 정육점에 딸린 작은 방 안에서 언뜻 키보드를 본 적이 있어요. 정육점 사장님이 음악 하시는 분인가 궁금해지기도 하고…. 오랫동안 한동네에 살다 보니까 그런 사람들을 많이 보게 돼요. 썼다가 빠진 이야기도 있는데… 계속해도 될까요?

운전하시니까 같은 분들을 계속 보게 되는데, 그런 기억을 모아 자세히 묘사해서 쓴 게 이 책의 1악장이에요.

어딘가에 이웃의 모습을 기록해 둔 건가요?

'이웃 관찰 일지' 같은 걸 본격적으로 만든 건 아니지만 아마 찾아보면 일기장 어딘가에 이웃 이야기가 적혀 있을 거예요. 사실 처음엔 쓰면서도 이게 책이 될까 싶었어요. 이웃 이야기라고는 하지만 제가 살고 있는 동네 사람들이기 때문에 보편적으로 읽을 만한 거리가 될까 싶었던 거죠. 출판사에서도 마음대로 써보라고 했지만, '동네에서 이런 일이 있었어요.'라는 이유만으로 묶어 드리는 건 좀 그렇잖아요. 책 형태가 될 만한 이야기로 구성하느라 고민이 있었어요.

《미공개 실내악》이라는 제목이 참 매력적이에요. '미공개'라는 말이 주는 기대감도 있고요.

책을 본격적으로 시작하기 1년 전쯤 편집장님이 카페에서 툭 던진 거였는데, 다른 방향으로 흘러갔다가 다시 돌아오게 된 제목이었죠. 미공개라는 단어를 쓴 건 번외편 같은 작품을 만들고 싶어서였어요. 비밀스러운 느낌보다는 여러 이유로 공개 안 했던 작업들을 내는 느낌으로요.

원고보다 제목이 먼저였네요?

맞아요. 글과 악보를 함께 매치한 것도 '실내악'이라는 단어에서 아이디어를 얻은 거였어요. 몇 곡은 예전에 해둔 스케치였지만, 글마다 곡이 있으면 좋겠다는 아이디어가 나와서 하나씩 작곡하기 시작했죠. 원고를 보면서 그 분위기에서 떠오르는 멜로디를 피아노로 연주하면서 완성했어요. 2-3분짜리 완성형 곡을 만드는 게 아니라 도입부 정도를 만드는 거라 크게 어렵진 않았는데요. 처음 해보는 작업이고 글을 보면서 곡을 만드는 거라 이게 될까, 고민하기도 했죠.

요즘은 악보도 다 컴퓨터로 그리는데, 이 책에 실린 악보들은 전부 손 그림이죠.

가끔 굿즈로 피아노 악보 피스 만들 때 컴퓨터 사보 프로그램을 써요. 컴퓨터로 사보를 하면 좀더 깔끔하게 만들 수 있고 수정도 쉬우니까요. 그래도 저는 간단하게 스케치하는 작업은 손으로 그리는 걸 선호해요. 미완성 스케치를 컴퓨터에 기록하면 잘 들춰보지 않게 되거든요. 저는 미완성 상태의 악보는 낱장이 쌓였을 때 직접 넘겨보면서 언제 뭘 만들었는지 알 수 있는 게 좋더라고요.

악보도 일종의 기록이 되는 셈이네요. 다시 책 이야기로 돌아와 볼게요. 《미완성 실내악》은 픽션들 '당신 안에 헤아릴 수 없는, 1인들' 시리즈 첫 책이었어요.

맞아요. 그 이후로 장우철 작가님, 이로 작가님 책이 나왔는데 책들의 외형이 시리즈처럼 닮진 않았어요. 처음에는 한 사람의 책이되 문예지처럼 여러 글이 담긴 책을 만들고 싶다는 이야길 들었어요. 책 한 권에 한 작품만 담긴 게 아니라, 시도 있고, 산문도 있고, 그림도 있는 형식을 원한 거죠. 그래서 이런 구성이 나온 거고요. 사실 이아립 편집장님은 누나라고 부르는 가까운 사이인데요. 그렇기 때문에 더 좋은 원고를 드리고 싶다는 마음이 강했어요. 고민이 많았죠. 게다가 시리즈 첫 주자니까 제가 시작을 잘 끊어야겠다는 마음도 있었고요. 그림도 출판사 측 제안이 아니라 제가 '이런 게 필요하지 않을까?' 하면서 이것저것 더 넣은 항목이에요.

4집 [저장된 풍경] 제작기에 이런 글을 쓰신 적이 있죠. "뭔가 이것저것 궁리할 뿐 무언가를 응시하는 것에 소홀한 사람"이라고요. 저는 목인 씨 글이나 음악이 작은 이야기, 사람들의 자그마한 행동에 초점이 가닿아 있어서 굉장히 구체적으로 관찰하는 사람이라고 생각했거든요.

설명을 좀 덧붙이자면, 세상사에는 관심이 많지만 한 가지에 집중하지 않고 이것저것 관심을 기울이다 보니 하나만 자세히 들여다볼 시간이 부족해요. 조금은 산만하게 관찰하는 거죠. 보기보다 호기심이 많은 편이라 이것저것 많이 들여다보게 되더라고요. 특히 4집을 제작할 땐 코로나19 시국이어서 동네에 있을 때면 심심하다, 따분하다 생각할 때가 많았거든요. 매일 보는 풍경에서 의미를 찾아야 했던 시기이기도 해서 더 그런 문장을 썼던 것 같아요. 매일 반복되는 것에서 의미를 찾는 게 중요하다는 걸 머리로는 알지만, 이런저런 콘텐츠에 마음을 빼앗기기도 하고 세상엔 자극적인 것도 너무 많잖아요. 그래서 응시하는 것에 소홀했다는 문장을 쓰게 된 거죠.

요즘은 좀더 진득하게 응시하는 게 생겼나요?

정신 건강이라는 키워드랑 연관이 있을 텐데요. 옛날에는 정신이 건강하다고 착각하고 굉장히 많은 걸 응시하려 들었어요. 그러다 한 번은 살짝 공황 증상을 겪기도 했죠. 그러던 어느 날, 밤에 마을버스를 타고 내려서 집으로 들어오는 캄캄한 거리에서 불이 켜진 집들을 보게 되었어요. 안정감이 느껴지더라고요. 그것도 예전엔 아무 생각 없이 들어왔을 텐데, 제가 살고 있는 집 주변이 이렇게 환하다는 것이 저한테 최소한의

안정감처럼 느껴졌어요. 혹시 이 앞 학교에서 축구 하는 아이들 보셨어요? 축구부가 있어서 연습을 정말 열심히 하거든요. 예전엔 그냥 스쳐 지나는 풍경이었는데 지금은 학교 특유의 분위기도 마음에 와닿고, 언제나 주변보다 조금은 더 밝은 학교 앞 풍경이 소중하다는 생각도 들어요. 의식적으로 이 풍경이 소중하다는 생각을 하려고 많이 노력하기도 하고요. 그렇게 하지 않으면 좋은 풍경에 둘러싸여 사는데, 그것도 모르고 창문을 닫은 채 이런저런 생각에만 몰두하며 살게 돼요.

산책도 자주 하고 주변에 관심을 많이 가지실 것 같은데 조금 의외예요.
저한테 그런 이미지가 있나 봐요. 사람들이 제가 산책을 많이 한다고 생각하시더라고요. 저는 집에만 있다가 약속이 생기면 그제야 나가는 타입이에요. 하루 일정 시간을 산책에 할애한다거나 바깥과 교감하는 데는 둔감했는데 이젠 의식적으로 하려고 하는 거죠.

여기까지 오면서 이 동네 참 산책하기 좋다고 생각했는데(웃음). 오르막길이 있지만 그것도 운동 되겠다며 좋아했거든요.
맞아요. 저도 요즘 부쩍 나가보면서 깨닫는 거예요. 10여 년을 살고도(웃음).

아, 맞아. 10년 전쯤일까요. 대형 커피숍에서 목인 씨를 본 적이 있어요. 혼자 계셨는데, 테이블에 엄청나게 많은 양의 종이 더미와 클리어 파일, 노트를 펼쳐놓고 뭔가를 적고 계셨어요.
뭘 적고 있었을지 저도 궁금하네요(웃음). 10년 전만큼 메모를 많이 하진 않는데 뭔갈 많이 적으면서 살긴 했어요. 공연 전에 세트리스트 같은 걸 적고 있던 걸까요? 아니면 낙원 상가 원고를 정리하고 있었을지도 모르겠어요. 10년 전부터 지금까지 붙잡고 있는 원고인데 그땐 낙원상가에 관한 자료를 잔뜩 들고 다녔거든요. 저는 아무래도 20대에 노트북을 들고 다니지 않던 세대라 그런지 손으로 쓰는 게 편해요. 다들 노트북으로 갈아타고도 남아 있는 사람이 저인 거죠(웃음). 저는 제가 적는 것도 좋아하지만 누군가가 쓴 기록을 보는 것도 좋아해요. 전시장에서 작가들의 창작 노트 보는 것도 좋아하고요.

저도 비슷한 느낌으로 목인 씨 기록들을 궁금해하는 것 같아요.
저는 가사를 써야 한다는 생각으로 메모를 많이 해두는 사람이었어요. 밖에서나 안에서나 뭐든 적으면서 지냈죠. 이게 습관이 되다 보니까 뭔가 떠오르면 바로바로 메모장에 적어요. 지금도 노트를 가지고 다니면서 이것저것 적곤 해요. 10대 때는 제 주변에서, 저에게 일어나는 일을 기록하고 싶은 마음에 일기를 썼어요. 그러다 대학생이 되고는 현재에 집중하고 싶어서 쓰기를 멈췄고, 다시 쓰기 시작했을 때는 일지처럼 변했지요. 옛날엔 기록에 장점만 있다고 생각했는데 지금은 장점인지 단점인지 잘 모르겠어요. 물론 기억을 잘하게 되는 거랑 책 쓸 때 과거를 돌아보기 참 좋은데요. 이 기록물이

나중에 어떻게 될까를 생각하면 꼭 좋은 것만은 아닌 것 같아요.

음, 왜요?

오래 전 아버지가 돌아가시고 나서 아버지 작품을 어떻게 해야 하나에 대한 고민이 좀 있었거든요. 아버지가 그림을 그리셨다 보니까 상당히 많은 유품이 남았어요. 이걸 보관해야 할지, 처리해야 할지 유족으로서 고민이 생기더라고요. 그때 기록이라는 것에 관해 많이 생각하게 됐어요. 저는 사후에 남기기 위해서 기록하는 건 아니거든요. 근데 먼 훗날 제가 죽고 나서 이 물건들이 다른 사람한테 넘어가는 게 골치 아픈 일이 될지도 모르겠다는 생각을 종종 해요. 중간중간 제가 좀 처분하면 될 텐데, 엄청난 양의 기록을 생산하고 정리까지 하는 건 저한테도 어려운 일이거든요. 그리고 사실 저도 하도 많이 해두다 보니까 이 기록물이 어디에 있는지 잘 몰라요(웃음). 이사할 때 끝끝내 정리를 못 마쳐서 이 집으로 그대로 가져왔는데 전부 베란다에 쌓여 있죠. 오늘 보여 드리려고 며칠 전에 정리했는데 생각지도 않은 옛날 기록물도 나오더라고요. 이제 보지 않아도 전혀 상관없는 그런 기록들이요. 이걸 정리하려니까 시간이 또 너무 많이 필요하고…. 스스로 발목을 잡고 있다는 생각도 들어요. 많이 기록하는 만큼 정리에도 부지런하지 않으면 금세 양이 불어버려서 힘든 점도 있어요.

하지만 손으로 남긴 기록의 매력은 분명히 있죠.

그럼요. 얼마 전에는 제 활동을 모아 보여주는 전시 겸 공연을 했거든요. 그럴 때 이런 기록물이 없으면 하기가 힘들잖아요. 나 대신 누가 해주는 것도 아니고요. 이번에 그런 기록물을 모으면서 한 번 더 생각하게 됐는데, 기록하다 보면 본의 아니게 어떤 연습이 돼요. 제가 경험한 것들을 소화하고 재구성하는 연습이요. 물론 연습하려고 쓰는 건 아닌데 오늘 하루를 정리하다 보면 왠지 좀더 재미있게 적어두고 싶어지잖아요. 그러면서 조금씩 구성도 하게 되고요. 별일 없어 보이는 날도 쓰다 보면 점점 더 길어지고, 살도 붙고…. 그런 게 책 쓸 때도 많이 도움이 되더라고요. 사실 《미공개 실내악》도 굉장히 큰 에피소드가 모인 건 아니에요. 어떻게 보면 누군가에게는 아무것도 아닌 이야기거든요. 어떻게 쓰느냐로 승부하는 책이지요. 기록하고 선별하는 건 학예사와 비슷하다는 생각도 들어요. 무수한 보물 중 오늘 어떤 걸 전시할지 골라내는 것도 안목인데, 아무나 할 수 있는 건 아니에요. 그런 걸 기록을 통해 단련하고 있는 것 같아요.

아까 아버지 유품 이야기를 하셨는데요. 먼 훗날 목인 씨 기록이 어떻게 되면 좋겠어요?

양가감정이 있어요. 이 기록들이 모두 소중하다는 마음과 한편으론 단출하게 압축하고 싶은 마음이요. 아버지 그림을 정리하면서 어려웠던 것 중 하나가 유작을 대하는 관점도 가족마다다르다는 거였어요. 처음엔 '중요한 그림만 남기고 나머지 미완성작은 버리자.'는 이야기가 나왔는데, 중요한 것에 대한 기준이 다 다르잖아요. 의견이 오가다가 남기면 누가 관리하는 거냐 또 의견이 갈리더라고요. 그러면서 10년, 20년 세월이 흘렀는데, 제대로 관리를 안 하면 그림에 부식이 생기거든요. 저는 되도록 다 가지고 있자는 쪽이었는데 그렇다고 관리를 맡아서 할 만한 성격은 아니거든요. 말만 잘하고 일은 안 하려는 스타일이고(웃음)…. 결국 고향에 시립미술관이 생겨서 감정받고 기증하게 되면서 잘 마무리되었는데요, 그런 걸 생각하면 제 기록물을 굳이 다 남기고 싶다는 생각은 잘 안 들어요. 언제나 정리할 시간이 있었으면 싶어요. 기록은 다 과거의 것이니까 언제쯤 과거에 집착하지 않고 살 수 있나 생각할 때도 있고요.

정리할 시간이 주어진다면 어떤 기준으로 정리하고 싶어요?

정리를 못 하는 이유 중 하나가 기준이 안 생겨서예요. 근데, 시간이 많이 지나면 '이건 진짜 아닌 것 같다.' 하는 게 보일 때가 있어요. 음악을 처음 시작했을 때 멤버들이 저희 집에 와서 시간을 많이 보내다 갔는데, 습관적으로 낙서를 하는 친구들이 있었어요. 그걸 그대로 놓고 가면 왠지 우리 밴드의 역사가 될 것 같아서 버리지 못하고 모아뒀거든요. 버리기는 아깝지만 이렇게 많은 자료를 다 끌어안고 살 것이냐에 대한 기준은 있어야 할 것 같아요. 사실 기록물을 안고 사는 게 저한테 스트레스는 아닌데요. 가족이랑 함께 살다 보니까 이삿짐 나를 때 잔소리를 엄청 많이 듣게 돼요.

차근차근 쌓여갈 기록물을 어떻게 정리해 나가느냐가 앞으로 숙제가 되겠군요. 기록은 물성으로 남기도 하지만 머릿속에 남기도 해요. 갑자기 이런 질문을 드리고 싶네요. 목인 씨 머릿속에 각인되어 있는 노랫말 중 하나를 공유해 주신다면요?

'개인의 순간'에 있는 노랫말을 읊어보고 싶어요. "좋은 대화는 문득 모든 걸 잊게 하지"

그런 경험 있어요?

오래전 일인데, 이사를 하게 되면 한 사람이 이삿짐센터 아저씨랑 차를 같이 타게 되는 경우가 있어요. 그 주인공이 저였던 적이 있는데요. 생각보다 훨씬 더 어색하거든요. 공통점이 없으니 할 말도 딱히 없고요. 그때 성남에서 서울까지 오느라 한참 이동해야 했는데, 한강에서 기사님이 어린 시절 이야기를 꺼내서 내내 그 얘길 하면서 왔어요. 어릴 때 누나가 고급 필통을 사줬는데 아이가 보기엔 멋지지 않아서, 뭔가 창피해서 학교에 안 가지고 갔다는 거예요. 근데 그 이야기가 꼭 저한테 들어달라고 하는 말은 아닌 것 같았거든요. 약간 혼잣말하듯이 하시는데 무아지경처럼 듣게 되고, 분위기가 한순간 편안해졌어요. 그런 게 이야기의 힘인 것 같아요. 그런 마음에 쓴 가사였어요.

오늘 대화는 '문득 모든 걸 잊게 해주는' 좋은 대화였나요?

네, 여름 오후에 어울리는 편안한 자리였어요. 저는 계속 기록하며 살아왔지만 느낌이나 감정 같은 것들은 많이 쓰지 않았거든요. 이번에 기록에 대해 생각하며 앞으로는 이런 영역도 많이 쓰면서 살아가고 싶어요. 저는 그림도 보고 그리라면 잘 그릴 수 있는데 막연하게 보이지 않는 걸 그리라고 하면 막막해져요. 지금까지는 있었던 일을 기록하는 정도였는데 이제는 감정도 더 들여다보고 기록도 해보려고요.

좀더 추상적인 걸 기록하는 거네요.

맞아요. 잘할 수 있을까요(웃음)?

물론이죠, 응원할게요. 오늘 날씨가 엄청 무더운데 이런 날씨에 동네 산책하자고 하면… 좀 그럴까요?

뭐 어때요, 나가죠(웃음)!

폭염주의보가 내린 한낮이었다. 우리는 뙤약볕 아래서 산모기와 다투며 그늘 하나 없는 거리를 활보했다. 동네를 오가며 사진을 찍는 동안 마을버스 종점에서 몇 분의 버스 기사가 쉬다 갔던가. 촬영 막바지쯤, 언덕배기 종점에 도착한 마을버스를 물끄러미 바라보던 포토그래퍼가 쉼터에서 쉬고 있던 기사님께 묻는다. "기사님, 쉬시는 동안 버스 안에서 사진 몇 컷만 촬영해도 될까요?" 뙤약볕에 흐르는 땀인지, 단칼에 거절당할 걸 대비해 흐르는 땀인지 가늠이 안 돼 잔뜩 움츠린 순간, 기사님이 대답하신다. "그럼요, 버스는 승객들의 것인걸요." 목인 씨의 동네가 더없이 좋아지는 순간이었다.

꼭 한번 봐야겠다고 다짐하는, 몇 번이고 다시 재생하고 싶은 영화들을 꼽아본다. 머릿속에서 길게 이어지는 포스터들 가운데서 한 가지 공통점을 발견한다. 바로 디자인 스튜디오 프로파간다의 작업물이라는 점. 당신이 문화생활을 좋아하는 사람이라면, 그들이 만든 포스터와 캘리그래피를 수십 수백 번 마주했으리라 단언한다. 좋아하는 것이 취미가 되고 업으로 삼다가, 마침내 즐기기까지 하는 프로파간다의 시네마 스토어를 둘러보기로 한다. 계단을 올라 묵직한 문을 밀어내면 마음 한구석에 전구가 반짝 켜지며 깨닫는다. 이곳이 더할 나위 없는 시네마 천국임을.

PROPAGANDA★

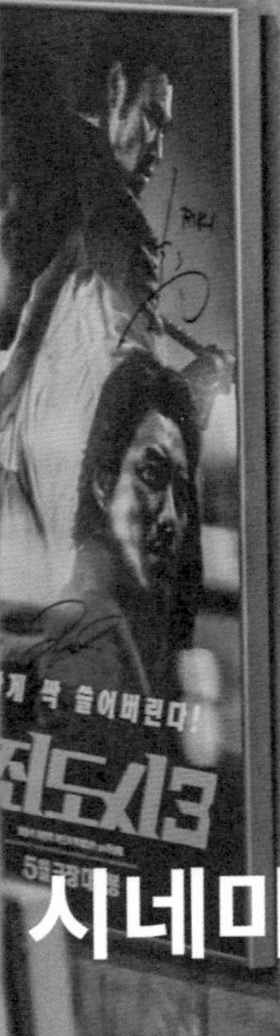

시네마 천국을 찾아서

에디터 이명주
포토그래퍼 강현욱

형용하지 않아도 알 수 있는

시네마 스토어에 들어서면, 어떤 이의 방에 초대받은 듯 조심스레 주변을 살피게 된다. 닿는 시선마다 영화를 곁하지 않은 것이 없고, 영화를 말하지 않는 것이 없다는 걸 체감하면 단번에 이런 생각이 떠오른다. '아, 이 사람 영화 진짜 좋아하네.' 건물 한 층의 반을 프로파간다 사무실, 반을 영화 굿즈 숍으로 꾸린 최지웅 실장은 한국에서도 '영화 덕후'들이 찾아올 만한 공간을 만들고 싶었다.

> "해외여행을 다닐 때 항상 동네 깊숙한 곳에 자리한 영화 관련 숍들을 들렀어요. 공간이 크든 작든 주인장 취향이 드러나는 물건이 가득한, 그야말로 소굴 같았죠. 우리나라에도 영화를 좋아하는 사람들의 사랑방이 필요하다고 생각했어요. 이곳을 베를린 뒷골목에 있는 서점, 극장 안에 자리한 작은 숍처럼 구성했어요."

스토어에서는 프로파간다가 출판한 도서들과 최지웅 실장의 수집품, 해외 수입 굿즈, 빈티지 포스터, 음반 등을 둘러볼 수 있다. 라이선스를 구입해 과거 좋아하던 영화의 포스터를 재해석해 판매하기도 하는데, 특히 〈접속〉(1997), 〈봄날은 간다〉(2001), 〈패왕별희〉(1993)가 인상 깊다. 기존 포스터와 사뭇 다른 B컷을 활용했기 때문인데 미묘한 시선, 옅은 색감, 작은 구도의 차이가 영화의 낯선 얼굴을 발견하게 한다.

> "최신 영화 물건들은 거의 없어요. 그건 다른 데서도 파니까요. '원 앤 온리'를 소개하고 싶어요. 또 나이가 많다면 학창 시절의 추억을 떠올리고, 나이가 어리다면 낯선 것의 재미를 느껴보길 바라요. 좋아하는 무언가를 발견하는 게 즐거운 일이잖아요. 그 무언가를 소유하면서 원할 때마다 언제든 들여다보고 감각할 수 있는 기쁨을 느낀다면 좋겠네요."

시네마 스토어는 한 달에 한 번, 마지막 주 토요일에 예약제로 문을 연다. 시간당 열다섯 명으로 방문 인원도 제한하고 있다. 느긋하게 머물며 마음에 꼭 맞는 물건을 찾았으면 하는 바람에서다. 백 마디 말보다 하나의 공간이 영화에 대한 그의 사랑을 실감케 한다.

두 개씩 모으던 소년은 자라서

스토어까지 꾸리게 된 어른의 과거가 궁금해진다. 삼삼오오 모여 종이 딱지를 치던 때부터 소년 최지웅은 마음에 드는 물건을 꼭 두 개씩 모았다. 겉을 싼 포장지나 글씨, 디자인이 좋은데 무심코 버려지는 것이 아쉬웠기 때문이다. 의젓해진 모습으로 교복을 입었을 때도 마찬가지다. 단순히 좋아하기 때문에 영화 전단, 포스터, 88올림픽 굿즈와 종이 딱지 등을 수집하기 시작했다.

"원주 아카데미극장에 자주 갔어요. 영화 포스터들을 몰래 떼어 가곤 했죠. 하루는 종이 끄트머리를 떼고 있는데 영상 기사님으로 보이는 분이 저를 부르시더라고요. '너 맨날 포스터 떼어 가는 애지?'라면서요. 당황해하니까 안으로 들어와 보라고 하시더니, 어떤 방을 보여주셨어요. 상영이 종료된 포스터들로 가득 찬 곳이었죠. 원하는 만큼 가져가라고 하셔서 무척 기뻤던 기억이 나요. 그때도 좋아하는 영화는 여러 장 챙겨 왔어요."

어쩌면 소유의 기쁨은 진작에 일상으로 스며들었는지 모른다. 어른이 된 후에도 그는 '수집의 기본은 보관'이라 말하며 오래된 물건의 경매장을 구경 삼아 다녔고, 헌책방과 레코드 숍에서 시간이 훌쩍 지난 것들을 골라 왔다. 그러다 문득, 수집한 것을 혼자만이 아닌 모두의 기록으로 만들고자 다짐한다.

"기록하고 보존하는 전문가를 아키비스트Archivist라고 불러요. 아키비스트의 몫은 옛것을 잘 수집하고 발굴하고 보존해서 현재 세대에 소개하는 거예요. 제가 수집한 게 무척 많으니, 정리를 거쳐 하나의 도서로 만들고 싶었어요. 작업에 대한 개인적인 흥미도 있었지만 그래픽 디자인의 역사를 기록하기 위해서요."

《88Seoul》, 《FILM TYPOGRAPHY》 시리즈, 《영화카드대전집》 1·2·3, 《영화선전도감》, 《영화간판도감》, 《20세기 레트로 아카이브 시리즈 1: 잡지 창간호》까지 프로파간다는 다양한 아카이빙 북을 펴냈다. 물론 그들 곁에는 기록을 도운 많은 이가 있다. 잡지 창간호를 모을 때는 도서 수십 권을 경매에 내놓은 컬렉터를 만났다. 소중한 자료들이 경매로 뿔뿔이 흩어질 테니, 그 전에 자료들을 책으로 엮어보자고 설득했고 컬렉터는 그 뜻에 충분히 공감해 주었다. 영화 카드를 모을 때도 마찬가지다. 과거 '영화 카렌다'라고 불린 이것은 70년대부터 90년대까지 대표적인 홍보물이었는데, 하나의 영화를 극장마다 다른 버전으로 만들어 나눠주곤 했다고. 수집 동호회 회원들한테서 여러 버전을 모아 다채로운 카탈로그가 탄생했다. 《영화간판도감》을 만들 땐 당시 서울의 단성사, 대한극장, 국도극장 등에서 수많은 영화의 간판을 그린 백춘태 화백을 찾아갔다. '영화 개봉일이 나의 전시회 개막일'이라고 말하는 화백은 무엇과도 바꿀 수 없는 귀중한 사진 자료들을 내주었다고. 프로파간다의 아카이빙 북 시리즈는 시네마 스토어에서 속내를 들여다볼 수 있으니, 재치 넘치는 그때의 기록을 만나보자.

A. 서울 강남구 압구정로10길 30-12 3층
H. instagram.com/propagandacinemastore
O. 매월 마지막 주 토요일 12:00-18:00, 예약 필수

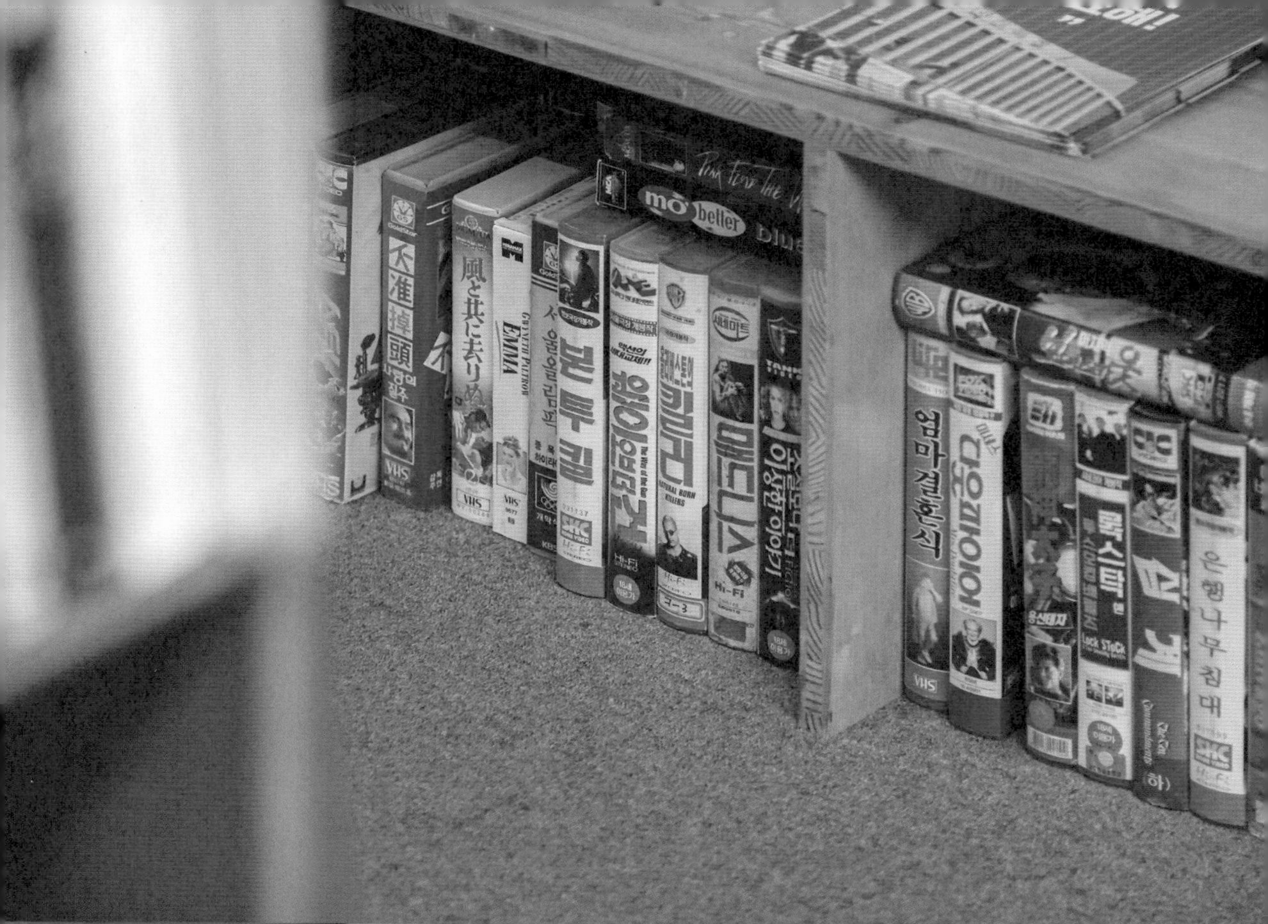

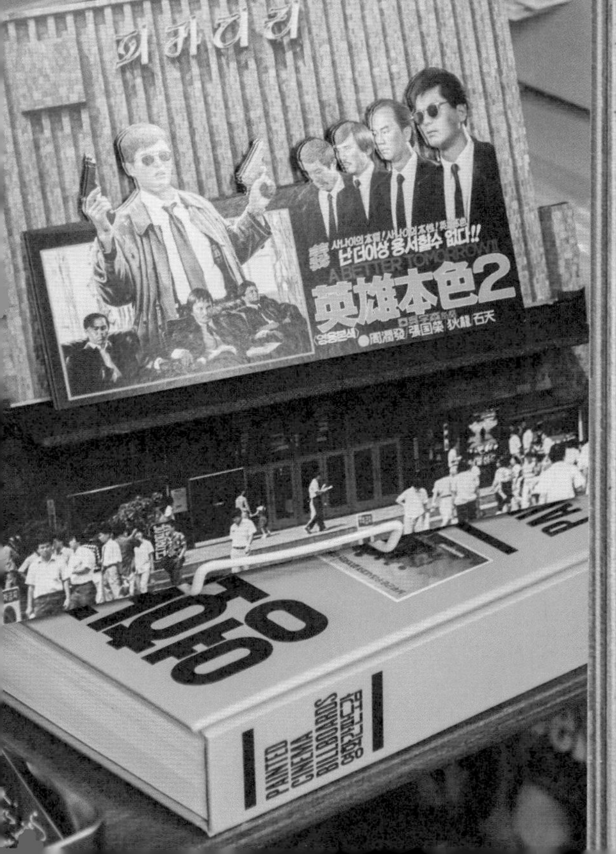

風と共に去りぬ
EMMA
mo' better blues
VHS
엄마결혼식
은행나무침대

A BETTER TOMORROW II
英雄本色2
PAINTED CINEMA BILLBOARDS

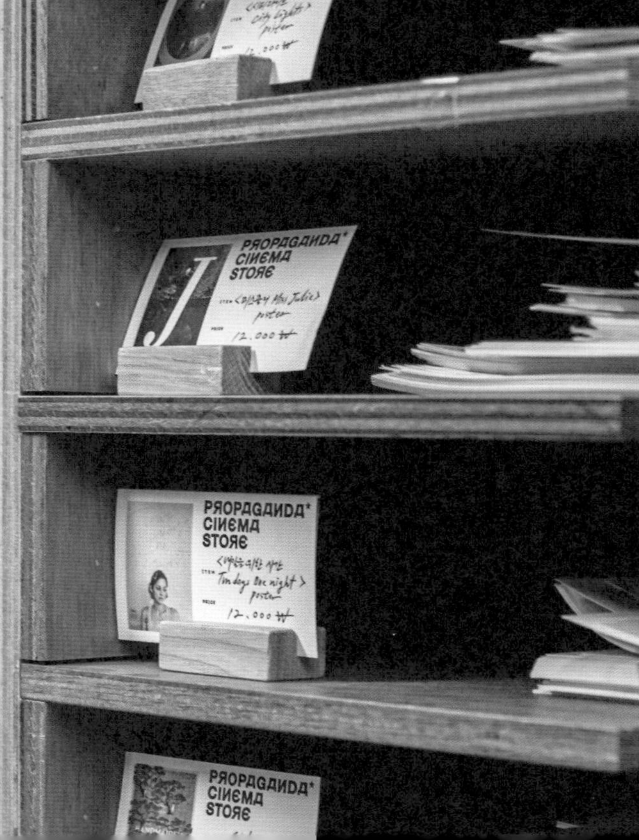

PROPAGANDA* CINEMA STORE
12,000₩
PROPAGANDA* CINEMA STORE
12,000₩
PROPAGANDA* CINEMA STORE
12,000₩
PROPAGANDA* CINEMA STORE

프로파간다 시네마 스토어의 관람 포인트

1.

2.

3.

1. 매달 달라지는 주인장의 수집품

최지웅 실장의 특별한 수집품이 궁금하다면, 유리장 안을 들여다보면 된다. 스토어는 매달 테마 하나를 정하는데, 관련된 수집품이 유리장 안에 가지런히 놓여 있다. 지난달은 배우 강수연 특집이었고, 매년 4월이 되면 장국영 특집을 연다. 왕가위나 고레에다 히로카즈 등 최지웅 실장이 좋아하는 감독들의 특집도 열린다.

2. 그때 그 잡지, 《KINO》

1995년에는 영화 탄생 100주년을 맞이하여 영화 전문지들이 다수 창간됐다. 《KINO》도 그중 하나로, 시네필 문화를 이끌던 잡지다. 2003년에 폐간 되어 이제는 과거 자료로만 머물러 있지만 시네마 스토어에서는 모든 호를 만나볼 수 있다. 당시 영화에 대한 평론뿐 아니라 광고, 지면 디자인, 타이포그래피를 보는 재미가 있다.

3. 옛날 텔레비전에서 흐르는 영화

스토어 한편에는 두툼하고 묵직한 옛날 텔레비전이 있다. 등 뒤로 온갖 비디오테이프들을 거느린 채로 그 달의 테마와 관련된 영화를 재생한다. 투박해 보이는 텔레비전도 반가운데, 오래된 영화들이 노이즈 가득한 화면에서 흘러나오기까지 하니 공간에 들른 이들은 그 앞에서 발길을 멈춘다. 매력적인 포토 스폿의 역할도 톡톡히 한다.

프로파간다 시네마 그래픽스의 아카이빙 북

《20세기 레트로 아카이브 시리즈 1: 잡지 창간호》 | 2020, 308페이지

1964년부터 1999년까지 국내에서 발행된 잡지들의 창간호를 소개한다. 프로파간다에게 잡지란 시대를 보여주는 대표적인 상징이다. 패션을 통해 유행하는 트렌드를, 맞춤법을 통해 언어의 변화를, 광고를 통해 대중들의 관심사를 알 수 있었기 때문이다. 일회성 매체로의 인식이 강해 아카이빙이 어렵던 잡지의 새로운 재미를 발견하고자 기획했다. 1960년대 인기를 끈 《선데이 서울》부터, 1970년대 편집 디자인의 혁신을 보여준 《뿌리깊은 나무》, 현재까지도 발행되는 《디자인》, 어린이 만화 월간지 등이 수록됐다. 《쎄시》, 《엘르》, 《씨네21》 등 문화 장르 잡지들과 《페이퍼》, 《인 서울 매거진》처럼 국내 잡지계의 신선한 영향을 준 무가지들도 포함되어 있다. 좁고 긴 판형은 책을 펼쳐 보는 그립감을 위해 선택했으며, 이미지와 함께 잡지의 이름과 출간 연월, 주제를 표기해두었다. 일부 도서는 삽지를 통해 내지까지 살펴볼 수 있도록 구성해 볼거리가 다양하다.

《영화카드대전집 3》 | 2021, 928페이지

한 손에 꼭 들어오는 영화 카드를 실제 크기대로 모았다. 카드 앞면에는 포스터, 뒷면에는 달력이나 지하철 노선도, 시간표 등이 그려져 있는데 수집가들에게도 인기가 많던 원조 영화 굿즈라고 한다. 1970년대부터 본격적으로 발행됐고 홍콩 영화의 흥행, 팬덤을 몰고 다니는 스타 배우들의 등장에 힘입어 전성기를 누렸다. 다만 1990년대 후반부터는 인터넷의 보급과 멀티플렉스 극장의 등장으로 카드를 배포하는 홍보 방식이 줄어들면서 서서히 자취를 감췄다. 최지웅 실장은 매체가 흘러온 한 시대를 기록하는 도구로 영화 카드를 바라보았다. 《영화카드대전집》은 한쪽에는 카드 앞면을, 한쪽에는 뒷면을 실었으며, 집마다 한 권씩 꼭 갖고 있던 '영한대사전'의 느낌을 주고 싶어 두꺼운 분량에 비닐 커버를 씌웠다. 앞서 같은 시리즈로 두 권이 출간되었는데 《영화카드대전집 1》은 1957년부터 1980년까지, 《영화카드대전집 2》는 1981년부터 1988년까지를 다룬다. 1989년부터 1997년까지 415종의 카드를 한국 개봉 순으로 담은 3권을 마지막으로 이 시리즈는 마무리지었다. 콜라주로 작업된 표지에는 〈나 홀로 집에〉(1991) 맥컬리 컬킨, 〈가위손〉(1991)의 조니 뎁, 〈사랑과 영혼〉(1990) 등 반가운 얼굴들이 보여 그 시절의 추억을 불러온다.

《영화간판도감》| 2022, 600페이지

이제는 보기 힘든, 불가능하다 하더라도 과언이 아닌 영화 간판들을 한 권의 책에 담았다. 과거 극장에는 거대한 광고판이 걸려있곤 했는데, 과감한 광고 문구와 선명한 그림이 관객들을 사로잡았다. 영화를 홍보하는 효과적인 수단이었던 터라, 극장마다 전속 화가가 있었고 화가 마다 고유한 스타일도 뚜렷했다고 한다. 《영화간판도감》에는 1940년대부터 2000년대 후반까지의 간판 1,000여 점이 수록되었으며, 이는 최지웅 실장과 더불어 실제 영화 간판 화가로 활동했던 분들이 보관했던 사진을 한데 모은 것이다. 하단에는 영화관과 해당 연도, 영화의 한제와 영제, 제작 연도와 국가까지 꼼꼼히 기록해두었다. 영화 간판계의 살아있는 역사이자 '영화간판쟁이'라 일컫는 백춘태 화백과 나눈 대화도 흥미롭다. 선명한 핑크 컬러와 폰트 모두 최지웅 실장이 직접 구상했고, 두꺼운 분량 때문에 책이 갈라지지 않도록 양장본으로 제작했다. 흑백 사진부터 고화질 컬러 사진들의 사이즈가 제각각이다 보니 배열을 고려하여 판형은 정사각형으로 만들었다고. 영화를 사랑하는 이들의 기록과 지역 극장의 추억을 지키고 싶은 프로파간다의 바람이 드러나는 도서다.

잠깐 볼 수 있을까요?

당신이 쓰고 그리고 이어 붙인 어느 날의 기록들을.

에디터 **이명주**

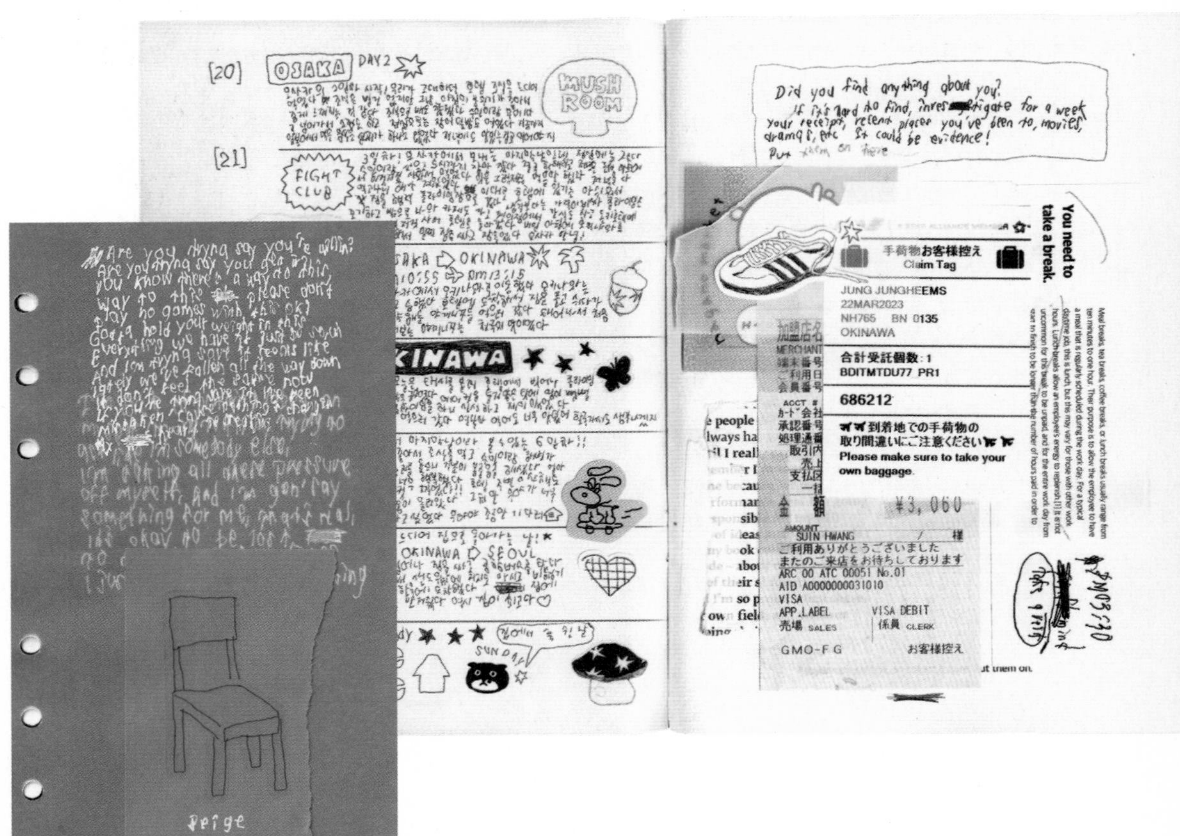

2023년 6월, 정고이너사이드 정정희

일본 오사카와 오키나와에 다녀왔어요. 여행지에서도 평소처럼 하루를 기록하고 싶어 남긴 일기입니다. 요즘은 디지털 방식으로 간편하게 기록할 수 있으니, 손으로 직접 쓰고 붙이며 한 페이지를 채우는 과정이 수고스럽게 느껴질 때도 있습니다. 휴대폰 메모장이라면 3분 안에 완성했을 테니까요. 그렇지만 글씨를 꾹꾹 눌러쓰고, 나의 기분을 표현하는 스티커들과 영수증을 오리고 붙이다 보면 그날의 하루가 선명하게 느껴져요. 나만의 취향이나 일상의 경험들을 한눈에 알아볼 수 있고요. 기록은 빠르게 흘러가는 삶 속에서 진정한 나를 잊지 않게 붙잡아 두는 수단이라고 생각합니다.

기록 도구

펜과 스티커, 영수증, 테이프.

2022년 12월, 프롬드로잉 연수

오랜만에 떠난 경주로의 여행이었습니다. 월정교에서 본 목이 긴 새들과 고양이, 향이 좋은 카페에서 마신 커피와 풍경, 볼 때마다 아름다운 첨성대 그리고 박물관의 재미있고 귀여운 유물들까지. 보고 느낀 것들을 조금씩 그리고 영수증이나 스티커, 사진을 곁들여 기록했습니다. 좋았던 순간들이 아주 오래 남길 바라면서요. 콜라주 작업을 즐겨 하는데, 순간을 기억하기에 가장 다채롭고 확실한 방법인 것 같습니다. 내가 만든 작은 여행집이라고나 할까요? 기록을 일상인 동시에 작업처럼 생각한다면, 마침내 차곡차곡 쌓였을 때 그 자체로 멋진 작품이 되어줄 거예요.

기록 도구

페이지를 엮어 만든 노트와 필기구, 가위와 풀, 포토 프린터.

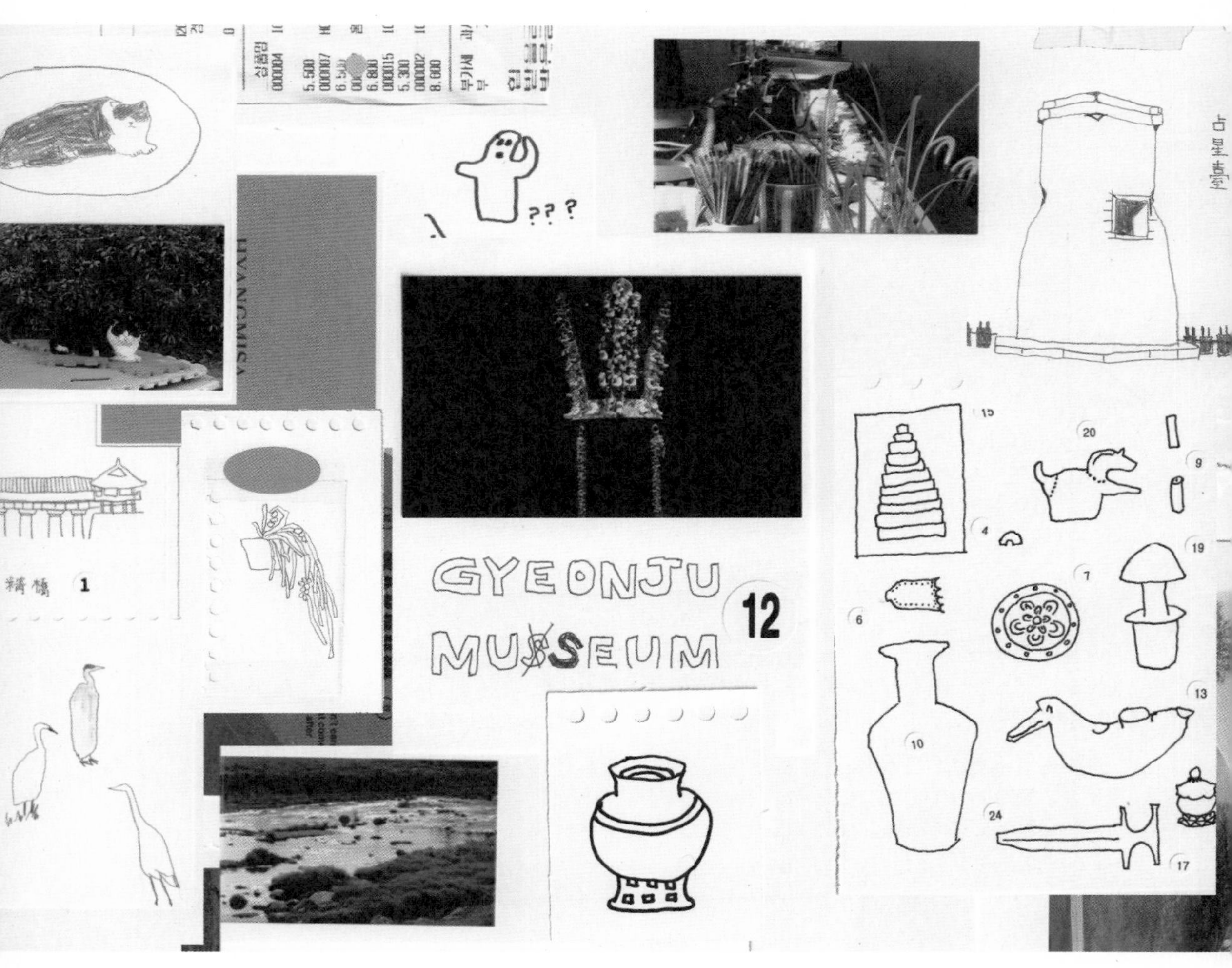

2015년 3월, 에디터 이명주

독학으로 재수를 준비할 때예요. 무척 외롭고 겁이 났던 때이기도 합니다. 수능이 뭐 별거냐고 말들 하지만, 그때는 별거인 줄 알았거든요. 고요하고 작은 독서실에 홀로 앉아 있으면서, 매달 마지막 날에는 저 자신에게 편지를 써야겠다고 다짐했습니다. 다른 누군가의 말보다 나 자신을 향한 믿음이 필요했으니까요. 거창한 내용은 없습니다. 그때나 지금이나 하고 싶은 걸 하면서 살고 싶다 말하고, 라디오 작가나 방송 작가가 된 상상을 했습니다. 좋아하는 가수를 찾아보고 친구들의 응원 문자에 보답을 약속했어요. 고맙다는 말을 참 많이도 적었습니다. 지나고 보니 언제나 기록은 과거와 현재, 미래의 나에게 위로와 응원을 전하는 도구였네요.

기록 도구

나에게 하고 싶은 말들과 0.5mm 펜.

요즘은 내가 정말 하고 싶은 걸 하면서 살아야 겠다는 생각이 들어. 언제까지 살 수 있는지 모르잖아. 남들 하는 거에 끌려가기보다 하고 싶은 일을 찾고 싶어. 솔직히 지금 죽으면 너무 아쉬울 것 같아. 해보고 싶은 게 잔뜩 쌓여 있으니까. 나중에 라디오 방송작가가 돼서 이 편지를 읽는다면 얼마나 좋을까? 라디오 작가가 된 상상을 많이 하는데 그것만으로도 진짜 즐거워! 친구들의 응원문자가 가끔 오는데 기분 좋고 참 고마워. 나중에 꼭 맛있는 걸 사줄거야! 경주는 더 고마워. 대학생으로 고민이 많을텐데 응원도 해주고 간식도, 맛난 밥도 사줘. 조금 미안하기도 해 — 따뜻한 햇살을 잔뜩 받고 싶다. 벌써 4월이야. 시간이 빠르게 흐른다면 나도 거기에 맞춰서 더 단단해지는 방법뿐 일거야. 부디 꽉 찬 한달을 보내길. 명주야 잘 지내고 다음날에 또 편지할게.

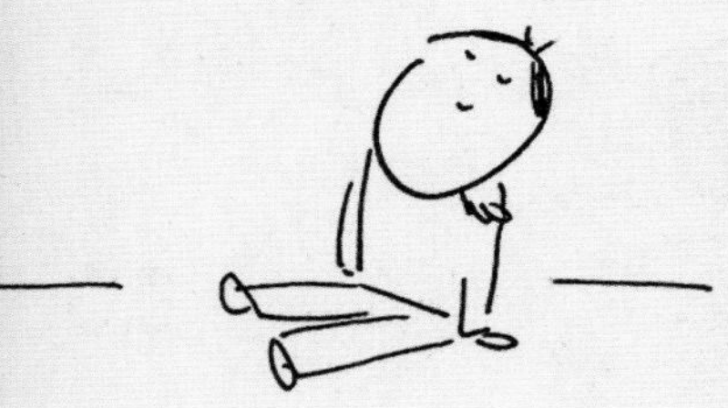

가장 좋아하는 순간

2021.04.18

나의 한강은 무엇일까,
내가 도망갈수 있는 곳은 무엇일까
생각해보면, 여러가지 후보지가
있겠지만서도 가장 큰것을
골라보라면 만들기. 그리고 몰라
차분해지며 나에게 집중하는
시간. 집에서 혼자 이렇게 있는
시간이 아닐까 싶다. 다행이다
싶었다. 어제 펠리칸 잉크를
한 병 사서 채워 만년필에
넣었을 뿐인데 기분이 이렇게까지
좋아진다는것이 너무 놀라웠다.

귀찮음만 무릅쓰면 열리는
새로운 세계.

2021년 4월, 문구인 김규림

한창 날씨가 좋아 주말에 캠핑 의자와 가방 하나 든 채로 한강에 갔어요. 날이 좋으면 그냥 무엇이라도 쓰고 싶어져요. 이 기록도 지극히 평범한 날의 기록 중 하나인데요. 특별하지 않은 순간들이 삶의 족적처럼 촘촘히 남으면서 저에게는 큰 의미를 만들어줘요. 기록이라는 행위는 한숨 돌리는 일과 비슷한 것 같아요. 특별한 이유가 있다기보단 그냥 여유가 있을 때 참았던 숨을 '파–' 하고 뱉는 거죠. "나는 손끝으로 생각하는 사람."이라고 자주 말하곤 하는데, 숨 내뱉듯 쓰다 보면 그제야 어떤 생각을 하고 있었는지 깨닫는 경우가 많습니다.

기록 도구

포인트오브뷰의 핸디 노트와 자주 쓰는 만년필.

2010년 7월, 식물세밀화가 이소영

전 세계 중 우리나라에서만 자생하는 한국 특산 식물 '개느삼'이라는 종이 있습니다. 당시 이 식물에 대해 제대로 된 학술 도해도가 없다는 걸 알게 되었고, 이를 기록하고자 관찰하여 스케치했습니다. 잉크펜으로 그린 이유는 식물 세밀화를 처음 그릴 때 배운 방식이라 익숙하고 좋아합니다. 저에게 기록이란 일상과도 같아요. 일을 하거나 음식물 쓰레기를 버리러 가거나 마트에서 과일을 고를 때도 식물을 만나면 사진을 찍고 메모장에 이름을 적어둡니다. 제 기록은 이 땅에 이 식물이 존재한다는 증명이자, 지구에는 인간 외에도 다양한 생물이 살고 있다고 전하는 메시지이기도 합니다.

기록 도구

마루 펜촉을 끼운 펜대와 잉크.

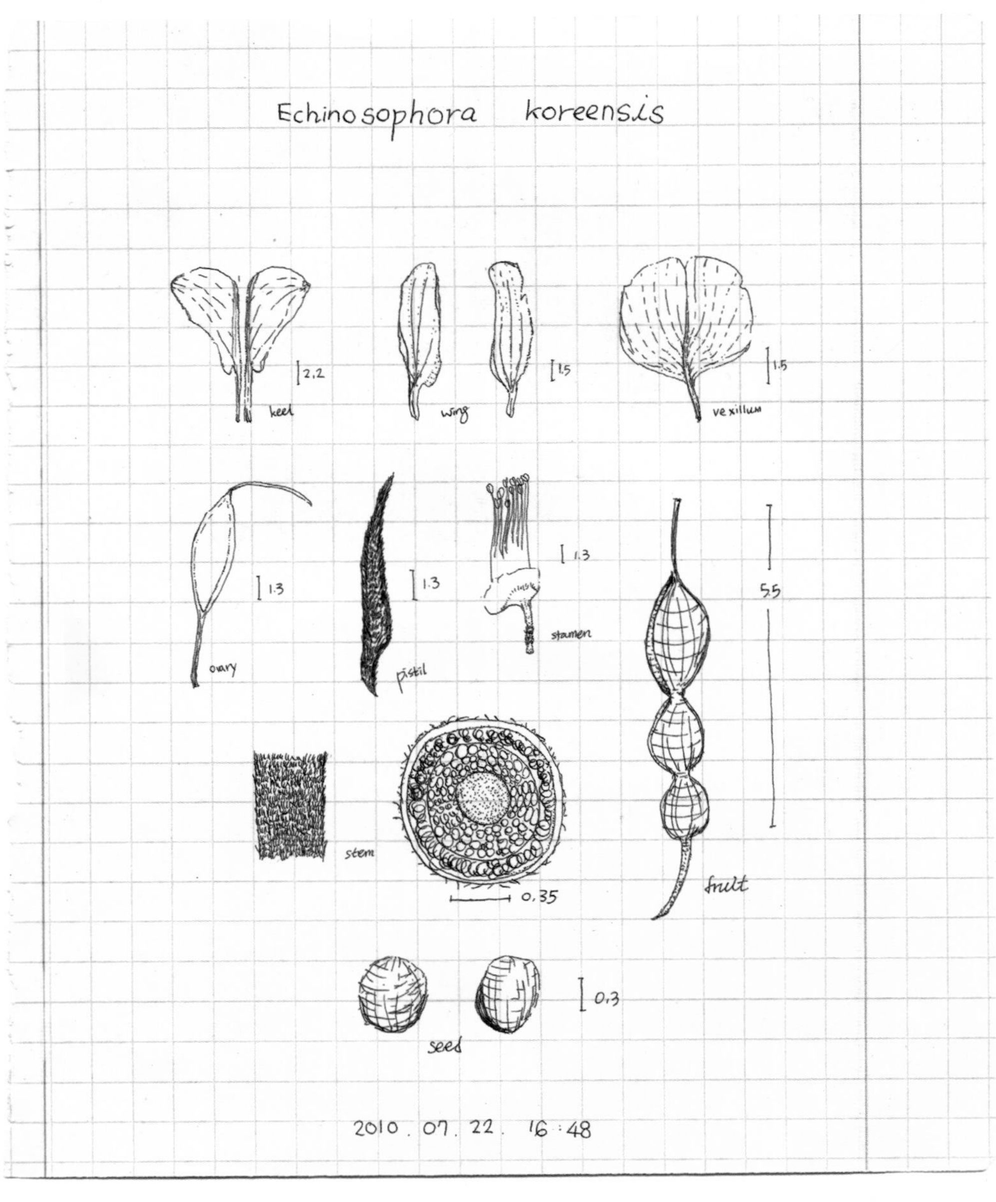

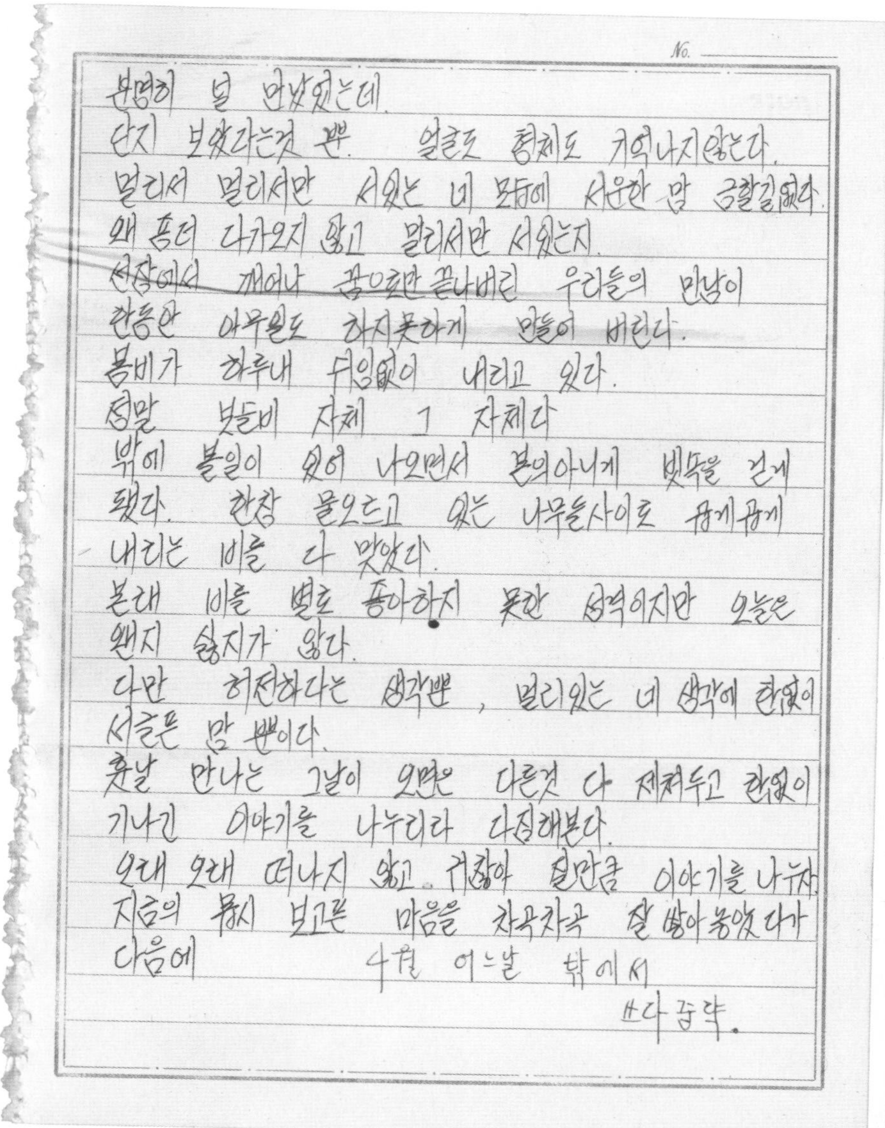

No.

분명히 널 만났었는데.
단지 보았다는것 뿐. 얼굴도 형체도 기억나지 않는다.
멀리서 멀리서만 서있는 네 모습에 서운한 맘 금할길 없다.
왜 좀더 다가오지 않고 멀리서만 서있는지.
선잠에서 깨어나 꿈으로만 끝나버린 우리들의 만남이
한동안 아무일도 하지못하게 만들어 버린다.
봄비가 하루내 쉬임없이 내리고 있다.
정말 보슬비 자체 그 자체다
밖에 볼일이 있어 나오면서 본의아니게 빗속을 걷게
됐다. 한창 물오르고 있는 나무들사이로 곱게곱게
내리는 비를 다 맞았다.
본래 비를 별로 좋아하지 못한 성격이지만 오늘은
왠지 싫지가 않다.
다만 허전하다는 생각뿐, 멀리있는 네 생각에 한없이
서글픈 맘 뿐이다.
훗날 만나는 그날이 오면은 다른것 다 제쳐두고 한없이
기나긴 이야기를 나누리라 다짐해본다.
오래 오래 떠나지 않고 귀찮아 질만큼 이야기를 나누자.
지금의 무척 보고픈 마음을 차곡차곡 잘 쌓아 놓았다가
다음에
4월 어느날 밖에서
쓰다 중략.

1980년대 봄, 작가 남하

이 기록은 아내와 젊은 시절 나눈 손 편지입니다. 자주 만날 수 없던 시간과 공간에서 편지를 통한 연결들은 참 소중했습니다. 지금도 꾹꾹 눌러쓴 질감의 언어들은 우리들 마음을 차분하게 정리해 주고, 진심을 전달하는 최선의 방법이라고 생각합니다. 편지들을 다시 읽어보니 조금은 어색하지만 그 시절 진심과 정성을 다한 마음 고백이지 않았나 싶어요. 멀리 떨어져 있지만 마음은 항상 곁에 있음과 위로하고 위로받고 싶은 순간들의 고백도 되겠네요.

공간은 수직으로 흐르고 시간은 수평으로 흘러갑니다. 과거와 미래가 현재에 만날 수 있는 것은 기록이 있고 기록할 수 있기 때문입니다. 기록은 시간이고 기억이에요. 모든 것은 기억할 수 있어야 살아 있다고 할 수 있습니다.

기록 도구

진심을 풀어낸 언어와 편지, 필기구.

인스타그램 10만 팔로워에 '집밥 둘리'라는 이름으로 10년 넘게 요리 콘텐츠를 만드는 크리에이터 박지연. 얼핏 보면 그럴싸해 보이지만 그녀를 완벽히 설명하는 건 아니다. 작은 취향을 꾸준히 쌓아온 일상으로부터 보다 반짝이고 유쾌한 심지가 엿보이기 때문이다. 맛있는 요리를 해서 예쁜 그릇에 담기, 취향 나누기, 빈티지 숍 구경, 오래된 물건 수집과 초록색 둘리. 좋아하는 것들에게 둘러싸인 그녀의 하루는 요리보고 조리봐도 즐겁다.

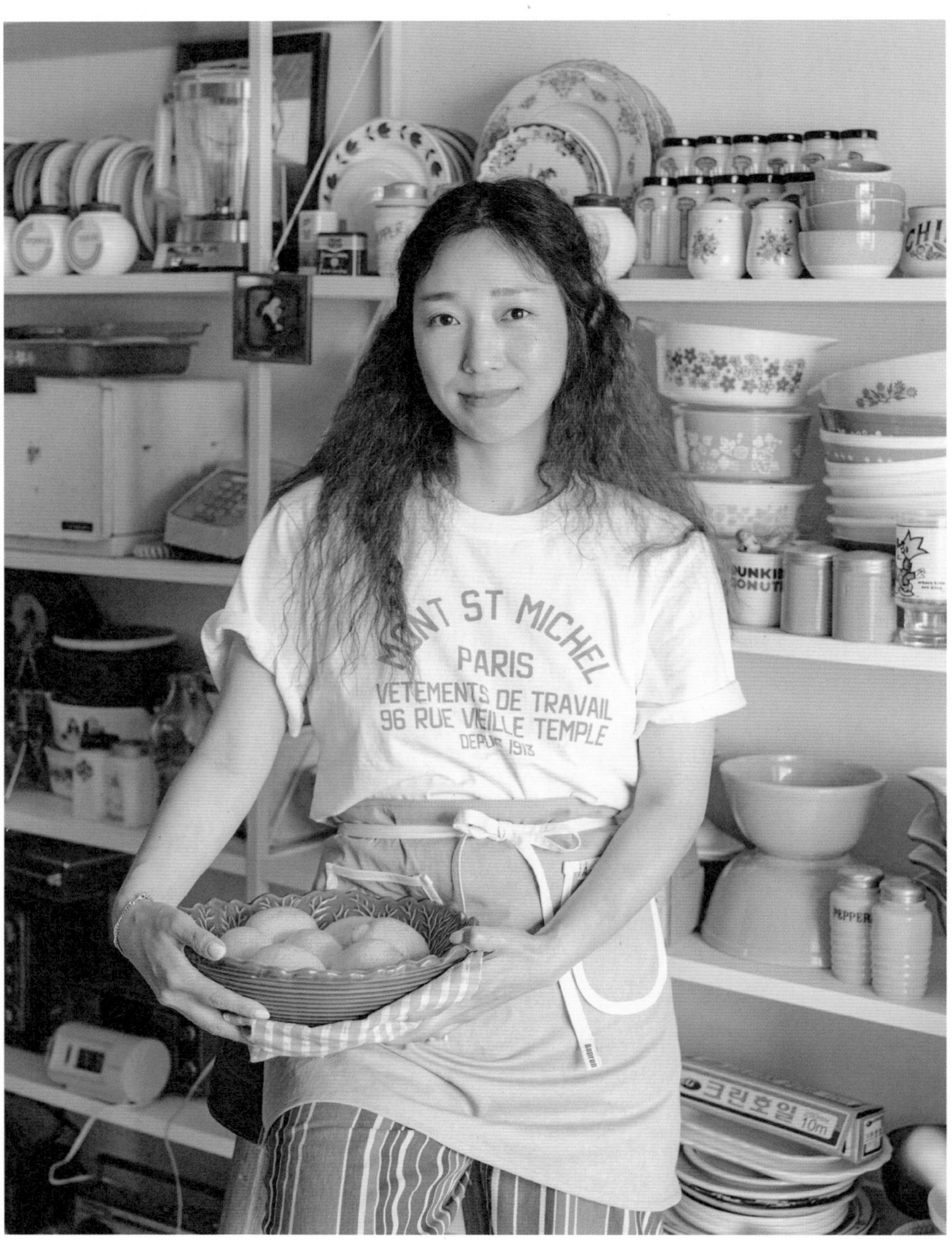

요리보고 조리봐도 좋은

박지연—콘텐츠 크리에이터

에디터 **이명주**
포토그래퍼 **김혜정**

미국의 영화나 드라마 속에 들어온 기분이에요. 이를테면 영화 〈줄리&줄리아〉(2009) 같은 것들요.
저도 그 영화를 좋아해요. 주방이 줄리의 공간과 비슷한 느낌이죠? 엇비슷한 시대의 제품이 많아서 그런가 봐요. 오븐이 달린 이 하얀색 가스레인지는 무척 아끼는 거예요. 초록색 냄비도 예쁘죠? 로고나 디자인이 빈티지한 조미료들은 한편에 모아두었어요. 이쪽으로도 와보실래요? 방 안에 온갖 책이나 컵, 전자 제품, 장난감 같은 수집품들이 있어요.

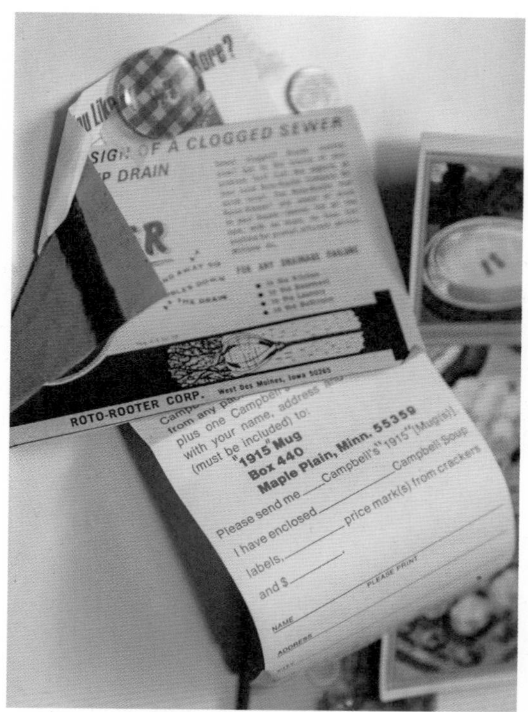

정말 많네요. 모두 가지런히 차곡차곡 쌓여 있고요. 집 구조가 독특해 보여요.
여기가 평택이라 근처에 미군 기지가 있어요. 그래서 아메리칸 스타일 주택이 많아요. 비슷한 구조의 주택들이 줄지어 서있는 거죠. 한동안 운영하던 오프라인 스튜디오를 재정비하는 중이라 집 안에 물건이 많이 쌓였어요. 바닥에 두기엔 영 내키지 않아서 선반이나 수납장에 쭉 늘어두었고요. 같은 종류나 비슷한 색끼리 모아두고, 책은 일일이 세워두기보다 자유롭게 쌓아놨죠. 그 나름의 멋이 있는 것 같아서요.

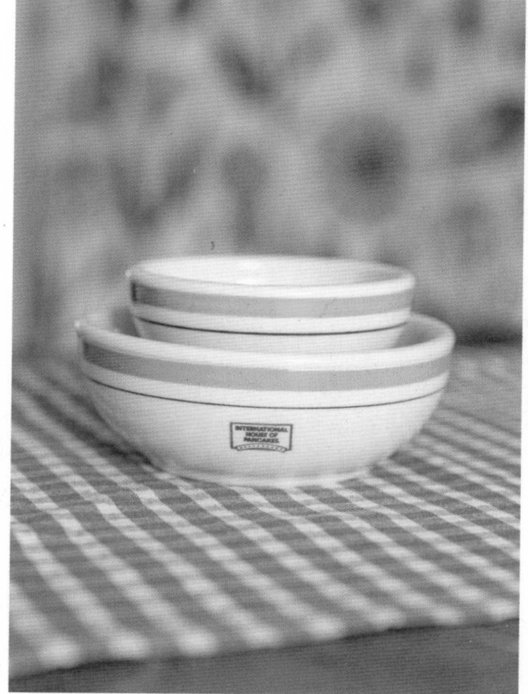

집 구경하다가 소개를 잊을 뻔했네요. 간단한 인사를 전해주실래요?
'집밥 둘리'라는 이름으로 요리 콘텐츠를 만들고 빈티지 아이템을 모으는 박지연입니다. 둘리라는 이름은 그 캐릭터를 좋아해서 쓰기 시작했어요. 저는 연두 둘리가 아닌 초록 둘리를 보고 자란 세대인데요. (둘리의 색은 방영 시기에 따라 다른데, 연두색이 초록색보다 나중의 것이다.) 둘리는 낯선 별에 떨어져서 엄마를 찾고 친구들과 좌충우돌 험한 세상을 헤쳐 나가잖아요. 가끔은 외로워하다가도 금방 밝아져서 개구쟁이처럼 살고요. 그런 상황과 감정이 저랑 비슷하다고 생각했어요. 얼마나 좋아하냐면, 술을 마시다가도 진지한 대화 소재 거리로 둘리를 꺼낼 만큼 좋아해요.

인스타그램 프로필에 써놓은 다섯 단어도 봤어요. 떡볶이 러버, 빈티지 러버, 요리책, 빈티지, 초능력. 다른 건 전부 알겠는데 초능력은… 둘리 때문인가요?
이상한 종교 같아 보이진 않죠(웃음)? 둘리를 생각하면서 쓴 단어긴 하지만, 실제로 초능력이 존재한다고 믿어요. 한마음으로 오랫동안 바라며 나아가다 보면 무언가 이루어지는 게 있잖아요. 꿈을 그리고 따라가는 사람은 결국 그 꿈에 도달하게 되니까, 어떻게 보면 일종의 초능력 아닐까 싶었어요.

NOR'WAY
NOR'WAY
ANTI-FREEZE

먹음직스러운 영상 콘텐츠를 꾸준히 만들어 왔죠. 요리는 예전부터 관심이 많았어요?
어릴 때 할머니랑 보내는 시간이 많았는데요. 할머니가 기사 식당을 하셨기 때문에 요리가 익숙했어요. 안양 중앙시장에 가면 분식 포장마차가 늘어서 있어요. 같이 시장에 가면 할머니가 이것저것 장 보는 동안 저는 입구 쪽 가게에서 떡볶이 오백원 어치를 먹으면서 기다렸어요. 연두색 무늬있는 접시 아시죠? 거기에 비닐 싹 씌워서 떡볶이를 담아 주시는데, 진득하고 달큰하니 물엿이 많이 들어간 떡볶이였죠. 그릇도 비우고 볼일도 다 마치시면 같이 집으로 오고요.

꽤 어릴 때 이야기일 텐데 선명하게 기억하고 있네요.
장 볼 때마다 가는 단골 가게였으니까요. 그곳을 제가 서른 살쯤 되었을 때 다시 가서 아주머니를 뵙고 인사 나눴어요. 그리고 1년 전에도 한번 갔었는데 이제는 몸이 아프셔서 안 나오신다고 하더라고요. 안양 중앙시장에 갈 때마다 그 떡볶이집을 체크하곤 했어요. 잘 계시나 하는 마음으로.

할머니가 식당을 하셨으니 요리 솜씨도 대단하셨겠어요.
그럼요. 매 끼니 잘 먹이려고 하셨어요. 옛날 분들은 음식이나 재료가 그냥 버려지는 걸 아까워하시잖아요. 이것저것 활용해서 다양한 요리를 해주셨는데, 하루는 예식장에 갔다가 종이 호일에 절편을 싸오셨더라고요. 그걸로 떡볶이를 해주셨는데 쫄깃쫄깃하니 맛있었어요. 그리고 총각김치된장지짐도 생각나요. 김치가 너무 익으면 먹기 힘드니까 그걸 씻어서 고춧가루 양념을 빼고 된장을 넣어서 지지는 음식이에요. 무가 말랑말랑해져서 칼칼하고 구수하면서 짭짤하니까 완전 밥도둑이었죠.

어우, 군침이 도네요(웃음)**. 음식과 관련된 또 다른 기억이 있어요?**
어릴 때도 음식을 예쁘게 담는 걸 좋아했어요. 할아버지가 가끔 커피를 끓여 오라고 하셨거든요. 그때는 커피가 아니고 '코피'지만요(웃음). 커피 가루 두 번에 프리마, 설탕 두 번을 외우고 있다가 할아버지가 부탁하면 달려가서 만드는 거예요. 예쁜 컵으로 골라서 받침까지 꼭 가져다 드렸고요. 그렇게 하는 게 재밌으니까 할아버지가 언제 커피를 타달라고 하는 건지 목을 빼고 기다렸어요.

그런 일상이 쌓여서 전공도 조리과로 선택한 건가 봐요.
원래는 건축토목과였어요. 적성에 안 맞아서 조리과로 다시 입학했죠. 생각보다 잘해서 장학금도 타고 조교도 맡았어요. 그런데 문득 모든 게 힘들다는 생각이 들더라고요. 마지막 20대의 삶은 이곳이 아닌 어디론가 떠나서 살고 싶었어요. 그래서 선택한 게 미국이라는 나라였고 뉴욕, 보스턴, 텍사스를 넘나들면서 살았어요. 요리 콘텐츠와 빈티지 수집도 미국에서부터 본격적으로 시작했죠.

매력적인 빈티지 그릇에 음식을 담아 올리는 걸 인스타그램에서 시작했다고 알고 있어요.
인스타그램이 맨 처음 서비스 시작했을 때를 아세요? 그때는 사진도 한 개밖에 못 올리고 게시글 수정이 안 됐어요. 한국 유저도 찾아보기 힘들었고 팔로워도 천 명이면 많은 거였죠. 그때부터 인스타그램을 이용했어요. 제가 좋아하는 빈티지와 요리를 하나로 아울러서 콘텐츠를 만들었죠. 추억을 담은 에피소드나 누구나 좋아하는 음식 이야기를 적었어요. 붕어빵이나 김치찌개, 된장찌개, 오징어볶음 같은 한국 음식과 외국 요리도 하고요. 처음에는 사심 없이 기록용으로 시작한 건데, 점점 인기가 많아지면서 지금까지 이어져 오게 되었네요.

빈티지 아이템 수집에는 어떻게 발을 들이게 되었어요?
보스턴에서 지낼 때 우연히 '세컨핸즈 숍'을 들렀어요. 제 눈에는 아무리 봐도 예뻐 보이는데 왜 버렸나 싶은 것들이 많더라고요. 물론 구제 제품을 처음 본 건 아니에요. 한국에서도 교복 위에다가 구제 스웨터 입고 잔스포츠 가방에 운동화 신곤 했거든요. 영화 〈나 홀로 집에〉 시리즈 즐겨보면서 '아메리칸 빈티지'라는 취향을 갖기도 했고요. 이후로는 아예 엔티크 숍을 찾아가 보기로 하고, 주변 가게들을 전부 지도에 저장해두었어요. 도장 깨기 하듯 하나씩 들러보면서 컵이나 식기, 가전제품, 간판, 장난감에 어떤 라벨이 달려 있는지 타이포그래피가 어떤지, 어느 나라에서 만들었는지 구경하는데 정말 재밌었죠. 하도 걸으니까 운동도 되더라고요.

하나하나 뜯어보는 재미가 있죠. 미국에서 가장 처음 수집한 아이템은 뭐예요?
아마 밀크글라스일거예요. 코렐Corelle이라는 브랜드가 그때도 지금도 유명한데요. 제 나이 또래의 엄마들은 코렐 밀크글라스 식기를 주로 혼수로 했대요. 그래서 집집마다 비슷한 그릇이 있고 그 그릇과 관련된 기억이 있는 거죠. 여기 핑크색과 하얀색이 섞인 꽃무늬 볼 보이세요? 이건 제가 어릴 때 한국에서도 쓰던 패턴인데 해외에서 만나니까 너무 반가웠어요.

집밥 둘리의 레시피 영상을 보면, 요리뿐 아니라 빈티지 식기에도 눈길이 가요.

음식을 만들고 식기를 매칭하는 일은 '내일 뭐 입고 나갈까?'와 같은 설렘을 줘요. 저는 접시를 도화지라고 생각하는데요. 그날의 메뉴를 정하면서 어떤 유형의 식기와 커트러리, 테이블 웨어를 쓸지 구상해요. 무늬나 색까지 구체적으로 정하진 않고, 요리가 완성된 모습을 보고 자연스레 어울리는 걸 집어오죠. 오벌 플레이트는 무얼 놔도 풍성하니 맛있어 보이고, 둥근 냄비 같은 파이렉스 캐서롤은 라면을 담아도 좋아요. 패브릭은 체크 패턴을 자주 쓰는데요. 체크는 주방에서 영원히 사라지지 않는 디자인이거든요. 컬러마다, 패턴 크기마다 느낌이 달라서 직접 만들어서 쓰기도 해요.

책장에 가득한 요리책들도 알록달록 예뻐 보여요.
가장 많은 건 《베티 크로커Betty Crocker's》 시리즈라고 미국에서 주로 먹는 가정식 요리를 소개한 레시피 북이에요. 백 년도 넘은 국민 브랜드로, 워킹맘의 요리나 전자레인지 요리법, 세계 각국의 요리 등 주제 분류가 잘되어 있어요. 빨강, 노랑, 초록 알록달록하게 촌스러운데 그 느낌이 좋아서 모았어요. 누군가의 메모도 남겨져 있고요. 그리고 이 책은 《Japanese Soul Cooking》이라는 요리책인데 멋 부리지 않은 사진이 자연스럽고 매력적이에요. 젓가락 끝에 밀가루 반죽이 묻어 있거나 잔의 로고가 삐뚤어진 모습을 그대로 보여줘요. 맥주를 따른 잔에 김이 빠진 모습도 있죠? 거품이 이렇게나 빠진 거면 가득 따라 놓고 한 1분은 떠든 거예요(웃음).

(웃음) 작은 포인트에서 에피소드가 상상되니까 더 재미있네요. 이런 책들은 평소에도 자주 봐요?
펼쳐 두면 시간 가는 줄 몰라요. 요리책이 하나의 사진집 같으니까 매일 들춰봐도 늘 새롭고 영감이 되어 주거든요. 그리고 책에 코를 대보면 오래된 냄새가 나는데요. 남의 집 곰팡이 냄새 있잖아요. 그런 감각들을 느낄 수 있는 게 좋아요.

왜 이런 것들을 사서 모으고 싶었는지 궁금해져요.
이유… 특별한 이유가 있을까요? 그냥 내 눈에 예뻐서 모은 건데. 물건들이 가진 특별함을 들려주는데 듣는 사람이 좋아해 주면 저까지 막 행복해져요. 아, 또 보여주고 싶은 게 있어요!

이번엔 뭐예요?
이게 진짜 오래된 라디오인데요. 1940년대에서 50년대 정도에 제너럴 일렉트릭General Electric Company에서 나온 라디오예요. 원래는 아예 작동하지 않던 걸 소리가

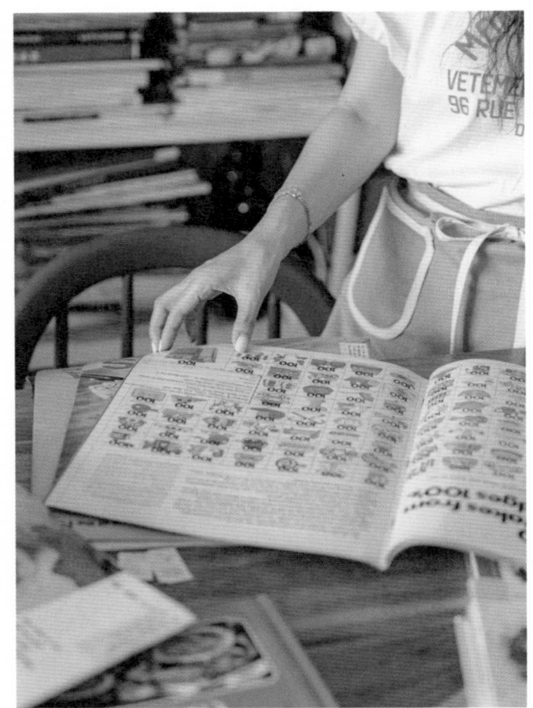

나도록 고치고, 블루투스 연결 기능까지 넣어두었어요. 크리스마스 캐럴을 들어볼까요? (맑은 알림음이 들리며 블루투스가 연결되더니 이내 캐럴이 흘러나온다.)

지금은 영화 〈나 홀로 집에〉(1991) 속 한 장면 같네요. LP를 듣는 것 같기도 하고, 노이즈마저 기분 좋게 들려요.
정말 좋죠(웃음)? 빈티지 물건을 사다 보면 뒷면의 역사를 상상하게 돼요. 예를 들어 이 라디오로는 어떤 노래들을 들은 걸까, 손잡이가 달린 거 보니 나처럼 밖에서도 들었을까. 여기 있는 나무 장난감은 아기 선물이었을 텐데 그 아기는 지금 몇 살이 됐을까. 장난감이 1968년도에 만들어졌으니 아들딸이 벌써 장성했을 나이겠네 해요. 《LIFE》도 두툼한 뭉치로 보관하고 있는데, 잘 보면 배송을 받았던 이의 주소까지 붙어 있어요. 그럼 위성 사진으로 검색해 보면서 이런 집에 살던 사람이 시켰겠구나 생각해요.

어쨌든 사용감이 있는 물건들이잖아요. 누군가가 남긴 흔적에 대해 거리낌이 적은가 봐요.
어떤 물건은 쓰던 사람의 영혼이 담긴다고들 하잖아요. 그런 느낌을 받을 때가 정말 있긴 해요. 그 흔적이 싫다기보다 더 가깝고 친해지고 싶은 마음이에요. 나에게 왔으니 내가 예뻐해 주자고요. 책 볼 때 일부러 낙서가 남아 있는지 찾아보기도 하고, 짝짝이 물건이라도 구매해서 새로운 짝을 찾아줘요. 다만 실용성을 위해 구매를 고려하는 분들이라면 작은 흠집도 잘 살펴보셔야 해요. 컵 받침을 액세서리 보관용으로 쓰듯 꼭 본래 용도로만 쓰지 않아도 좋으니 쓰임을 고민해 보세요. 먼지가 쌓이는 순간, 물건은 잊히고 낡아져버리니까요.

지금까지 이야기를 듣고 보니 자신의 취향에 충실한 삶을 보내온 것 같아요.
무엇 하나를 좋아하면 꾸준히 좋아하는 편인데요. 취향도 잘 바뀌지 않고, 바꿀 생각도 없어요. 제 공간을 보고 놀라는 분들도 있을 텐데, 미니멀의 매력이 있듯 많은 것을 가진 삶에도 매력이 있다고 생각해요. 어떤 공간이든 그곳에 머무는 사람의 취향과 정성이 녹아 있을 테고요.

익숙함에서 애정을 발견하는 분이네요. 최근에는 서울에서 새로운 공간을 준비하느라 바쁘다고요. 어떤 곳일지 궁금한데요?
2019년부터 '아날로그 가제트Analog Gadget'라는 이름의 스튜디오 겸 숍을 꾸리면서 빈티지 아이템을 판매했어요. 공간을 찾아준 분들께 간단히 와인이나 커피, 팬케이크 정도의 음식을 제공하면서요. 취향이 비슷한 사람들이 모이다 보니 한 번 온 분들과 언니 동생 사이로 가까워졌는데요. 그 공간을 문 닫게 되었을 때 다 같이 와서 인사 나누고 슬퍼해 주기도 했어요. 앞으로는 서울에서 다시 해보려고요. 요리책들 가져다 놓고 맘껏 볼 수 있게 하고, 영화 속 줄리의 주방처럼 조리 도구도 마구 걸어 놓을 거예요. 간단한 음식을 먹으면서 빈티지 아이템 이야기를 나눠도 좋을 것 같네요. 나중에 놀러 오세요.

꼭 갈게요. 먼 훗날, 누군가가 지연 씨가 오래 쓰던 물건을 빈티지로 구입한다면 어떤 말을 해주고 싶어요?
음, 좋은 주인이 되어달라고요. 나랑 비행기도 타고 사람들도 만나고 즐거운 일상을 보낸 물건들이니까 그 애정을 그대로 이어가 달라고 할래요.

통통한 알뿌리를 흙에 심은 멧밭쥐들은 부지런히 움직여 새싹을 줄기로, 꽃망울로 키워낸다. 이윽고 활짝 핀 튤립 송이가 동물 친구들의 아늑한 호텔이 된다는 이야기는 그림책 작가 김지안이 쓰고 그린 《튤립 호텔》의 일부다. 일상을 어떤 시선으로 매만지길래 이렇게나 사랑스러운 상상이 탄생했을지 둘러보니, 집 한가득 그녀만의 비밀 정원이 자라고 있다. 낙차가 크지 않은 태도로 성실하게 보듬는 정원에는 말없이도 사랑이 흐른다.

말없이 흘러 가닿는 사랑

김지안—그림책 작가

에디터 **이명주**
포토그래퍼 **김혜정**

비밀 정원에 초대받은 기분이에요. 거실과 베란다가 온통 푸르러서요.

그런가요? 그래도 지금은 이전보다 식물이 줄어든 편이에요. 무더운 여름은 꽃이 만개하는 때가 아니니까요. 한 이백 개 정도 되려나요?

일반 아파트에서 이렇게 많은 식물을 키울 수 있는지 몰랐어요.

여기서 지낸 지는 5년쯤 됐어요. 이사 오기 전에 테스트를 해보고 싶어서 난생처음 튤립 스무 송이를 키워봤죠. 생각보다 재미있고 베란다에서도 잘 자라더라고요. 이곳에 와서는 매년 백오십 송이에서 이백 송이 정도 키워요. 이외에도 하나둘 들이다 보니 이런 모습이 되었네요. 베란다에 나가 보면 전구가 모두 식물등이에요. 그 빛으로 광합성이 가능하거든요.

주변에서 많이들 물어봤을 것 같아요. 집 안에 작은 정원을 만들게 된 계기가 뭐예요?

어쩌면 타샤 튜더의 책 한 권에서 시작된 것 같아요. 타샤 튜더는 30만 평의 거대한 정원을 거느린 정원사이자 그림책 작가예요. 사랑스럽고 못 말리는 괴짜이기도 한데 19세기의 삶을 꿈꾸며 그 시대의 생활 방식을 평생 따랐다고 해요. 그 말은 전기도 안 들어오는 집에서 양초를 만들어 불을 밝히고, 땔감을 넣은 화덕에 빵을 굽는다는 말이죠. 그보다 놀라운 게 그녀의 정원이에요. 자연주의적 정원을 지향하기 때문에 온갖 풀과 나무, 꽃이 자연의 일부처럼 생기가 넘쳐요. 아름답고 대단하죠. 세상에는 이렇게 사는 사람도 있구나 하고 정말 놀랐어요.

그녀의 가치관과 삶을 닮아가고 싶었던 거예요?

그랬다면 이미 저는 살아남지 못했을 것 같아요(웃음). 뼛속까지 현대인에 병약한 도시인이거든요. 서울에서 나고 자란 데다가 시골에 사는 친척도 없으니, 전원의 생활을 몰랐고 그냥 판타지 같았죠. 무턱대고 그녀를 따라 하고 싶은 마음보다는 새로운 라이프 스타일을 보고 깊은 감명을 받은 것에 가까워요. 식물과 가까이 살 방법이 없을까를 고민하다가 이런 방식으로 풀어나가게 됐어요. 사실 식물을 키우는 데 재능도 조금 있는 것 같았고요.

식물 '금손'인가 봐요! 재능이 있다는 생각은 어떻게 하게 됐어요?

식물과 물의 관계라고 할까요? 그걸 빠르게 눈치채는 것 같아요. 잎의 크기나 두께에 따라 필요한 물의 양이 다르다는 것도 어느 정도는 느낌으로 파악했고요.

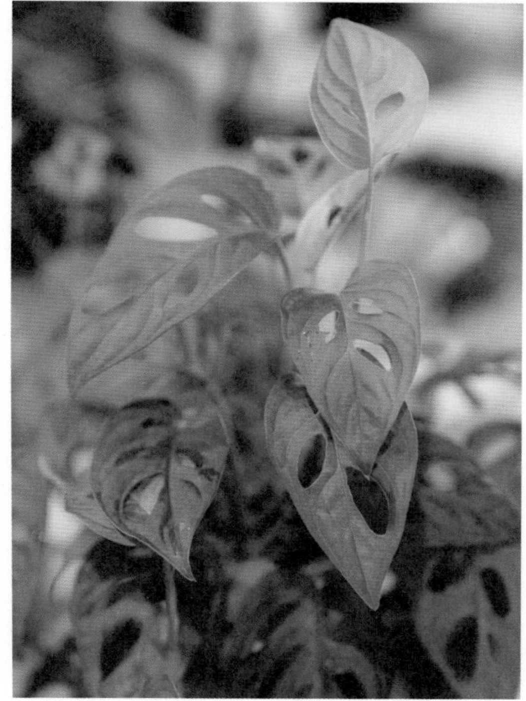

그래도 튤립은 까다로운 식물 중 하나라고 들었어요.
식물 초보일 때는 검색도 많이 했어요. 튤립은 알뿌리를 가을에 심는데, 싹이 올라오는 틈으로 물이 들어가면 쉽게 썩어버려 물을 얌전히 줘야 해요. 그런 관리 방법을 잘 따랐더니 백 퍼센트, 모든 송이가 꽃을 피우더라고요. 그때부터 자신감이 붙어서 구근 개수를 확 늘려서 키우기 시작한 거예요. 꽃은 아름다움을 즐기기 위해서 키우는 거라고 생각하는데 그 바람이 충족됐죠. 튤립은 9월 말에서 10월쯤이면 구근을 예약 구매할 수 있어요. 매해 새로운 품종도 나오니까 식물 쇼핑이 무척 즐거워요.

지금은 튤립이 피는 계절이 아니잖아요. 이외에는 어떤 식물을 키우고 있어요?
초화류는 온실에서 키운다는 느낌으로 베란다에 두었고, 실내에 있는 건 열대 식물이에요. 처음에는 식물 리스트를 만들어두고 영양제를 주었는지 체크하곤 했어요. 좀더 학구적으로 다가간 거죠. 지금은 대략적인 식물 생장 주기에 맞춰서 넓게 살펴보고 돌보는 편이에요.

돌봄이 익숙해진 덕분도 있겠어요. 초록 친구들을 전부 살펴보려면 하루가 바쁘죠?
그럼요. 잠이 없는 편이라 아침 5-6시쯤 일어나는데 물부터 줘요. 여름이다 보니 해가 뜨기 전이나 약할 시간을 놓치면 베란다가 30도까지 올라가 버리거든요. 그래서 한낮에 물을 주면 뿌리가 삶아진다고 표현해요. 아침에 바빴다면 적어도 10시 안으로는 끝내야 해요. 예전에는 흙을 직접 만져봐야 했다면 이제는 눈으로만 보고도 물이 필요한지 알 수 있어요. 또 때맞춰 비료 주고 충해 관리하고, 해 질 무렵 마른 화분이 있나 한 번 더 확인해요. 이젠 거의 습관이 돼서 바쁘다는 느낌보다는 평온한 일상에 가까워요.

모두에게 동일한 관심을 주는 것만큼 어려운 일이 없는데 다들 튼튼하게 잘 자랐네요. 가장 오래 키운 건 뭐예요?
대부분 2년은 넘었고요. 냉장고 위에 둔 스킨답서스는 8년을 함께 보냈네요. 처음에는 조막만 했는데 순하게 잘 자라서 지금은 머리가 저렇게 길었어요. 너무 길어서 줄기를 잘랐다가 버리기가 아쉬워 물에 조금 담가두었더니 뿌리가 내려오더라고요. 엄마 스킨답서스와 아이들이 무척 많아져 버렸어요(웃음). 아, 혹시⋯.

네?
관심 있으시면 하나 드릴까요? 집에 오는 분들께 여쭤보긴 하는데, 거절하는 경우가 많아서(웃음).

어머, 저는 너무 좋은데요. 조금 두근거려요(웃음). 그런데 왜 나눠 주고 싶은 거예요?
어쨌든 살아 있잖아요. 어떤 상황에서든 뿌리가 내려오면 기특하기도 하고 멋지다는 마음이 들어요. 그걸 흙에 옮겨 담아 또 키우게 되고요. 그러다 보니 너무 많아지기도 해서, 입양처를 적극적으로 물색하게 되죠(웃음). 저한테 좋은 걸 남에게 주고 싶은 마음도 있고요.

유독 키우기 어려웠던 식물도 떠오를 것 같아요.
장미가 그랬어요. 데이비드 오스틴David Austin사에서 육종하고 판매하는 일명 '영국장미'를 키웠는데요. 화형이 아름답고 향기롭기까지 했어요. 정말이지, 꽃의 여왕이라는 별칭이 잘 어울렸죠. 야심 차게 열 두 종류의 장미를 키웠는데, 결론부터 말하자면 베란다에서 키우기엔 무리였어요. 비료도 많이 필요하고 분갈이도 해마다 한두 번을 해주어야 했어요. 화분 지름이 30센티미터가 넘었으니 흙이 꽤 많이 필요하고, 벌레가 잘 생겨서 약도 자주 뿌려줘야 했고요. 이 모든 일을 제대로 해낸다 해도 비좁고 햇살이 강하지 않은 베란다에서 장미를 건강하게 키우는 건 불가능하더라고요. 너무나 아름답고 향기로운 꽃이지만 동시에 저의 일상이 황폐해졌어요. 장미는 노지에서 자라는 게 가장 좋다는 걸 배웠죠.

속상하지만 한편으로는 배움이 되기도 했네요. 남편분도 식물과 친근한 사이인가요?
가꾸는 데는 전혀 취미가 없어요. 처음엔 걸어 다닐 때마다 다리에 부딪힌다고 싫어하기까지 했어요(웃음). 그래도 이제는 베란다에서 식물 구경하며 커피 마시고, 친구들 오면 은근슬쩍 자랑도 해요. 괜스레 "여기는 공기가 더 좋은 것 같아." 하고요. 제가 얼마 전부터 정원 수업을 받기 시작했는데, 마당을 꾸리고 싶다고 성화를 부리니 못 이기는 척 끄덕여 주더라고요.

정원 수업은 무얼 배우는 거예요? 재미있을 것 같아요.
정말 재미있어요. 3년 안에는 땅을 사서 본격적으로 정원을 가꿔보고 싶다는 막연한 목표가 있었거든요. 시작은 3,000평을 꿈꾸다가 현실적인 조건을 고려해서 300평으로 줄이고, 결과적으로는 70평을 얻게 됐어요. 거기다가 집도 지을 테니 아마 작은 앞마당 정도가 남겠죠(웃음)? 그렇다 하더라도 실내와 정원은 생장 환경의 차이가 크니까 배움이 필요했어요. 유명한 정원 선생님 한 분이 5,800평의 정원을 가꾸고 계세요. 선생님께 정원가를 꿈꾸는 분들과 이론도 배우고 실습도 하고, 천연 비료나 농약을 만들어 보고 관수 시스템도 구성해요. 그 선생님이 세 발 오토바이 뒤에 흙 포대 싣고 멋있게 달리시거든요. 그렇게 되면 좋겠어요.

상상만 해도 멋있네요(웃음). 가드닝을 할 때는 주로 어떤 생각이 드는지 궁금해져요.
생각보다 운명적이거나 낭만적으로 하진 않아요. 오히려 현실적이고 담담하게 대하는 것 같아요. 물 주는 것도 알록달록 물뿌리개로 '예쁘게 살살~' 이런 느낌보다는 기술적으로 빠르게 처리하죠. 주어진 업무처럼 생각하면서 원하는 만큼, 필요한 만큼 해결해요. 그렇기 때문에 식물이 잘 자라거나 또는 시들거릴 때 평정심을 유지하기 위해 애쓰고요. 너무 좋아하거나 너무 울적해질 필요도 없어요.

그 시간 속에서 마음을 보듬기도 해요?
그럼요. 정원을 즐기는 건 가꾸는 것과 또 다른 영역이니까요. 제가 한때 다리를 다친 적이 있어요. 3주 정도 바깥 생활 대신 집에서만 절뚝이면서 걷다 보니까 물만 겨우 주고 식물을 제대로 보살피지 못했어요. 마음대로 되는 게 없으니 답답하고 속상하더라고요. 하루는 잠이 안 와서 새벽에 베란다에 앉아 있었는데, 식물들이 물만 줬는데도 대견하게 버티고 있는 거예요. 내재한 생명력이 느껴졌달까. 한마디 오가는 말없이도 식물한테서 위로받았던 기억이 나요.

유난스럽지 않고 묵묵하게, 자연스레 살아가는 모습이 위로가 되기도 하니까요.
영화 〈달콤한 인생〉(2005)에 보면 오프닝에 이런 대화가 나와요. "스님. 저것은 바람이 흔들리는 것입니까, 나뭇가지가 흔들리는 것입니까?" 그랬더니 큰스님께서 "바람도, 나뭇잎도 아니고 네 마음이 흔들리는 것이다."라고 답해요. 집에 바람이 불면 잎사귀들이 부딪혀서 사그락사그락 소리가 들리는데요. 사실 자연은 별말이 없어요. 우리 마음이 어떠냐에 따라서 그들의 모습이 여러 가지 의미로 와닿는 것 같아요.

무언가를 좋아하면 닮고 싶은 점이 생기기도 하잖아요. 작가님도 그런가요?
부러운 게 있어요. 일희일비하지 않는 것. 제가 감정의 진폭이 과격한 타입은 아니지만 마음 조절은 인간에게 주어진 평생의 숙제 같아요. 가끔은 자기 자신을 괴롭히게 되잖아요. 그런데 식물들은 잘 모르겠어요. 바라보기엔 평온하고 덤덤한 것 같아서 그런 점은 부럽고, 닮고 싶더라고요.

그렇다면 혹시… 식물에게 말을 걸기도 해요(웃음)?
아유, 물론이죠(웃음). 우리가 강아지나 고양이 보면 혀 짧은 소리로 "아이고~" 이런 말들 하잖아요. 저도 꽃이 피면 "아이고 대단해! 웬일이야, 기특하고 예쁘다!"

이렇게 혼잣말해요. 질문을 듣고 생각해 보니 주로 칭찬의 말이네요.

좋아한다는 감정은 참 특별한 것 같아요. 낯선 것도 대뜸 해보게 만들고 더 많이 알고 싶어지게 하니까요. 작가님은 좋아한다는 말의 의미가 무엇이라고 생각해요?

다층적인 의미를 가진 단어라고 생각해요. 레이어를 귀찮아도 일일이 하나하나 뜯어보면 기대가 있고 희망이 있고, 호기심도 한 스푼 있는 것 같아요. 감동도 있고요. 식물을 키우는 게 무언가를 얻기 위해서 한 일이 아닌데도, 기쁨이나 행복 같은 복합적인 감정이 느껴져요. 물성이 있는 존재다 보니 감각적으로 만족하는 것도 크고요. 반려동물의 털 느낌이나 체온이 다 다른 것처럼, 식물도 잎사귀마다 질감이 다르고 향기도 다르거든요. 그걸 체감할 때 내가 식물을 정말 좋아하는구나 느껴요. 이렇게 다양한 층이 존재하지만, 짚어내는 게 어려우니 좋아한다는 한 단어로 표현하는 거 아닐까요?

진득하게 좋아해 본 사람만이 알 수 있는 거네요. 그림책 《튤립 호텔》을 보면, 작가님이 좋아하는 것들이 등장해요. 어떻게 구상하게 된 이야기예요?

저는 이야기를 만들 때 카드를 모은다는 개념으로 표현하는데요. 소재나 상상 조각을 두루뭉술하게 가지고 있으면 금세 휘발되어 버려요. 그래서 일상에서 모은 생각을 머릿속에 정리해 두어요. 튤립을 키우면서 알게 된 과정과 생장, 그 경험에서 우러난 여러 감정까지 일종의 소재가 되어서 카드라는 형식으로 저장되는 거죠. 그러다 우연히 사진작가 마일스 허버트Miles Herbert가 꽃송이 안에 숨어 있는 멧밭쥐를 찍은 사진을 보고 '아, 이거다!' 싶었어요. 이 작은 존재를 주인공으로 그림책을 그려보고 싶다는 강한 열망을 느꼈죠.

보통은 꽃이 지는 일을 서럽고 슬프게 생각하잖아요. 《튤립 호텔》에서는 꽃이 지면 열심히 일한 멧밭쥐들이 신나게 휴가를 떠나요.

꽃이 지는 일은 정말로 슬픈 게 아니거든요. 내년에 또다시 심을 거고, 하나의 꽃이 지면 또 다른 꽃이 피기도 하고요. 우리가 좋다고 느끼는 순간은 영원하지 않잖아요. 친구들하고 만나서 즐겁게 놀았다고 하더라도 그걸 매일 한다면 여전히 재밌을까요? 오히려 지겨워질지도 몰라요. 어느 한순간이 영원하기보다 스위치가 끄고 켜지듯 바뀌는 게 좋다고 생각해요. 무엇이든 영원하다면 그 특별함을 알지 못할 거예요.

이 책은 작가님에게 어떤 의미인가요?

《튤립 호텔》은 다리를 다쳤을 때 완성한 책이에요. 원래 운전을 소재로 한 《달리다 보면》을 준비 중이었는데, 사고가 난 터라 마음이 아파서 그릴 수가 없더라고요. 출판사에 양해를 구하고 다른 작업을 먼저 하게 된 거죠. 마음이 울적하니까 꽃과 식물을 그리는 것만으로도 큰 치유가 되었어요. 그림책 작업은 물론 좋아하는 일이지만 어디까지나 '일'의 영역이라 여겼는데, 오히려 나를 돌봐주고 있다는 생각이 처음으로 들었어요. 요즘은 그림책을 아이들뿐 아니라 성인도 감상하잖아요. 어쩌면 그분들도 그림책이 나를 어루만지거나 돌봐준다는 느낌을 받으신 걸지도 모르겠어요.

그림에 이야기를 더하고 식물과 함께하는 일상은 앞으로도 여전하겠죠?

그럼요. 작업을 하다가도 해 질 녘에 물을 주고, 가을이 되면 구근을 심고, 때에 맞춰 비료를 주면서요.

좋아하는 마음은 귀한 것이다. 설사 당신이 악당을 좋아하고 있을지라도. 귀한 마음을 소중히 생각하는 사람들에게 그 마음을 보여줄 수 있겠느냐 물었다. 누군가는 상냥한 존댓말로 답장을 보내왔고, 누군가는 꽤 단단해 보이는 원고를 보내왔다. 일기 같기도, 편지처럼 보이기도 하는 글들이 모였다. 좋아하는 마음이 혹시라도 훼손될까 봐 무엇도 수정하지 않았다. 내가 한 일은 딱 하나. 네 사람이 좋아한 그것의 정체를 맨 뒤에 살포시 공개해 보는 일.

수취인불명일 수 없는

글 김복희, 임진아, 이소호, 박참새

에디터 이주연

시인 김복희

너의 모든 몸짓이 큰 의미인걸

'첫눈에 반해 오래오래 사랑했습니다.'라는 말을 믿지만, '신경은 쓰였지만 사랑한다고 인정하기까지는 오래 걸렸습니다.'라는 말이 저와 이 대상 간의 관계에 더 잘 어울리는 것 같습니다. 이것 뭘까요. 기억나는 순간부터 늘 함께였던 것 같습니다만 사실, 한눈에 파악되지 않는 것이었기 때문에 저도 이것을 아직 이해하지 못했다고 보아도 무방합니다. 지금도 제가 이 대상을 알고 좋아하는지 자신이 없습니다. 왜 그런 노래 가사 있지 않나요. "난 널 사랑해. 너의 모든 몸짓이 큰 의미인걸." (신효범, '난 널 사랑해') 모든 몸짓이 큰 의미라는 건, 볼 때마다 해석을 새로이 하게 된다는 뜻이고, 총체적으로 대상을 파악하지 못한다는 뜻이기도 합니다.
하지만 사랑이 바로 그런 것 아닌가요? 다 안다면 재미없는 것 아닌가요? 사랑을 재미로 하냐고요? 그런 건 아니지만 사랑은 명백히 재미있습니다. 이를테면 삼자의 시선에는 너무나도 의도가 명백하고 투명하게 보이는 행위일지라도, 사랑하는 당사자인 나의 눈에는 해석 불가의 신비로 남는다는 점에서 특히 그렇지 않나요? 그래서 이 대상에 대한 저의 사랑은 해석 불가능한 존재에 대한 당겨 앉기 의지에 가깝습니다. 파악을 못 해도 좋다는 생각을 하면서도 떨어지고 싶지 않다는 생각을 한다는 점, 대상은 저한테 별 관심이 없어 보이므로, 제가 놓아버리면 끝날 것 같다는 생각이 문득문득 든다는 점에서 그렇습니다.
자 이 대상은, 그렇다면 사람일까요? 사물일까요? 사람은 아닙니다. 사물이기도 하고 아니기도 합니다. 이 대상에게 물성을 부여할 수는 있으나, 이 대상 자체를 사물로 보기는 어렵지 않나 하는 게 제 생각입니다.
단수일까요? 복수일까요? 셀 수 없는 수를 포함한 하나의 수가 아닌가 하는 게 제 생각입니다. 단수로 쓸 수도 있고 복수로 쓸 수도 있습니다만, 통칭할 때는 단수형을 주로 사용하기는 합니다. 동시에 많은 사람에게 사랑받을 수 있는 존재입니다. 존재라고 표현해도 될지 모르겠지만, 저는 자꾸 이렇게 표현하게 됩니다.

삽화가 임진아

오, 나의 뮤즈!

4년 만에 비행기를 타고 하늘을 날아오르는 순간 나는 깨달았다. 여행을 좋아한다고 해서 하늘을 나는 걸 좋아한 건 아니었구나. 처음으로 비행 공포를 느끼며 두 주먹을 꽉 쥐었고 비행기는 보란 듯이 상공을 향해 전속력을 냈다. 옆자리에 앉은 낯선 사람도 두 눈을 감고 두 손을 모으며 겁에 질린 표정을 지었다. 하늘을 나는 건 당연한 게 아니었다. 내가 좋아하는 게 여행이었던가, 떠나는 일이었던가. 잘 모르겠지만, 따지자면 하늘을 날아야만 만날 수 있는 목록이 많은 사람인지도 모르겠다. 내가 좋아하는 건 만나고 싶은 걸 만나기 위해 움직이는 일에 가까웠다. 4년 만의 비행기. 약 6년 만에 도착한 간사이 공항. 코로나19를 길게 건너온 사람치고는 두리번거릴 여유도 없이 곧장 교토로 달려가는 하루카 열차에 몸을 실었다. 교토역에 있는 뮤지엄 에키 교토Museum EKI Kyoto에 가서 전시를 보는 게 이번 여정의 유일한 일정이었고, 그 밖에는 어떤 하루를 보내도 상관이 없었다. 오랜만에 낯선 호텔에서 낯선 밤을 보내고 일어난 아침. 어제는 교토역에서 호텔로, 오늘은 호텔에서 다시 교토역으로. 작은 미술관 안에서 두 시간 넘게 서성이며, 그림 하나하나를 자세히 바라보며 나는 어떤 생각을 했던가. 이제는 없는 사람이 남기고 간 뚜렷하고 다정한 자국들은 그림을 그리며 살고 있는 지금의 나에게 다음을 기대해 보라고 말해주는 듯했다. 나에게 다음이 있던가? 다음을 그려볼 여유가 있었나? 그런 힘 빠지는 질문은 미술관에 입장 불가. 전시장을 휘휘 돌아다니다 보니 오랜만에 화방에 가고 싶어졌고, 다시 붓을 잡고 싶어졌다. 애써 그린 그림들이 나도 모르게 버려진 이후로 나는 실물 그림을 그리지 못했다. 오랜만에 버려진 그림들이 생각났지만 이제는 덤덤하게 느껴졌다. 그 시간도 꽤 지났구나, 옛일은 더 이상 내 일이 아니구나, 더는 어두운 웅덩이에 빠지지 않아도 될 만큼 나는 씩씩해졌구나.
전시장 안에서의 나는 평소의 나와 조금 달랐다. 좋아했던 그림 곁에는 그림을 그린 나이가 크게 적혀 있었다.
그가 62세에 그린 그림. 처음으로 내가 모르는 먼 날의 내가 궁금해졌다. 나도 62세에 붓을 잡고 싶다. 하던 걸 계속하는 게 아니라, 그때도 그리는 일을 내가 필요로 했으면 좋겠다고. 이 말풍선을 스스로 그려내다니.
이 구역에서 가장 마음 부자인 사람인 것처럼 미술관

기념품 숍에서 굿즈를 잔뜩 사서 나왔다. 한참 동안 그림을 마주하고 서 있던 기억과 손에 들린 아름다운 굿즈들은 나를 또 어디로 데려갈까. 지금은 잘 모르겠지만, 적어도 비행기를 타길 잘했다고, 이런 일이라면 앞으로도 두 주먹을 꽉 쥐고 눈을 꼭 감고 하늘을 날아오르자고, 거듭 희망적인 색채의 말풍선을 띄우던 나였다.

시인 이소호

너의 노래가 되어

첫눈에 반하는 순간을 더듬어 보자, 대체로 나는 기억하지 못하지만 이상하게도, 너만은 선명하다. 바가지 머리에, 앳된 얼굴로 열심히 카메라의 붉은 빛을 찾던 너와 눈이 마주치던 순간을 기억한다. '누나는 너무 예뻐'다던 수줍던 고백이 아니었으면 나는 지금 무엇을 사랑하고 있을까. '시간에 맘이 무뎌질 거라' 믿었던 순간을 거쳐 나는 너에게 묻는다. '이대로 네게 닿을 수 있을까?'
물론 나는 이 사랑의 답을 안다. 이 사랑은 공허한 질문과 슬픈 대답만이 영유할 뿐이다. '주위만 빙빙 돌다 끝내' 사라질 수도 있다는 것을 가장 잘 아는 것도 우리였다. 서로에게 던진 고백을 전부 모으면 우주를 전부 채우고도 남을 테지만, 사람들은 이건 사랑이 아니라고 말했다. 각각이 생각하는 모양을 인정한다. 인정하기 때문에 나는 인정받을 수 없다는 것도 잘 안다. 누군가는 낭비라고 불렀다. 너를 위해 아끼지 않았던 시간도 돈도 전부 시간이 지나면 후회할 거라던 말도 있었다. 그러나 두 눈에 가득 담을 수 없어도 가까이 있지 않아도 느낄 수 있는 것이 있다. 단 한 걸음도 다가서지 못한 채로 끝날 수 있는 걸 알고도 시작한 사랑도 세상에는 있다고 나는 너를 통해 말해보고 싶다. 그러니까 다시 말하자면 우리의 사랑이란 너비가 아주 비좁은 평행선을 함께 걷는 일일지도 모르겠다. 존재만으로 서로 의지하며 '네 평행선이 되어' 기꺼이 '함께 해 주'는 것만으로도 충분한 일. 나는 '지친 내 하루 끝'에 네 목소리를 덮고 눈을 자주 감았다. 그거면 충분했다. '함께 꿈꾸고 싶'은 마음이라면, 그래 그거면 충분했다.
가수는 노랫말을 따라간다는 말을 들은 적 있다. 나는 그 말이 두렵기도 했다. 네가 정말 '빛났다 사라'질까 겁이 났다. 하지만 나는 네가 풀어놓은 다른 말도 믿는다. '같은 자리'에서 '결국 이뤄지는 두 주인공처럼' 우리를 믿는다. 이 사랑은 언제나 미완이리라. 누군가 한쪽이 서툰 마침표를 찍더라도 이 이야기는 한쪽에 의해 계속해서 쓰여지리라. 마음을 다해서 사랑해도 결코 안정적이지 않으니라. '우린 영원히 서툴걸.' 15년이 지난 지금도 그는 늘 처음과 같은 눈빛으로 어색하게 내게 눈 맞춘 채 말하고, 나는 다시 너의 말로 답한다. '알아.'

작가 박참새

T.H에게 남기는 편지

이제는 책을 읽을 때마다 간절히 바라게 돼.

제발 이이만큼은……. 제발, 단 한 명이라도 좋으니 날 구해줬으면…….

마지막이라는 생각 없이 오늘도 책을 읽었어.

나는 곧장 책의 끝으로 달려갔어 단박에 도착하는

연보로. 언제 태어나 누구의 아들딸이었으며 국적 몇 권의 책 그리고 몇 개의 상패 그것과 비슷한 명예들이 나열되겠지.

하지만 나는 다시 끝으로 가. 단박에 도착하는

생의 끝. 아주 단정하고 잘 정리되어 있는 한 인간의 삶. 그 끝.

그리고 어떤 강직한 허탈함이 내 근육을 찢는 것 같았어.

'스스로 생을 마감함'

스스로 생을 마감한다고?

자살이야. 그냥 자살이라고. 또 자살이라고.

미칠 듯이 허무해서 욕지거리가 나왔어.

사랑하는 죽은 사람들의 목록 속절없이 길어져만 가.

내 친구 선생들 다 죽고 나만 살아있다.

왜 이런 이야기를 아무도 해주지 않았지.

아무도 탓하고 싶지 않아서 책을 덮었어. 게다가 애들 저녁을 챙겨줘야 하기도 했고……

애들 밥투정 들어본 적 있어? 얼마나 어이없고 논리적인지. 헛웃음이 나올 정도야.

내가 가고 나면 너의 그 아름답고 완벽한 머리가 뱉을 애정 어린 비난이 벌써 들리는 것만 같아, 이 헛똑똑이!

나를 이해하려고 하지 마 그냥 읽어.

책을 읽으라고. 거기에 모든 게 있어.

어떤 분명한 사실과 성취가 내 인생과 영혼을 받쳐주고 있다는 것, 잘 알아.

내게 주어진 재능과 기품도 느껴져.

그것들을 충만히 느끼고 살며 낭비하고도 모자랄 풍요라는 것도.

하지만 그보다 선명한 다음의 생이 자꾸만 나를 따라다녔어.

나를 가지고 싶어 했어.

그리고…… 그랬어.

너무 춥다.

혹독히 춥다.

백 년만의 추위래.

그런데 계절이 계절다운 거면

좋은 거 아닌가?…….

미친 듯이 활자가 쏟아져 나올 때는 정말…… 내가 이 순간을 위해

나머지의 삶을 견딘 것만 같았고
보상을 뛰어넘은 새로운 언어를 발명한 것만 같았지.
아마 나는 그때 이미 알았던 것 같아.
내 정신의 살결이 모두 모였다.
그때부터 난 다음 생이었던 거야.
나로 존재하는 죽음을 그저 받아 적었을 뿐이었던 거야.
공기처럼 자연스러운 일이었던 거야.

아이들이 걱정돼. 나의 무엇도 닮지 않기를 바라지만
이미 너무 많은 것을 줘버린 것 같아.
백 년 전에도 나 같은 여자가 있었을 거야. 백 년 뒤에도 있겠지.
그렇지만 그게 내 딸이라면……
그러니 부탁할게.
이 편지가 나의 마지막이 아니길
지금 이 순간 그것을
죽음보다도 더 원하고 있어.
당신마저도 잊을 수 있게
처음으로 돌아가서
다시 읽는 그런 거,
하지 말고.
다른 것 버릴 생각
추호도 말고.
내가 펜을 멈추는 순간에
박자를 맞춰.
오븐에 넣어.
그리고 내일 아침을 준비해.
할 수 있지?
문을 닫는 당신을 상상할게. 어려운 일도 아니니까.
그날 수화기 너머의 목소리가 들리는 것만 같아. 너는 내 곁에 없었어. 출구도 입구도 아닌 그 문을 박차고 나간
당신의 손에 맡겨진 우리의 신화를
잘 생각해.
내가 정말 당신의 뺨을 뜯어 먹었어?
그래도 당신을 만난 건 사랑에 가까운 일이었다고 믿어.
난폭하게 사랑하고 가식적으로 의존하고 두려움에 떨면서 동행하는 게 진짜 사랑일 수도 있겠다는 생각을
하기는…… 했을 거야.
종이의 썰물이 매서운 나의 사르가소 바다, 모든 것이 기록된 백지수표.
거기를 잘 찾아 봐.
나는 펼쳐지지 않은 채로 영원히 살아 있을 거야. 알고 있으라고.

당신의

S.P

너의 모든 몸짓이 큰 의미인걸 | 시詩

김복희

'산다는 건 좋은 거지.' 하면서 쓰고 읽고 마시는 삶을 열심히 해보는 시인이다. 시집 《내가 사랑하는 나의 새인간》, 《희망은 사랑을 한다》, 《스미기에 좋지》와 산문집 《노래하는 복희》, 《시를 쓰고 싶으시다고요》가 있다.

오, 나의 뮤즈! | 와다 마코토和田誠

임진아

읽고 그리는 삽화가. 생활하며 쓰는 에세이스트. 만화 풍의 생각을 쓰고 그린다. 종이 위에 표현하는 일을 좋아하며, '임진아 페이퍼'라는 이름으로 지류를 선보인다. 만화 에세이 《오늘의 단어》를 쓰고 그렸다.

너의 노래가 되어 | 샤이니

이소호

아이돌과 함께 자라, 직장인 시절에는 올림픽 시즌마다 퇴사를 감행할 정도로 모든 덕질을 섭렵했다. 현재는 시와 소설과 산문을 쓰며 좋아하는 것에 대해 늘 골몰하고 있다.

T.H에게 남기는 편지 | 힌트를 읽고 유추해 보세요

"I took a deep breath and listened to the old brag of my heart. I am. I am. I am."

"나는 깊이 숨을 쉬고, 예전 같은 심장 박동 소리에 귀 기울였다. 나는 살아 있다, 나는 살아 있다, 나는 살아 있다."

박참새

읽고 쓴다. 말하는 대신 듣는 쪽을 택한다. 시와 시가 아닌 것을 쓰고 있다. 어쩌면 언제나 시이고 싶은 것을 쓰고 있다.

노란 재킷과 남색 치맛자락을 휘날리며 학교 곳곳을 휩쓸던 소녀. “춤 잘 추는 댄서로 기억되고 싶다.”라며 쏟아지는 조명 아래에서 이를 악물고 온 몸을 던지던 배틀러. 댄서 시몬과 유투버 시몬이라는 두 자아 사이를 바삐 오가는 김수현은 솔직하고 담대한 자세로 일생에 한 번뿐인 시절을 기록한다. 청춘의 한복판에 서서 자유로이 스텝을 밟는다.

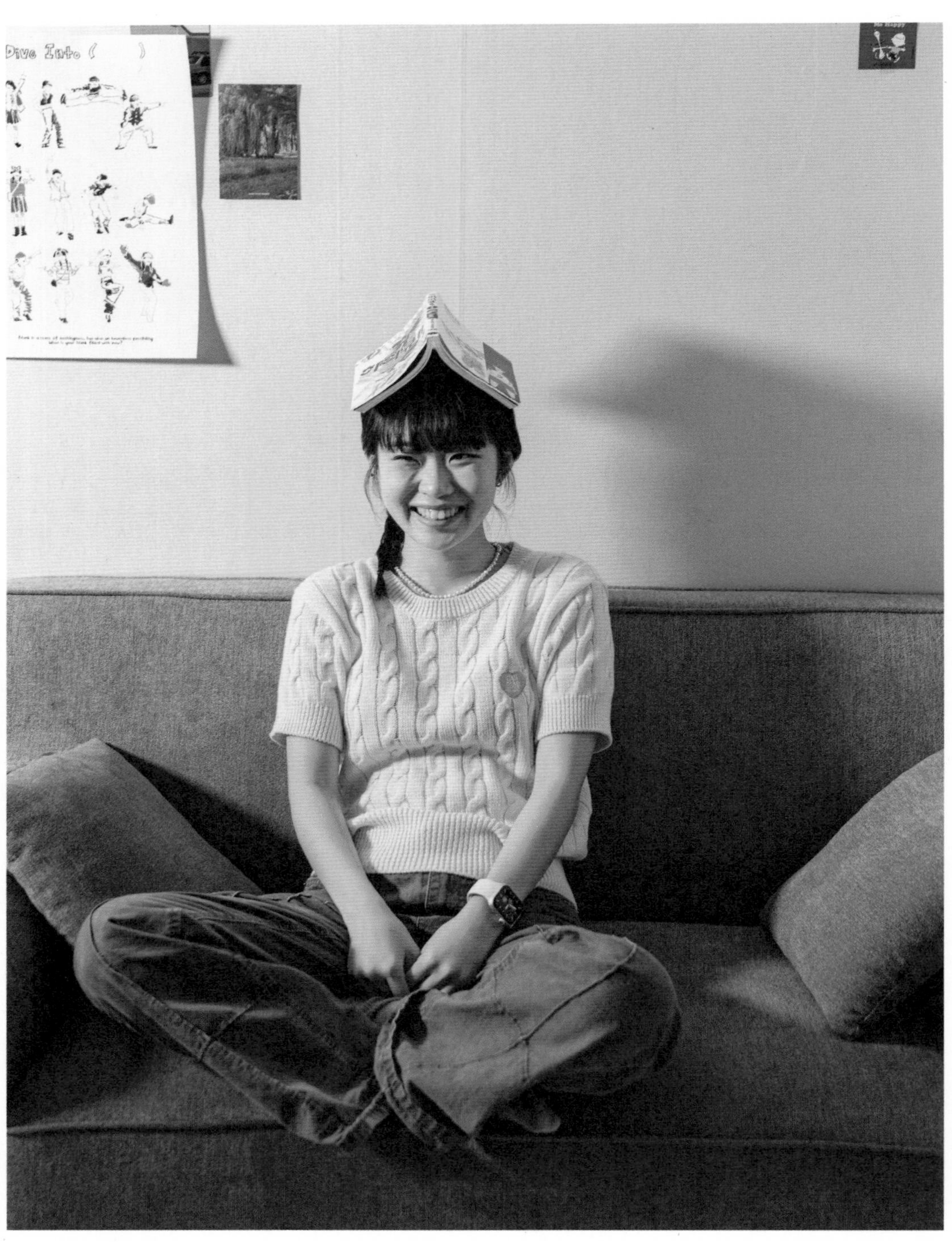

오롯한 내가 되는 춤

시몬—댄서

에디터 오은재
포토그래퍼 김혜정

〈스트릿댄스걸스파이터〉 종영 후 시간이 꽤 흘렀어요. 그동안 어떻게 지냈어요?

발목 부상을 입어서 휴학하고 회복하며 시간을 보냈어요. 계단을 내려가다가 발을 헛디뎌서 인대 쪽에 손상이 크게 갔거든요. 여태까지 춤추면서 아팠던 적이 한 번도 없었어요. 이번에 부상을 당하고 몸이 제일 중요하다는 걸 깨닫게 되었죠. 쉬면서 열심히 연습해야겠다고 다짐했는데, 재활 운동만 열심히 하며 지냈네요. 다행히 많이 나아져서 일주일 전부터 다시 춤을 추고 있어요. 배틀 출전도 앞두고 있고요.

욕심이 늘고 있는 시기라고 들었어요.

〈스트릿댄스걸스파이터〉가 끝난 이후로 춤에 매진하는 시간을 보냈어요. 방송에 나올 때는 아무래도 정해진 미션을 해내야 했으니까 안무 연습만 열심히 했거든요. 그러다 보니 제 춤을 보여주고 싶다는 욕심이 커졌어요. 종영한 뒤 기존 락킹 팀인 프렌치프라이즈 활동을 더 열심히 했어요. 매일 연습하고 행사나 공연에 나가고, 배틀에도 출전했죠. 그러다 보니 점점 더 욕심이 커지더라고요. 도장 깨기를 하듯이 새로운 무대들을 밟아보고 싶다는 승부욕이 생겼어요.

더 큰 세계를 경험한 것이 좋은 동기가 되었네요. 당시 '뉴니온'으로 활동하며 많은 응원과 사랑을 받았어요. 변화를 체감하나요?

저를 찾는 곳이 더 많아진 덕분에 생각지도 못했던 경험을 많이 하게 되었어요. 이전에도 유튜브에서 활동했다 보니, 누군가가 절 알아보실 때 "유튜버 아니세요?"하고 물어보셨는데요. 요즘엔 댄서로 인식해 주시는 분들이 훨씬 많아졌어요. 부모님께서도 자랑스러워하시고요. 덕분에 열아홉을 근사하게 장식할 수 있었어요. 이제는 어른이고 제 인생을 살아야 하니 제 춤을 더 연구해서 인정받는 댄서가 되고 싶어요.

최근에 뉴니온 친구들과 함께 댄스 프로모션 영상을 공개하기도 했죠. 어떻게 기획하게 된 거예요?

학교 다닐 때부터 워낙 잘 맞는 친구들이어서 방송이 끝난 후에도 같이 활동하기로 약속했거든요. 다들 졸업하고 대학교 다니느라 바빴는데 작년 연말에 만나 파티하면서 미래에 대해 진지하게 논의했어요. 그때 뉴니온의 춤을 보다 잘 보여줄 수 있는 영상을 찍어보자는 이야기가 나와서 추진했죠. 저희 팀 친구들은 모두 안무를 짜는 코레오 전공이 아니라 스트리트 댄스를 전문적으로 추다 보니 프리스타일에 능하거든요. 안무를 짤 때도 여러 우여곡절이 많았어요. 새벽마다 만나서 머리를 맞대고 아이디어를 모았죠. 5일 정도 연습하고 하루 만에 영상을 찍었어요. 방송 당시에는 대중적이고 트렌디한 춤을 많이 췄거든요. 이번 영상에선 지금 우리가 연구하고 있는 느낌을 잘 보여주려 했어요. 뉴니온이란 팀을 다르게 봐주길 바랐거든요.

뉴니온의 특유의 합이 잘 보이면서도, 기존에 보던 안무와는 달리 예술적인 면모가 묻어있는 퍼포먼스였어요. 현재의 뉴니온은 팀의 색을 어떻게 정의 내렸는지도 궁금해요.

저희 팀은 '백지' 같아요. 아직 저희가 보여드릴 수 있는 것들이 무궁무진하다는 생각이 들어요. 방송에서 보여준 칼군무도 잘 소화하지만, 개개인의 역량도 뛰어나서 할 수 있는 게 정말 많거든요. 그럼에도 다들 팀 활동에 진심인지라 뉴니온일 때만큼은 중간점에 맞추려고 하죠. 저는 락킹을 전공하다 보니 동작에서 펑키하고도 개구쟁이 같은 느낌이 묻어나요. 그래서 무거운 분위기의 춤을 춰야 할 땐 친구들을 보며 많이 배워요.

춤을 처음 추던 순간을 기억해요?

저는 다섯살 때부터 춤을 췄어요. 애기 때 낯을 엄청나게 가리니까 엄마가 걱정되셨는지 방송 댄스 학원에 보내셨어요. 그런데 하도 숫기가 없어서 수업에 참여할 생각도 못 하고 계속 엄마 무릎에 앉아서 친구들 춤추는 것만 봤거든요. 그러고 나서 집에 가면 문 걸어 잠그고 혼자서 연습하니까 엄마가 마음이 약해져서 학원을 끊지는 못했던 거죠. 6개월 동안 잠자코 기다려 주셨어요. 그러다 어느 순간부터 친구들 사이에 섞여서 다리도 찢고, 몸도 풀고, 춤도 추게 된 순간이 온 거죠. 엄마의 인내심이 아니었으면 아마 저는 춤이란 건 모르고 살았을지도 몰라요.

오랫동안 락킹을 전공해 왔죠. 하고 많은 장르 중에 어떻게 락킹을 선택하게 된 거예요?

초등학교 6학년 때까지 케이팝 춤만 추다가 학원을 한번 옮겼는데, 그때 락킹 수업을 체험하게 됐어요. 당시만 해도 락킹이 뭔지도 정확히 몰랐으니 알려주시는 동작들만 열심히 따라 했어요. 그런데 너무 재미가 없는 거예요. 일단 시작은 했으니까 6개월 정도 아무 생각 없이 다녔죠. 그렇게 중급반 정도까지 올라갔는데, 선생님께서 학원 수강생들한테 배틀 참여를 권유하셨어요. 안 나가면 초급반으로 내려보낼 거라고 장난식으로 말씀하시면서요. 어린 마음에 속아 넘어가서 처음으로 'Handshake'라는 배틀에 출전했어요. 처음으로 나간 배틀이라 그런지 너무 무서운 거예요. 그런데 저만큼 작고 어린 친구가 본선까지 올라가는 걸 보고서 크게 자극받았어요. 안무만 배워서 출 땐 몰랐는데 저도 저렇게 움직이고 싶더라고요. 그 뒤부터 개인 연습에 돌입하고, 배틀이 있으면 무조건 참가 신청부터 했어요. 원래는 본선도 못 갔는데 처음 중등부 배틀에서 우승하고 난 뒤로 자신감이 붙었어요. 그 후로 '나 락킹 전공해야겠다!' 마음을 먹었죠.

승부사 기질 덕에 락킹의 맛을 보게 된 거네요. 그렇다면 락킹의 매력은 뭐예요?

락킹은 유쾌한 장르예요. 펑키한 게 특징이죠. 배틀 할 때도 경쟁이지만 다같이 환호하고 즐기곤 해요. 춤을 추면서도 희열이 느껴져요. 락킹은 정해져 있는 기본적인 동작들이 있거든요. 동작을 나열하다가도 제 스타일대로 변형을 줘야 해요. 나만의 장점을 보여줄 수 있는 시그니처 동작을 만드는 게 중요하다고 생각해요.

그럼 시몬만의 춤도 있어요?

아직 저도 찾아나가는 중이에요. 연습하면서 제가 할 수 있는 기술들을 연마하고 있어요. 이를테면 저는 몸 쓰는 게 유연한 편이에요. 그래서 어떤 동작을 할 때 허리를 좀더 꺾어본다든지, 킥을 신기한 방식으로 차본다든지 하는 방향으로 변주를 주려고 하는 편이에요. 남들이 따라 할 수 없는 나만의 춤을 만들고 배틀할 때 그 동작을 음악 사이사이에 녹이면 다들 환호해 주시는 것 같아요. 다른 댄서들도 제 춤에 흥미를 느끼고, 배워보고 싶다는 마음이 들게끔 연구해 보려고 해요.

숏츠, 릴스, 틱톡 같은 플랫폼이 등장한 후로 챌린지 열풍이 불고 있어요. 시몬도 수많은 챌린지 영상을 찍었죠.

저는 숏폼이 한창 나오기 시작할 때부터 춤 영상을 찍어서 올렸고, 많은 주목을 받았거든요. 그때까지만 해도 이런저런 시선이 많았어요. 간혹 "쟤는 댄서라면서 왜 맨날 챌린지만 찍어서 올려?"라는 식의 이야기를 듣기도 했고요. 그런데 전 그게 너무 재미있었어요. 짧은 시간 안에 제 춤의 매력을 보여줄 수 있는 매체라고 생각했거든요. 무엇보다도 저는 제 전공도 열심히 연구하고 있으니까 두 마리 토끼를 다 잡고 있는 거라고 생각했죠. 제가 적극적으로 활용할 수 있는 영상 플랫폼이 등장한 게 신나서 열심히 찍어서 올렸고, 다들 언젠가 이걸 하게 될 거라는 확신도 있었어요. 아니나 다를까! 이제는 다들 릴스나 틱톡으로 챌린지 영상을 찍어서 올리잖아요. 어떻게 보면 저보다 더 열심히 하시는 분들도 많아졌고요. 아이돌에게는 중요한 홍보 채널이 되었지요. 인식이 긍정적으로 바뀌어서 기뻐요.

좋아하는 것을 계속 해낸 보람이 있네요. 챌린지 이전과 이후의 춤은 무엇이 달라졌어요?

지코의 '아무 노래' 그리고 'Summer Hate'가 나온 뒤부터 챌린지 열풍이 슬슬 불기 시작했는데요. 숏폼이나 챌린지가 유행하기 직전의 안무들은 말 그대로 도전에 가까웠어요. 댄서 아니면 따라 하기 어려운 춤이 대다수였는데, 요즘은 많은 분께서 참여하실 수 있도록 구성이 쉬워졌죠. STAYC의 'ASAP' 꾹꾹이춤처럼요. 진입 장벽이 낮아져서 좋긴 한데, 안무들이 다소 심심해졌다는 의견도 있어요. 그래서 몇몇 댄서들은 좀 더 자신만의 스타일을 보여주기 위해서 변주를 주거나 나만의 안무를 짜서 새롭게 챌린지를 만들기도 해요.

수많은 콘텐츠가 쏟아지고 있는 만큼, 챌린지를 참여하는 기준이 있을 것 같아요.

안무가 좋은 노래는 참여하고 싶어져요. 이를테면 르세라핌이나 뉴진스의 퍼포먼스를 보면 '저거 춰보고 싶다!' 하는 마음이 샘솟는 것 같아요. 대부분은 팬분들이 원하거나 요즘 많이 참여하는 챌린지 위주로 찍어요. 학교 다닐 때는 케이팝 챌린지에 많이 도전했는데요. 쉬는 시간 10분 내로 촬영했어요. 5분 동안 안무를 따고 나서 반으로 달려가 "영상 찍어줄 사람!"하고 모집하면, 누군가 한 명이 꼭 손을 들거든요. 그러면 그 친구랑 테라스로 나가서 열심히 촬영하는 거죠. 빠르게 촬영해서 업로드하고 즐길 수 있는 게 숏폼의 장점 같아요. 알고리즘 덕분에 노출도 쉬워져서 불특정 다수에게 춤을 선보일 기회가 생기기도 하고요. 다만 플랫폼 특성상 각 잡고 춘 춤보다는 최대한 빠르고 재미있게 찍어서 올리는 영상들이 좀더 많은 것 같긴 해요. 저도 댄서 시몬과는 다른 느낌의 춤을 많이 시도하고 있어요.

댄서 시몬과 인플루언서 시몬으로 활동하고 있어요. 시몬이 아닌 김수현은 평소에 무엇을 열렬하게 좋아하는지 궁금해요.

고등학교 때부터 애니메이션 덕질을 했어요. 그 전까지만 해도 제가 오타쿠라는 걸 부정하고 있었거든요. 왜냐면 저는 살면서 덕질을 해본 적이 없어요. 다른 친구들이 아이돌 좋아할 때도 저는 흥미가 없었거든요. 그런데 〈하이큐!!〉를 본 뒤부터, 생각보다 더 과몰입하고 있는 저를 본 순간 인정해 버렸어요. 캐릭터들을 보면 괜히 울컥하고, 제가 키운 애들처럼 느껴지더라고요. 무엇보다도 왠지 모르게 열심히 살고 싶어져요. 고등학교 때부터 붙어 다니는 친구도 애니를 좋아해서 그 친구랑 매일 밤 같이 애니메이션을 봤어요. 점점 '이세계물' 같은 매니악한 작품도 보게 되고, 둘이 애니메이션 팝업

카페도 같이 다니고요. 그러면서 친구 따라 점점 더 깊이 덕질을 하게 된 거죠. 그때부터 작정하고 피겨도 모으기 시작했어요. 저도 제가 이렇게 될 줄 몰랐어요.

책장에 만화책들도 즐비하네요. 왜 좋아하면 수집하고 싶어지는 걸까요?
그러게요. 하나둘 늘어나는 걸 보고 있으면 희열감이 느껴져요. 피겨 같은 경우에는 배틀 도장 깨기를 하듯이 다음에는 무엇을 살지 목표를 정해두기도 하고요. 사놓고 나면 매일 들여다보는 것도 아니거든요. 그런데 저렇게 제 방 한편을 지키고 있다는 것만으로도 마음이 풍족해지는 기분이 들어요. 나중에 좀 더 큰 집으로 이사를 하게 된다면 덕질존을 따로 만들어 두고, 유리장이랑 조명까지 제대로 구비해서 전시해 두고 싶어요.

본격적이네요(웃음). 무언가를 좋아하고 난 뒤로 내 삶에 작은 변화가 찾아왔나요?
네. '덕질은 삶의 낙'이라고 말할 수 있을 만큼 아주 큰 행복을 줘요. 소파에 누워서 애니를 보는 순간이 저에게는 '쉼'이에요. 오롯한 내가 되어 행복할 수 있는 시간이요. 〈스트릿댄스걸스파이터〉 이전부터 춤을 추고 유튜브를 찍으면서 시몬으로 살아왔어요. 그러다 보니 청소년기에는 '시몬'과 '김수현'이라는 두 자아 사이에서 혼돈을 많이 겪었거든요. 그런데 방송 이후로 김수현이 있어야 시몬도 있을 수 있다는 것을 알게 됐어요. 춤출 때도 물론 기쁘지만 그건 쉼하고는 거리가 멀잖아요. 온전히 제 시간을 가지면서 좋아하는 걸 보는 게, 시몬으로 살아갈 원동력을 주는 것 같아요.

유튜브를 통해 꾸준히 일상을 기록해 나가고 있어요. 이전에 찍었던 커버 영상이나, 브이로그를 다시 볼 때 어떤 기분이 들어요?
이건 부모님 영향이 큰데요. 부모님이 제 유년기의 기록을 모아 앨범이랑 싸이월드에 남겨두셨거든요. 언젠가 제게도 보여주셨는데, 크게 감동을 받았어요. 기록을 보는 것만으로도 희미했던 기억이 떠오르는 것만 같아서 어린 맘에 저도 무엇이든지 남겨둬야겠다고 생각했죠. 그래서 유튜브 시작하기 전부터 혼자 브이로그를 찍곤 했어요. 영상으로 기록한 순간들은 생생하게 기억나잖아요. 저는 갤러리를 잘 정리하지 않아서 사진을 많이 찍어놔도 잘 안 들여다보거든요. 저한텐 유튜브랑 인스타그램이 앨범이나 다름없어요. 저는 제 옛날 기록을 정말 좋아해요. 예전에 찍어둔 춤 영상이나 사진들 모두 숨기지 않고 그대로 남겨뒀어요. 그 순간들이 풋풋하고 귀여워 보이더라고요. 무엇보다 내가 성장했다는 사실을 실감할 수 있어서 보고 있으면 재미있어요. 요즘도 제가 흘려보내고 있는 순간들을 잘 기억하기 위해서 브이로그를 꾸준히 올리려고 노력해요.

인생의 한 번뿐인 시절을 시몬만의 방식으로 솔직하고 충실하게 기록하고 있네요. 참 좋아 보여요. 애정 어린 마음을 지키기 위해서 어떤 노력을 하고 있어요?
춤추는 일을 너무나도 좋아하지만, 스트레스를 받으면서까지 추게 된다면 정말 일로만 느껴지지 않을까요? 행복하게 이 일을 계속하려면 먼저 저부터 잘 챙겨야 할 거 같아요. 지금 제가 어떤 상태인지 체크하고, 지치지 않게끔 좋은 순간들을 많이 만들어 주려고 해요. 무엇보다 저는 저를 잘 안다고 생각해요. 오늘 좀 아쉬워도 크게 연연하지 않고 다음에 더 열심히 하려 하고, 지친다 싶으면 여행을 가는 것도 그 연장선에 있고요. 건강하고 행복한 제가 제일 중요해요. 그런 제 모습을 좋아하기도 하고요.

행복이란 단어에 묘하게 힘이 실려있어요. 그런 의미에서 묻는 건데, 춤추면서 가장 행복할 때는 언제예요?
좋아하는 사람들과 함께 춤추는 순간이요. 함께 무대에 올라 서로 좋은 감정과 영감을 공유하는 시간이 너무 좋아요. 그리고 배틀에 나가서 보여주고 싶은 춤을 최선을 다해 추고 난 후에도 정말 기뻐요. 우승을 하게 되면 더 좋고요. 그 두 가지 행복이 가장 큰 동기 부여가 되는 것 같아요.

앞으로 시몬이 펼쳐나갈 무대가 기대돼요. 시몬이라는 이름으로 어떤 기록을 남기고 싶어요?
예전에는 저때문에 락킹의 재미를 알게 되는 사람들이 많아지길 바랐는데, 요즘 조금씩 이뤄지고 있는 것 같아서 너무 행복해요. 오래도록 이 신에 머무르면서 저만의 춤을 추고 싶어요. 배틀 라인업에 제 이름이 있을 때 기대감을 줄 수 있고, 더 나아가 제 동작을 연구하고 따라 하고 싶게끔 멋진 댄서가 되고 싶어요. 우선 큰 대회를 많이 나가서 값진 성과를 많이 내보려고 해요. 열심히 노력하다 보면 우승을 넘어서 심사위원으로 참여할 수도 있겠죠? 저는 여전히 제가 행복하게 춤을 추고 있어서 기뻐요. 지금처럼 오래도록 춤을 사랑할 수 있었으면 좋겠어요.

때론 위로보다 농담이 더 어렵게 느껴진다. 깊은 여운을 남기는 유머를 구사하기 위해서는 상대의 이야기에 귀를 기울이고 마음을 다해 몰입해야만 한다. 박홍해진은 '손님이 왕이다'라는 마음가짐으로 오직 한 사람만을 위한 스티커를 만든다. 제철인 '밈'을 정성 들여 손질해 구성한 꾸러미에는 적절한 농도의 농담이 깃들어 있었다.

오직 단 한 사람을 위한 농담

박홍해진—아이엠유어스티커스

에디터 오은재
사진 박홍해진

만나서 반가워요. 《AROUND》 독자들께 인사해 주세요.
안녕하세요. 13년째 브랜드 마케터로 활동하고 있는 박홍해진이라고 합니다. '아이엠유어스티커스'를 운영하며 라벨 스티커를 만들고 있어요.

언제부터 스티커 세계에 입문하게 되었나요?
회사 생활을 하다 보니까 나름의 돌파구가 필요했어요. 그러던 차에 출장을 나갔다가 우연히 라벨 스티커의 세계에 발을 들였죠. 처음에는 스티커 광인처럼 수집만 했어요. 그러다가 기계를 구해서 취미 삼아 지인들 이름을 넣어서 만들고 선물하기 시작했죠. 은근히 재미있더라고요. 자료가 쌓인 김에 아예 아카이빙 계정까지 따로 만들었어요. 그러던 어느 날 제 계정을 본 분이 너무 기발한 아이디어 같다며 제작을 문의해 주셨어요. 생각지도 못하게 의뢰받았고 어쩌다 보니 주문량이 늘어나면서 인기를 얻게 되었어요.

인터넷에서 유행하는 '짤'과 '밈'을 소재 삼아 스티커를 제작하고 있죠.
처음 라벨 스티커 기계를 사서 스티커를 만들 때부터 유행어로 디자인했어요. 지인들한테 나눠 줄 용도였으니까요. 제가 평소에 밈을 많이 쓰기도 하거든요. 웃긴 짤이 있으면 사람들한테 보여주려고 수집도 많이 하는 편이고요. 오랫동안 마케팅 일을 하면서 사람들이 무엇을 원하고, 어떤 것에 호감을 느끼는지를 빠르게 습득해야 했어요. 스티커를 만들기 전부터 제가 해오던 일이기 때문에 재료로 삼아본 거죠.

이젠 밈이나 짤 없이는 대화가 힘들 정도로 일상생활 속에 깊숙하게 침투한 것 같아요. 기업에서도 이를 비즈니스에 적용하여 다양한 마케팅을 시도하기도 하지요. 밈을 적극적으로 활용하여 콘텐츠를 만들고 있는 제작자로서 연구를 거듭해야 할 듯싶어요.
유행어는 말 그대로 유행이 있다 보니까 수명이 짧잖아요. 그래서 흐름에 뒤처지지 않으려고 공부도 하고 재미있는 말도 많이 수집해요. 밈은 세대에 따라 지식의 편차가 커요. 제 친구들이 아는 유행어랑 저희 손님들이 생각하는 밈의 범위가 다르거든요. 특히 원본이나 유래를 모르면 "무슨 소리를 하는지 모르겠다."는 이야기가 나오기가 쉽죠. 그래서 일단 고객 연령대를 파악해야 해요. 영 모를 것 같은 유머는 아예 빼버려요. 무엇보다 유머란 건 정말 한 끗 차이잖아요. 이게 어떤 맥락에서 시작된 이야기인지 모르면 자칫 누군가에게 상처를 줄 수도 있거든요. 재미 삼아 만들었는데 소수자나 장애인을 비하하는 내용이거나 윤리적으로 문제가 되는 사이트에서 퍼진 걸 수도 있어요. 그러므로 책임감을 느끼고 예민하게 접근할 수밖에 없죠.

언어와 미디어를 재가공하는 일이니 섬세하고도 예리하게 살펴봐야겠네요. 특별히 고려하게 되는 부분이 또 있나요?
예전에 캐릭터 회사에서 일을 하면서 저작권 관련해서 소액이라도 법적으로 정리를 하지 않으면 나중에 큰 문제가 된다는 걸 배웠어요. 그래서 무슨 일이 있어도 이 문제를 잘 살피려고 해요. 트위터에서 시작된 밈 같은 경우에는 최초 발화자가 있을 거 아니에요. 출처를 검색해서 원트윗을 쓰신 분께 허락을 구하는 메시지를 보내죠. SNS에서 한 말이 저작권을 가질 수 있는지에 대해서는 법적으로 의견이 다 다르더라고요. 그럼에도 상업적인 목적으로 만들어서 판매되는 것이기도 하고, 이로 인해 기분이 상하는 사람이 생기면 안 되니까 예방 차원에서 문제를 만들지 않으려고 해요.

'오마카세'라는 이름 아래 손님의 입맛에 맞게끔 꾸러미를 구성하기도 하죠. 오직 한 사람만을 위한 스티커라니, 소장 욕구를 불러일으킬 정도로 재미있는 기획이라고 생각했어요. 보통 어떤 분들이 많이들 주문하나요?
고객분들이 주문서를 작성해서 보내주시거든요. 가끔 라디오 사연만큼이나 길게 적어서 주시는 경우가 있어요. 대부분 대학생, 취준생, 사회 초년생이다 보니 일상에서 겪는 슬픈 일화를 많이 들려주죠. 읽다 보면 모르는 사람들임에도 친근하게 느껴져요. 그분들의 마음이 어떤지 충분히 이해되거든요. 저도 겪어봤으니까요. 그분들이 자주 하는 말 중 하나가 "나 '갓생(신을 의미하는 'God'과 인생을 뜻하는 '생'의 합성어. 타의 모범이 되는 삶을 뜻한다.)' 살고 싶다."는 이야기예요. 더 열심히 살지 못하는 자신을 채찍질하는 문구를 요청하곤 해요. 그런 분들은 열심히 사는 사람들일 확률이 높아요. 그래서 저는 그 분을 탓하기보단 최대한 응원하는 마음을 담아 제작하려고 하죠. 이야기를 듣고 그에 대한 답장으로 스티커를 보내는 일이 펜팔처럼 느껴지기도 해요.

스티커 한 장에 어마어마한 애정을 담고 있는 셈이네요.
그런가 봐요. 주문이 밀리면 답장이 늦어지는 것처럼 초조해져요. 사실 스티커 좀 늦게 받는다고 해서 큰일 나는 건 아니잖아요. 그럼에도 단순히 주문서가 아니라 마음이 담긴 편지라고 생각하니, 저 또한 정성을 담아서 보답하고 싶은 거죠. 더 큰 재미를 전하고자 거듭 고민을 하게 되고 상황에 적합한 밈을 찾아보려고 해요. 요즘 개인적인 일을 처리하느라 무지 바쁜데 스티커를 만드는 일만큼은 너무 재미있어요. 제 만족을 위해 만든 건데도 불구하고 고객들이 감동적인 후기를 보내주시는 것도 기쁘고요.

기억에 남는 이야기가 있는지도 궁금해요.

한번은 젊은 무속인이 주문하신 적이 있어요. 제가 점집 같은 곳을 가본 적이 별로 없어서 그분들이 겪는 직업적 고충이 무엇인지 잘 몰랐어요. 아무래도 힘든 사람들의 이야기를 많이 들으실 테니 서비스직과 비슷한 피로감을 느끼지 않을까 싶었어요. 상상에 의존해서 제작해 보내드렸는데, 그분이 너무 만족하셨는지 주변 무속인 분들까지 소개해 준 거예요. 무속인 에디션만 몇 개를 만들었는지(웃음). 간호사분들도 재미있는 내용의 주문서를 많이 보내주세요. 병원 생활이 많이 고되고 힘들다 보니 분노와 울분이 서려 있죠. 어떤 분은 명찰 뒤에 붙여놓고 화가 날 때마다 숨어서 본다고 하더라고요. 학교 선생님들이나 무언가를 창작하시는 분들도 잘 쓰고 있다는 후기를 많이 남겨주세요. 자본주의 사회에서 힘들지 않은 일이 없는 것 같아요. 얼마나 삶이 팍팍하면 스티커에서 낙을 찾겠어요. 그러면서도 제가 만든 무언가가 사람들한테 묘한 힘을 전해준다는 것에 감사함을 느끼죠. "아스팔트에서도 과수원을 만들 수 있는, 그런 스티커다."라고 말해주신 분도 있어요(웃음).

예전에는 스티커를 나만 보는 일기장에만 붙였는데, 이제는 휴대폰과 노트북 등에도 장식하고 있죠.

미팅을 나갈 때마다 사람들의 소지품에 붙은 스티커를 하나하나 보곤 해요. 책을 좋아하는 사람들은 남의 집에 가면 책장을 구경하잖아요. 책 제목만 봐도 이 사람이 어떤 취향을 가지고 있고, 어떤 생각을 평소에 하고 있는지를 엿볼 수가 있죠. 노트북이나 다이어리에 취향에 맞춰 붙인 스티커 또한 어떤 메시지를 말해줄 수도 있다고 생각해요. 그래서 저는 제 스티커 사용하시는 분들께서 최대한 난처한 일을 겪지 않게끔 더욱 신경 쓰려고 해요. 그래픽 티셔츠도 그 그림에 담긴 의미가 별로면 입고 싶은 생각이 사라지잖아요. 스티커도 마찬가지예요. 그 사람의 내력을 보여주는 단서라고 생각하니 재미있더라고요. 어떻게 보면 사람들이 소장할 수 있는 가장 저렴한 단가의 현대미술이라고 생각해 볼 수도 있겠죠.

해진 씨도 평소에 스티커를 비롯하여 다양한 수집품을 모으고 있다고 들었어요.

저를 설명하는 주요한 특징 중 두 가지가 '메모'랑 '수집'이에요. 책을 비롯해서 스티커나 문구류 같은 귀엽고 쓸데없는 물건 모으는 걸 좋아해요. 여행 가서도 그 지역의 작은 문방구를 꼭 들러서 '디깅'을 하는 편이고요. 희귀한 물건들은 즉각 사 모으곤 하죠. 그리고 제가 수집하는 것 중 가장 특이한 게 하나 있어요. 바로 '웃긴 얘기'예요. 평소에 작은 수첩을 들고 다니면서 사람들 이야기를 옮겨 적고 있어요. 듣자마자 빵 터질 정도로 유머러스한 이야기는 아니에요. 허접한 이야기도 정말 많아요. 이를테면 몰래 코를 후비던 과장님이랑 눈 마주친 '썰' 같은 거요.

그런 사소한 이야기는 어떻게 모으기 시작한 거예요?

학교를 졸업하자마자 인턴을 했는데, 그때 저는 회사에 관한 환상이 있었어요. 취직하고 출근하면 날마다 재미있는 일이 펼쳐질 줄 알았죠. 그런데 회사에선 저한테 허드렛일만 시키고, 인턴이라고 무리에 끼워주지도 않는 거예요. 그런 소외감을 느낀 뒤부터 회사에서 나름의 재미를 찾기 위해서 웃긴 이야기를 수집하기 시작했어요. 생각해 보면 분명 일을 하면서 웃었던 일도 있을 텐데, 퇴근하고 집에 오면 일하다가 분노했던 거랑 혼난 것들만 기억나잖아요. 그래서 소소한 웃음거리들도 모으기 시작했죠.

수집이 일상의 돌파구가 되어준 셈이네요. 그렇다면 해진 씨가 생각하는 수집의 묘미란 뭐예요?

어디에서도 발견하지 못한 물건이나 재미있는 이야기가 깃든 무언가를 찾았을 때 짜릿하달까요. 수집은 제겐 숙명과도 같은 거예요. 집안 내력이기도 하고요. 저희 외가 쪽 삼촌들이 기가 막힌 애서가거든요. 큰외삼촌께서는 518 민주화 항쟁 당시 사회부에 소속된 기자셨고, 둘째 외삼촌께선 통일부 대변인을 거쳐 기밀 정보 분석에 관한 일을 하셨어요. 두 분 집에는 그 시대 대통령이 보낸 서한이나 북한에서 발간된 책과 잡지들도 많았죠. 기자로 활동하면서 모으신 책과 잡지 자료들도 빼곡했고요. 두 분께서 철학과 역사, 문학을 좋아하셔서 그분들의 서재에는 늘 인간과 삶에 관한 통찰력이 담긴 책들이 숲처럼 어우러져 있었어요. 어릴 때부터 어마무시한 콜렉터 곁에서 자랐다 보니 은근하게 영향을 받을 수밖에 없었죠. 저는 수집은 무조건 유전의 영역이라고 봐요. 제 주변 수집가분들께도, 혹시 가족 중에 한 분께서 컬렉터냐고 물어보면 귀신 본 것처럼 "어떻게 아셨냐?"며 놀라더라고요. 그걸 보면서 확신하게 되었어요.

그렇다면 일반인들은 모르는 수집의 세계 속 법칙이 있나요?

수집하는 사람들끼린 이거 얼마 주고 샀냐는 말이 금기어예요. 그게 일종의 예의거든요. 물어봐서 대답해

줬는데 "아이고 그 가격이면 차 한 대 뽑았겠다." 이렇게 말하는 사람들 있잖아요. 그런데 그 사람이 감당할 만하고, 그만큼 가치가 있으니까 샀겠죠. 그건 함부로 평가할 수 없는 영역이에요. 간혹 나중에 엄청 비싼 값으로 팔면 되겠다고 하시는 분들도 있는데, 수집하는 사람들은 어딘가 팔 생각으로 물건을 구매하진 않는 것 같아요. 이 자체가 목적이기 때문이죠!

그렇게 예민한 문제라니, 잘 기억해 둬야겠어요(웃음). 스티커를 통해 알게 된 기쁨이 있나요?
보통 수집하는 사람들은 물건들을 자기 공간에 모셔놓고 혼자 즐기는 경우가 대다수예요. 물론 저도 그렇지만 되도록 제가 모은 것들을 사람들과 나누려고 하거든요. 그걸 통해서 얻게 된 귀한 인연이 참 많아요. 원래도 새로운 사람을 만나고 이야기하는 걸 좋아하는 성격인데 수집을 통해서 더 다채로운 인생을 살게 되었어요. 덕분에 새로운 사업도 시작하게 됐고요. 신기하게 스티커를 구매해 주시는 분들도 주변에 소개해 주시는 경우가 많더라고요. 그렇게 조금씩 확장되는 걸 보면서 덕질로 하나 되는 세상 속에서 살고 있다는 걸 느껴요. 저도 회사에서 팀장급 연차나 다름없어요. 제 후배 세대와는 다른 시대를 살고 있는 셈이기도 하죠. 그런데 스티커를 만들면서 아래 세대 친구들이 사회생활에서 겪는 어려움이나 고민을 듣게 되었어요. 스티커를 매개로 어떤 마음들을 이해할 수 있게 되어 좋은 경험이라고 생각해요.

마지막으로 아이엠유어스티커스를 사랑하는 사람들에게 전하고 싶은 말이 있다면요?
간혹 스티커를 어딘가에 붙이지 않고 보관만 하시는 분들이 있어요. 그렇게 아끼다가 쓰레기통으로 들어가는 경우가 많아요. 접착제에는 수명이 있기 때문에 그냥 놔두면 예쁜 종이가 되어버리거든요. 저도 그동안 모았던 스티커를 많이 쓰고, 많이 주기도 했어요. 스티커는 선순환이기 때문에 사람들한테 많이 나눠 주면 또 그만큼 돌아오거든요. 너무 귀엽고 예뻐서 아까워서 못 쓰겠다는 이야기를 들으면 감사하기도 하지만, 스티커는 어딘가에 붙였을 때 자기 몫을 다할 수 있어요. 그러니 아낌없이 쓰시라고 말하고 싶어요.

No Mapo, No Life!

에디터 오은재
사진 도보마포

동네마다 고유한 분위기와 장면들이 있다. 지하철역을 빠져나오자마자 도시의 화려함에 압도되고야 마는 강남, 세련된 매력을 품은 한남동, 특유의 빈티지함을 지닌 성수, 고즈넉한 정취가 느껴지는 서촌. 그렇다면 마포구는? 젊은이들로 즐비한 대학가와 소탈한 시장 골목에서 마주치는 동네 사람들, 조용한 주택가 사이의 작은 가게들이 그곳의 풍경을 만들어 낸다. 쉽게 정의할 수 없는 마포구의 다채로운 매력을 한 단어로 정리한 이가 있다. 'No Mapo, No Life'를 외치며 마포구의 로컬 큐레이터로 활동하고 있는 '도보마포'는 마포구만의 특징인 아기자기한 '골목 문화'를 추앙한다.

덕후여, 그 걸음을 멈추지 마오

성산동에서 태어나 유년기와 청소년기를 마포구 일대에서 보낸 '도보마포' 운영자 신현오는 자신을 유별난 마포구 사랑꾼이라고 칭한다. 마포구를 떠돈 경력만 해도 수십 년. 골목 곳곳을 누빈 세월 동안 자연스레 그의 세포에는 마포구 DNA가 새겨졌다. 산책하듯 거닐다 보니 어느샌가 애정이 쌓였고, 이를 방증하듯 메모장에도 이야기들이 차곡차곡 모였다. 기억 속 누적된 보물 같은 빅데이터를 혼자만의 비밀로 간직하기보단 동네방네 소문내기로 결심한다. 더 많은 사람이 마포구에 입덕했으면 하는 마음으로. 이를 조명하기 위해 그는 '도보'를 택했다. 망원동, 연남동, 합정동 등 잘 알려진 동네부터 성산동, 신수동, 상수동 등 마포구민의 터전까지. 발길에 따라 형성된 골목을 찾아 솔선수범 도보 여행을 떠난다. 뒤따라오는 이들에게도 천천히 제 속도로 걸어볼 것을 권한다.

"내 장점이 뭔지 알아, 바로 마포 주민인 거야."라고 말하는 답도 없는 덕후로서 그는 이곳에 찾아온 누구나 안전하고 편안하게 동네를 즐길 수 있게끔 앞장서서 동네를 살펴보고 안내한다. '좋아하는 것을 좋아하는 사람들과.'라는 신조에 따라, 보다 많은 마포덕후와 함께 정보를 나누고자 '도프라인'을 운영 중이기도 하다. 그는 이곳에 터를 잡은 주민들을 만나 이야기를 듣고 기록하며 '마포구만큼 동네에 대한 애정과 주인 의식이 강한 곳이 없다'는 사실을 알게 되었다고 말한다. 모두의 마음에 자리한 '찐사랑'을 밝히기 위해 동네의 이곳저곳을 동분서주하며 마포구 보안관을 자처한다. 주민부터 외지인까지 더 나은 도보 생활을 할 수 있도록, 입구는 있어도 출구는 없다는 마음가짐으로 마포의 곁에 머물 작정이다.

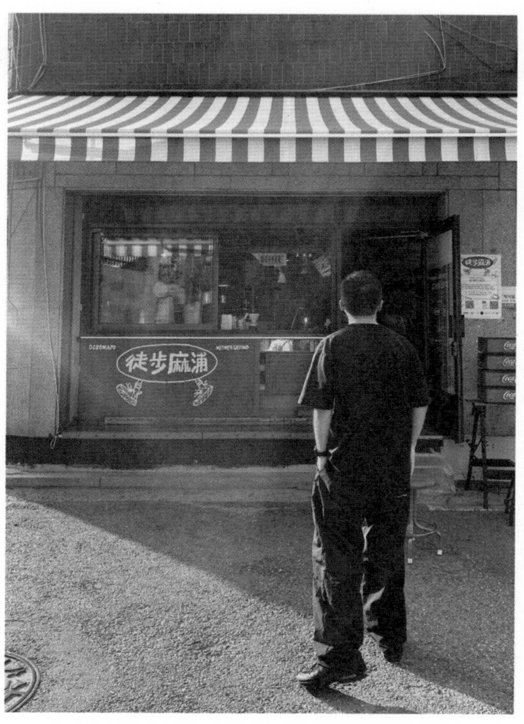

마포구 입덕 가이드

"아직 마포구의 매력을 모르는 이들에게 추천해 주고 싶은 코스가 있나요?" 질문을 듣자마자 팔을 걷어붙인 도보마포. 이내 동네의 참맛을 느낄 수 있는 공간들을 추려 친절히 진수성찬을 차려왔다. "한번 잡숴보시면, '이 맛에 마포구 오지!' 싶을 겁니다."

도덕과 규범

"'가장 마포구스러운 카페가 어디냐 물으신다면, 고개를 들어 도덕과 규범을 보게 하라.' 도덕과 규범은 겉보기엔 아담하지만, 신수동 주민들 사이에선 편히 쉴 수 있는 사랑방으로 통한답니다. 이런 곳에 카페가 있는지 의심하게 될 정도로 평범한 주택가에 있는데요. 사장님 취향으로 채워진 공간 또한 멋스럽지만, 그보다 좋은 이유는 그 어떤 카페보다도 커피에 진심이기 때문이에요. 직접 로스팅한 스페셜티 커피가 일품입니다. 아메리카노를 한 잔 들이켜며 매장을 가득 채운 음악 CD와 AR 스피커에서 흘러나오는 음악을 감상하다 보면 기분도 편안해져요. 가히 동네 카페의 근본이라 말할 수 있겠죠."

A. 서울 마포구 독막로28길 34
O. 화-토요일 11:30-18:30, 월·일요일 휴무

육장

“원푸드 레스토랑의 정석, 육개장 한 그릇으로 빨간 국물의 패러다임을 바꾸며 많은 망원동 주민들의 해장 맛집을 자처하는 찐 단골집입니다. 주말 아침이면 모자를 푹 눌러쓰고 슬리퍼를 질질 끌고 오는 주민들을 마주할 수 있는데요. 전날의 과음을 해소하기 위한 일종의 의식 같은 시간이지요. 퉁퉁 부은 입술과 흰 티에 벌겋게 물든 자국은 해장이 끝났다는 훈장이기도 합니다. 육장의 가장 큰 힘은 육개장 한 그릇에 담긴 사장님의 고집과 철학이에요. 얼큰한 국물에 맛깔나는 깍두기 한 입 베어 물면 시원하다는 탄성이 절로 흐릅니다. 정성스럽게 꾸려놓은 가게 분위기만 봐도, 육개장에 진심이라는 걸 알 수 있어요. 망원동 입문은 육장에서 하세요.”

A. 서울 마포구 월드컵로19길 74 어쩌다가게 지하 2층
O. 매일 11:00-20:00

녹기 전에

“아이스크림 가게 녹기 전에는 마포구의 달달함을 책임져 주는 염리동의 자랑입니다. 인근 초등학교 학생부터 동네 어르신까지, 세대를 막론하고 아이스크림을 통한 ‘기분 좋은 경험’을 선사하지요. 다섯평 남짓한 공간에서 저마다 아이스크림 하나씩 손에 쥐고 나가는 모습이 참 마포스럽습니다. 이곳을 운영하는 사장님 역시 멋지고 특이하신 분이라 비범한 일들을 도모하곤 합니다. 예를 들면 나무 심기, 녹싸일기, 녹무위키, 보물찾기, 악필대회 등 다양한 이벤트로 고객과의 접점을 확장해 나갑니다. 아이스크림을 통해 ‘좋은 경험’을 전하고 싶다는 사장님. 이미 성공입니다.”

A. 서울 마포구 백범로 127-24
O. 월·수-토요일 12:00-22:00

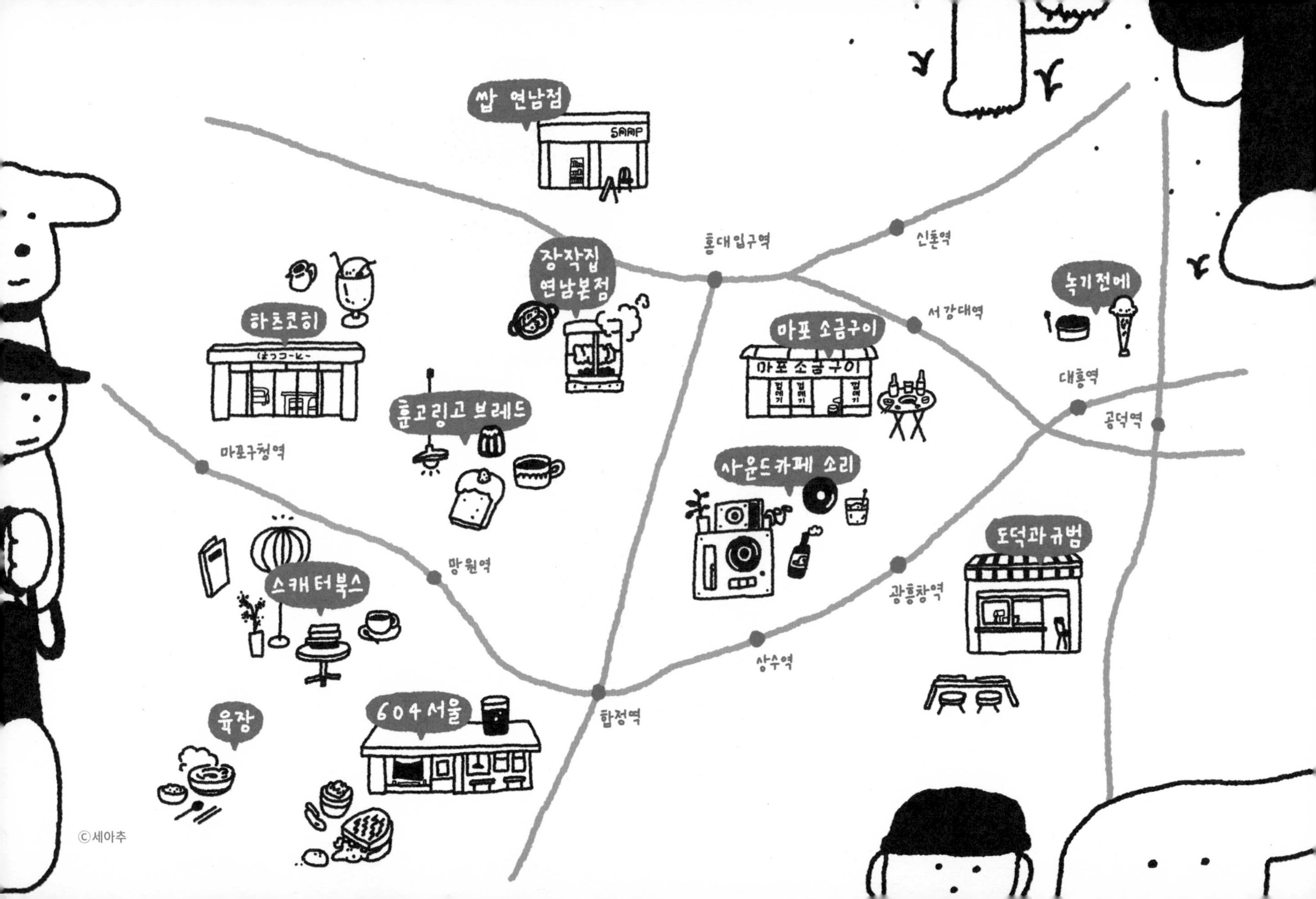
쌉 연남점
SAAP
장작집
연남본점
홍대입구역
신촌역
녹기전에
하츠코히
마포 소금구이
마포 소금구이
서강대역
대흥역
공덕역
훈고링고 브레드
마포구청역
사운드카페 소리
도덕과 규범
망원역
스캐터북스
광흥창역
상수역
합정역
육장
604서울
ⓒ세아추

쌉SAAP

"합정이 작은 일본이라면, 연남은 작은 동남아라는 사실 아시나요? 'SAAP'은 태국말로 맛있게 맵다는 뜻이에요. 빨간 맛 러버라면 지나칠 수 없는 태국 냉누들과 타마린 소스에 버무려진 녹진한 달걀 노른자 반숙이 일품이랍니다. 방콕 야시장 버금케하는 바이브에 재미까지 더한 메뉴, 더 이상의 설명은 생략하겠어요."

A. 서울 마포구 성미산로 184
O. 매일 12:00-22:00

장작집

"사랑한다는데 무슨 말이 필요할까요? 장작집 한마디면 되는 것을요. 그만큼 도보마포가 가장 아끼고 좋아하는 마포구 탑티어 공간입니다. 코리안 비비큐를 표방하는 신토불이 장작 구이 누룽지 통닭 맛집이에요. 이곳 사장님도 마포구 토박이 출신이랍니다."

A. 서울 마포구 월드컵북로6길 19
O. 월-금요일 16:00-24:00, 토요일 13:00-01:00, 일요일 13:00-23:00

하츠코히

"일본 가정집을 그대로 '복붙'한 공간이에요. 일본 드라마 〈하츠코이〉에서 영감을 받아, 사장님의 취향을 닮은 커피와 디저트 그리고 패션과 음악으로 가득 채웠다고 해요. 상큼한 멜론 소다와 판나코타 디저트와 함께라면 마포력이 거세진다는 걸 명심해요."

A. 서울 마포구 성미산로1길 32
O. 매일 11:00-20:00

훈고링고브레드

"성산동 빵순이들의 마음을 울린 훈고링고브레드. 처음 온 손님들은 파운드케이크와 카넬레에 빠지지만, N회차를 찍다 보면 바게트 그리고 샌드위치에 입문하게 됩니다. 고숩한 커피에 치아바타 샌드위치 한 입 베어 물면 빵의 기본을 지키려는 고집을 느낄 수 있어요."

A. 서울 마포구 잔다리로 130 2층
O. 수-토요일 12:00-20:00 일요일 12:00-17:00, 월-화요일 휴무

604 Seoul

"향긋한 커피와 샌드위치로 아침을 깨우는 망원동 주민들의 모닝콜 카페랍니다. 604는 어릴 적 대표님이 살던 캐나다 밴쿠버의 지역 번호이기도 해요. 메뉴판 앞에 설 때면 늘 쉬림프번과 그릴드치즈토스트 사이에서 고민하게 돼요. 나뭇결이 고스란히 남은 공간에서 메이플 시럽이 들어간 밴쿠버 라테 한 입 어때요? 밴쿠버 가지 마세요. 망원동에 양보하세요."

A. 서울 마포구 동교로 49
O. 화-토요일 08:00-18:00, 월·일요일 휴무

스캐터북스

"망원동 조용한 골목에 자연스럽게 스며 있는 스캐터북스. 커피와 책을 좋아하는 사장님께서 본인처럼 책에 뒤늦게 입덕한 사람들을 위한 공간을 만들고 싶었다고 해요. 매월 '스캣'이라는 귀여운 책 모임도 진행한답니다."

A. 서울 마포구 월드컵로11길 44
O. 월·화·목-토요일 12:00-20:30, 일요일 13:30-20:30, 수요일 휴무

사운드카페 소리

"음악에 조예가 깊은 도순이들을 초대합니다. 사장님이 수십 년 동안 수집한 수천 장의 LP와 턴테이블, 스피커, 릴 테이프가 즐비한 공간이랍니다. 신청곡을 쪽지에 적어 드리면 원하는 노래를 감상할 수도 있어요. 주류도 다양하게 준비되어 있어 홍대 어디에서 모임을 하든 완벽한 2-3차 장소가 되어줄 거예요."

A. 서울 마포구 와우산로 159, 2층
O. 화-목요일 18:30-01:00, 금-토요일 18:30-02:00
일요일 18:30-24:00, 월요일 휴무

마포소금구이

"경의선숲길, 바람 솔솔, 고기 향 킁킁. 날씨가 좋으면 테라스 자리에 앉아 소금구이에 소맥을 말아버리는 특권은 오로지 마포구민만이 누릴 수 있겠죠. 1996년부터 30년 가까이 자리를 지킨 노포답게 역사와 전통이 있는 가게입니다."

A. 서울 마포구 와우산로32길 32
O. 월·수-일요일 17:00-01:00, 화요일 휴무

소녀소년 덕후백서

글 오은재
일러스트 은조

자고로, 좋아하는 마음이란 나눌수록 더 커지는 법. 덕질이란 세계는 무수한 교집합 속에서 더욱 깊어지고 넓어진다. 세대와 성별을 불문하고, 사랑한단 이유만으로 이 멋진 세계 속에 뛰어들기로 작정한 이들을 위해 '요즘 덕질 지침서'를 공개한다.

최애사랑논술클럽

가끔 최애를 향한 마음이 흘러넘쳐서 주체할 수 없을 때가 있다. 당장이라도 문을 박차고 나가 턱 끝까지 차오른 사랑의 문장들을 세상에 고하고 싶지만, 애써 억누른 채로 일기장에 닿지 않을 혼잣말을 적으며 아쉬움을 달래던 날들. 이제 덕후들은 애정 어린 마음을 홀로 삼키거나 삭히지 않는다. 대신 '00사랑논술클럽'에 가입해 매주 한 편의 글을 작성한다. '처음', '생일' 같은 의미 깊은 단어부터 좋아하는 노래의 한 구절이나 최애가 팬들에게 전했던 말에서 키워드를 뽑아내기도 한다. 정해진 주제에 맞춰 적어 내리는 문장들은 언젠가 시험장에서 원고지에 써낸 글처럼 논리적이지 않다. 사랑이란 언제나 설명할 길 없이 찾아오는 것이기 때문이다. 언제 당신을 알게 되었고, 당신의 어떤 면을 그토록 아끼는지, 무엇이 나를 오래도록 당신 곁에 머무르게 했는지. 형용할 수 없는 감정들에 서사를 부여하고 이름을 붙이는 동안 내가 그를 좋아할 수 밖에 없는 이유를 알게 된다. 낱낱이 써 내려간 고백은 대문호가 연인에게 부친 편지처럼 절절하고도 찬란하다. 익명의 덕후들은 문장을 나눠 읽으며 서로의 정을 연료 삼아 마음을 불태운다. 그 연대를 보고 있자면 심장 한쪽부터 뭉근해져 온다. 역시 무언가를 좋아하는 일은 정말 아름다운 거라고.

생일 카페

1년에 단 한 번뿐인 누군가의 생일을 축하하는 건 즐거운 일이다. 내가 좋아하는 이의 생일이라면 더욱 그렇다. 학창 시절, 온갖 포털 사이트 비밀번호로 등록해 놓았던 네 자리 숫자. 그러고도 잊을세라 달력에 크게 별을 그려둔 그날이 돌아오면 우리는 작은 케이크를 사서 조촐한 생일 파티를 했다. 귀여운 유난을 떨던 아이들은 최애를 위해 체력과 재력을 바쳐 '생일 카페'를 여는 어른으로 자랐다. 팬들을 대표하여 총대를 멘 이들은 기념일에 맞춰 영화관, 혹은 음식점이나 카페를 대관하여 최애가 남긴 흔적들로 공간을 정성스럽게 꾸민다. 직접 찍은 장면들로 디자인한 포스터와 현수막을 크게 내걸고, 기꺼이 걸음 해준 팬들을 위해 비공식 포토 카드나 스티커 같은 굿즈를 제작해 나눔을 한다. 최애가 좋아하는 커피나 음료 메뉴를 주문하면 그의 사진이 대문짝만하게 박힌 종이컵과 컵홀더가 함께 나온다. 방문한 이들 중 그 컵을 사용하는 사람은 단 한 명도 없다. 다들 프린팅된 사진을 어루만지듯 바라보다 얼굴에 물 한 방울이라도 닿을세라 가방에 고이 넣어 보관한다. '그래봤자 주인공은 자리에 없는데 왜들 그렇게 야단법석인 거야?'라고 물을 수도 있겠다. 간혹 인증을 하러 온 나의 최애와 만나 계 타는 경우도 있지만 그런 행운은 바라지도 않는다. 단 한 번 뿐인 오늘을 최선을 다해 축하하는 일. 각기 다른 생일 카페의 컵홀더를 탑처럼 쌓아 집으로 돌아가는 사람들을 보고 있자면 그것만으로도 충분해 보인다. 작은 공간을 가득 채운 우주적인 사랑을 목도하고야 만다.

신곡 챌린지

언젠가 너나 할 것 없이 카메라를 켜두고 차트 1위를 휩쓸던 유행가의 커버 UCC를 찍어 인터넷에 올리던 시절이 있었다. 한동안 기획사들은 전부 기억에 남는 후렴과 쉬운 포인트 안무를 남기기 위해 혈안이 되었다. 그렇게 전 국민이 따라 추던 아이돌 안무는 '칼군무' 열풍이 불어닥치면서 그들만의 리그로 변모했다. 그러던 어느날 별안간 지코가 과제 하나를 툭 던져주었다. "왜들 그리 다운돼 있어?" 묻더니 아무렇게나 춤춰도 괜찮다며 우리를 앉은 자리에서 일으켜 세웠다. '어 이거 한 번 해볼 만하겠는데?' 싶었던 사람들은 너나 할 것 없이 챌린지에 탑승했다. 그 춤바람에 힘입어 영상은 열흘 만에 조회 수 1억 뷰를 기록했고, 노래는 순식간에 입소문을 타고선 음원 차트를 석권하기에 이르렀다. 그 후 챌린지는 케이팝 산업에서 필수 문화로 자리 잡았다. 숏츠, 릴스, 틱톡의 알고리즘을 타고서 사람들의 피드에 흘러든 영상들은 덕후들의 잠재되어 있던 댄스 욕망을 자극했다. 나의 최애처럼 절도 있는 동작을 구사하기 위해, 하루짜리 강좌까지 들으며 영상을 찍는 이들도 늘어났다. 삼각대와 핸드폰만 있으면 어디든 멈춰 서서 챌린지를 찍을 수 있으니, 이보다 더 재미있는 덕질은 없을 터. 혹시 또 모른다. 어느 날 우연히 내 '뚝딱임'이 최애의 피드에 닿게 될지.

덕후 투어

덕후라면 세상 끝 어디라도 최애와 함께하고 싶은 것이 인지상정. 그만큼 내 님의 모든 것을 알고 싶고, 따라 하고 싶어서 안달이다. 최애의 유년 시절 추억이 스민 분식집이나 회사 근처 참새 방앗간처럼 드나들던 카페는 물론이요, 여행을 다녀와서 추천했던 관광지, 뮤직비디오에 잠깐 등장한 잘 알려지지 않은 촬영 로케이션까지. 팬들은 그의 숨결이 머문 코스를 따라 성지순례를 하듯 흔적을 뒤쫓는 여정을 감행한다. 유명한 스타를 배출해 낸 지역은 덕후들을 불러 모으고자 그들의 모교 주변에 위치한 다양한 관광지를 콘텐츠화 하여 소개하기도 한다. 팬들을 위해 스타가 서서 사진을 찍은 자리를 포토존으로 지정해 두기도 했다. 최애의 온기가 남은 자리에 앉아 밥을 먹고, 발도장이 새겨진 골목에 서서 같은 포즈로 인증 사진을 찍고선 잠시 멈춰 흘러가는 풍경을 바라본다. 그 순간 그가 느꼈을 감각이 나에게도 고스란히 전이되는 듯하다.

팬튜브

수많은 플랫폼이 등장한 이후로 하루에도 수백 개의 콘텐츠가 쏟아진다. 공중파 방송사에서 만드는 예능은 기본이며 컴백 맛집이라는 유튜브 콘텐츠, 그뿐만 아니라 스케줄 틈틈이 팬들과 소통하기 위해 켠 라이브 방송. 영화와 앨범 하나를 홍보하기 위해 프로모션을 도는 한 달 사이 챙겨 봐야 하는 영상들만 수십 또는 수백 편이 쌓인다. 넘쳐나는 떡밥들에 행복하다가도 현실을 살아가며 이 모든 콘텐츠를 따라잡기에는 다소 벅차다. '팬튜브'는 팬들이 최애의 영상을 편집하여 올리는 2차 창작물이다. 이는 마치 무궁무진한 시험 범위 속 알짜 핵심만 담겨있는 요약 노트와도 같다. 제작자들은 '내가 앓을 구간은 나 스스로 정한다.'는 마음가짐으로 콘텐츠들을 애정 어린 시선으로 면밀히 살펴본다. 나만 아는 매력이 잘 드러난 구간을 골라낸다. 철저히 방송사 입맛에 따라 직조된 클립은 새로운 시각으로 재탄생한다. 아무런 대가를 바라지 않고, 그저 좋아하는 마음 하나만으로 만든 영상에는 최애의 사소한 습관, 말투, 몸짓이 그대로 묻어난다. 올곧은 시선으로 포착해 낸 10분 남짓한 영상을 보고 있자면 영상 속 주인공을 사랑하지 않고선 못 배길 것만 같다.

맛집 해시

예전에는 맛집을 찾으려면 초록창에 동네 이름과 함께 '짱맛'을 검색해야 했다. 물론 광고 사이 섞여 있는 진짜 맛집을 선별하기 위해 조금의 수고를 거쳐야 했지만 그래도 이만한 방법이 없었다. 이제는 덕후들이 다수 포진해 있는 파란 앱에서 특정 멤버의 이름이 들어간 해시태그를 검색한다. 이를테면 '#제노의맛그당어','#캐럿들_여기_캐맛있어' 같은 덕후력 짙은 문구. 마치 '알리바바와 40인의 도적'에서 나올 법한, 팬들 아니면 절대 모를 암호 같은 문장을 적어 넣는다. 하루 종일 열심히 스케줄을 뛰느라 바빴을 나의 친구들이 한 끼라도 거르지 않길 바라며. 기왕이면 맛있는 걸 먹고 기운을 차릴 수 있기를 기원하며 고심하여 추천한 맛집 목록들을 만나볼 수 있다. 최애의 입맛은 덕후가 가장 잘 안다고, 280자 꽉꽉 채워 적은 추천 이유를 보고 있자면 '역시, 맛있는 음식을 먹고 나면 사랑하는 사람이 떠오르는 것은 자연스러운 현상이구나.' 싶어진다. 그와 함께 업로드된 '예절샷'은 덤이다. 손바닥만 한 포토 카드에는 내가 가장 좋아하는 최애의 순간이 담겨있다. 혹여나 기스라도 날까 싶어 투명한 탑로더 안에 고이 담아놓은 사진을 슬쩍 내밀며 음식과 함께 인증사진을 남긴다. 식사 전 신에게 일용한 양식을 주심에 감사하다는 기도를 올리거나, 어르신이 숟가락을 뜰 때까지 먼저 기다리는 것처럼. 그것이 덕후라면 꼭 지켜야 하는 '예절'이니까.

덕심만이 내 세상

글 오은재

ⓒ〈윤시내가 사라졌다〉

팍팍한 세계 속에서 무언가를 좋아하는 마음은 쉽게 멸시당하고야 만다. 그러나 현실이 어둡더라도 진심이 뿜어내는 빛은 가려지지 않는 법이니. '내 사랑이 이겨.'라는 믿음으로 세상과 맞서 싸우고 있는 덕후들 곁에 서서 있는 힘껏 소리쳐 본다. 이것이 우리의 사랑 방식이라고.

ⓒ〈찬실이는 복도 많지〉

ⓒ〈킬링 로맨스〉

한계 없는 사랑은 우리를 강하게 만들지

Movie

이원석 〈킬링 로맨스〉(2021)

사랑으로 충만하던 시절, 종종 좋아하는 연예인을 위해 어디까지 몸을 내던질 수 있을지 가늠해 보곤 했다.
사라졌던 최애와 7년만에 조우한 범우는, 다시금 그 고민에 빠지고 만다. 11년 동안 쉬지도 않고 일하며 대한민국에 '여래이즘' 열풍을 불러일으켰던 황여래. 마지막으로 찍은 영화가 폭삭 망한 뒤 돌연 한 남자와 결혼하겠다며 연예계를 떠났던 나의 스타. 언제 어디서나 행복하기만을 빌었건만, 조나단에게 가스라이팅을 당하며 꼭두각시처럼 살아가는 모습을 본 범우는 결심한다.
"여래님 평생 이러고 살 거예요? 제가 꼭 그 자식 죽여버릴게요." 어떻게 해서든, 여래의 행복을 되찾아 주겠다고.
그렇게 호기롭게 동맹을 맺었건만 조나단의 생명력은 끈질기다. 지옥 끝에서도 번번이 살아 돌아온다.
무엇보다도 숨이 끊어지기 직전, 범우의 착한 마음이 발동을 건다. 네가 못 하면 내 손으로라도 죽여야겠다며, 여래가 이를 악물고 조나단을 해하려는 순간에도 범우는 최애의 손에 피 한 방울 묻히지 않겠단 마음으로 그가 한 노력을 모두 수포로 돌린다. 그런 그가 여래를 위해 해줄 수 있는 것은 누나가 고통스러울 때 곁에 있어주고, 도망칠 때 함께 달려주고, 아무도 누나를 위해 눈물 흘리지 않을 때 눈물 흘리는 것뿐이다.
"자네는 꿈이 뭔가." 조나단의 질문에 그는 꿈이 없다고 답한다. 범우가 '서울대 합격' 같은 개인적 성취에 목매는 인물이었다면 이 이야기는 시작되지도 않았을 것이다. 범우가 굳이 입 밖으로 내지 않았던 꿈은 여래가 행복하게 자신의 삶을 살아가는 것 뿐이다. 러닝타임 내내 우유부단하다가도 결정적인 순간 여래의 팬들을 불러 모아 함께 노래를 부르는 범우는 어쩐지 결연해 보인다.
결국 범우가 여래에게 줄 수 있는 건 밑도 끝도 없는 지지와 마음이다. 그 사랑만이 여래를 일으키고, 그가 그로 존재하게 만든다.
'로맨스'가 단순히 이성애적 사랑만 의미하지 않는다면, 보다 폭넓은 사랑을 담아내는 그릇이라면, 팬과 스타의 사랑 또한 로맨스란 장르로 구분될 수 있지 않을까. 우리는 흔히 '덕후'의 사랑을 그저 일방적인 것으로 취급한다.
그러나 스타와 덕후의 관계는 우리가 알고 있는 것 그 이상으로 애틋하다. 서로의 삶에 개입할 수는 없지만, 결정적인 순간 등 떠밀어 줄 수 있는 사이. 한계 없는 사랑이 가능했던 우리들. 내가 사랑하는 이의 행복을 위해서라면 세상 끝까지 가볼 수도 있을 것 같았던, 불꽃 같은 마음을 품은 그때를 돌아본다. 그 사랑이 남긴 미미한 열기가 아직도 나를 따뜻하게 만든다고.

ⓒ〈킬링 로맨스〉

나의 진심은 한 치의 거짓도 없었음을

Movie 김진화 〈윤시내가 사라졌다〉(2020)

한 사람을 너무나도 사랑하는 마음에 평생 그림자가 되어 뒤를 좇는 삶을 택한 이들이 있다. 신순이는 윤시내의 팬이자 이미테이션 가수 '연시내'로서 오랜 시간 그의 그늘 뒤에서 살아왔다. 선생님 노래를 부를 수만 있다면 평생 나이트클럽 같은 음지에서 활동해도 괜찮을 것만 같았다. 콘서트 당일, 윤시내가 사라지기 전까지만 해도 그랬다. 하루아침에 흔적도 없이 자취를 감춘 우상. 충격적인 사건은 신순이의 마음에 생채기를 남겼을 뿐 아니라 그의 근간마저도 흔들어 버린다. 진짜가 사라졌다는 이유 하나만으로 팬심 담아 가짜 행세를 해온 그는 찬밥 신세로 전락한다. 이대로 물러설 순 없다! 순이는 잠적해 버린 자신의 우상을 찾기 위해, 그를 위해 담갔던 인삼주를 품에 안고선 그의 소식을 알 만한 이미테이션 가수들을 수소문하기 시작한다. 그 여행길에는 관종력 넘치는 그의 딸 '하다' 또한 함께다. 가족도 뒷전일 정도로 윤시내 뒤만 쫓는 순이를 이해할 순 없지만, 사람들 관심이라면 헤어진 남자친구를 찾아가 깜짝 카메라 찍는 일 또한 마다하지 않는 하다에게 엄마의 무모함이란 대어나 다름없다. 덕후들의 진심? 그런 거 모르겠고, 이미테이션 행세나 하는 사람들 따라다니며 이목이나 끌어볼 작정이다. 모녀가 윤시내의 계보를 잇는 수많은 가짜를 만나는 동안, 둘 사이의 오랜 문제들은 걸림돌이 되어 그들의 앞길을 막는다. 순이는 하다가 자신의 진심을 이용해 인터넷 방송을 하고 있었다는 사실을 알게 되고 크게 실망한다. 사과는커녕 "사람들 앞에서 윤시내 노래 한 번만 불러달라"며 한술 더 뜨는 딸을 보고도 아랑곳하지 않는다. 날이 선 언어로 가짜의 삶에 대해 쏘아붙여도 그가 당당할 수 있는 이유는, 단 한 번도 그 일에 '진심'이 아니었던 적이 없어서다. 윤시내를 좋아하는 마음만으로 열정을 다해 그의 몸짓과 목소리를 따라 해오던 시간들. 사람들은 몰라줘도, 나만큼은 나의 순애보를 알고 있다면 그것만으로 족하다. 그 마음은 고스란히 나에게 되돌아와 위로를 전해준다. 우상을 생각하며 오랫동안 보관해 온 인삼주를 한 번에 들이켜고 맛있다며 웃는 순간 또한 그렇다.

그런 순정을 알아주는 사람이 한 명 더 있다. 여정의 끝에서 마주한 윤시내 앞에서 순이는 그간 나이트 클럽에서 활동하며 갈고닦은 실력을 선보인다. 윤시내는 그런 그를 나무라거나 비웃지 않고 가만히 지켜본다. 최선을 다해 열창하는 연시내 뒤에 서 있을 신순이의 모습을 바라봐 준다. 내가 여태까지 부르던 것이 그의 노래가 아니라 나의 노래였다는 것을 알아차린 순간, 가짜에서 진짜로 거듭나는 그때, 신순이가 읊조리는 가사는 오래도록 우리의 마음속에 머무른다. "벗어나고파. 그대에게서 벗어나고파."

ⓒ〈윤시내가 사라졌다〉

가진 건 좋아하는 마음뿐이라 해도

Movie

김초희 〈찬실이는 복도 많지〉(2019)

좋아하는 마음 하나만으로 온몸과 마음을 다했던 일이 망해버렸을 때, 한평생을 바쳐 일궈온 세계가 무너져 내린 듯한 상실감에 휩싸이곤 한다. 천년만년 좋아하는 사람들과 함께 영화만 하겠다는 일념 아래 거장 밑에서 프로듀서 일을 하며 청춘을 헌납한 찬실은 감독이 급사하자 하루아침에 일자리를 잃고야 만다. 영화 곁에서라면 시집을 못 가도, 땡전 한 푼 없이도 괜찮을 줄 알았는데… 현실은 애정만으로 버티기엔 녹록지 않다. 벼랑 끝에 선 채, PD로서의 삶을 이어갈 수 있을지 고민하는 찬실. 그런 그의 앞에 별안간 어릴 적 우상이었던 '장국영'이, 아니 자신이 장국영이라 주장하는 귀신이 나타난다.

찬실이 현실의 문제와 좋아하는 마음 사이에서 갈피를 잡지 못할 때마다 국영은 늘 그를 영화 편으로 돌려놓는다. "찬실 씨, 영화 안 하고도 살 수 있을 것 같아요?" 자신이 다시 영화를 할 수 있을 것 같냐고 되묻는 찬실에게 중요한 건 그게 아니라 진정 자기가 원하는 게 뭔지 모르는 것이 문제라고 힘주어 말한다. 영화와 멀어지기로 결심하며 그간의 짐을 다 내놓을 때 찬실보다 더 슬퍼하기도 한다. 외부의 사건들이 나의 진심을 희미하게 만드는 상황 속에서도 끊임없이 자신이 원하는 게 뭔지 알아야 행복해진다며 용기를 북돋는다. 찬실은 그의 말을 못 이기는 척 믿어보며 부메랑처럼 영화의 곁으로 돌아오고야 만다. 영화에 대한 자신의 사랑을 깊이깊이 생각하게 된다. "장국영 씨, 지금보다 더 젊었을 때는 저는 늘 목말랐던 것 같아요. 사랑은 몰라서 못 했지만 내가 좋아하는 일만은 나를 꽉 채워줄 거라고 믿었어요." 찬실은 자신의 미련했던 과거를 인정하며 사는 게 뭔지 궁금해졌다고 이야기한다. 그리고 그 삶 속에 영화도 있다고. "제가 먼 우주에서도 응원할게요." 그 고백을 가만 듣고 있던 국영은 자신의 역할은 끝났다는 듯, 찬실의 이마에 입을 맞추고선 사라진다.

발연기라고 욕을 먹으면서도 끝끝내 카메라 앞에 서는 일을 포기할 수 없는 소피도, 인생엔 영화보다 더 중요한 게 많으니 영화 없이 살 수 있을 것 같다고 말하면서도 끈질기게 시나리오를 쓰는 영도. 인물들은 모두 변변찮은 삶 속에서도 좋아하는 것을 놓지 않은 채로 살아가고 있다. 찬실은 그런 그들과 함께, 고민을 거듭하며 오르내리던 산을 내려가면서 소원을 빈다. "우리가 믿고 싶은 거, 하고 싶은 거, 보고 싶은 거." 영화라는 광활한 우주를 헤맬 공동체들의 뒷모습은 미련하고도 다정해 보인다. 그 순간 문득 나의 곁에는 무엇이 남았는지 주위를 둘러보고 싶어진다. 나를 에워싼 수많은 사랑과 그들이 견고하게 쌓아 올린 나의 세계를 가늠하다 보면, '이것이 나의 복이 아닐까?' 하고 고개를 끄덕이게 된다.

ⓒ〈찬실이는 복도 많지〉

내 영혼이 기대어 쉴 수 있는

글 배순탁—음악평론가·〈배철수의 음악캠프〉 작가

01. 'My Love And I' —Charlie Haden, Brad Mehldau

02. '나의 타마코, 나의 숙희' —영화 〈아가씨〉 OST

03. [Live1991-Live!] — 봄여름가을겨울

얼마 전 인터넷 서점 알라딘이 구매 고객들에게 24주년을 기념해 통계를 내줬다. 이 자료에 따르면 나는 24년간 알라딘에서 총 14,031,380원을 썼고, 이는 상위 0.195퍼센트에 해당되는 기록이었다. 알라딘은 심지어 격려도 해줬다.

"이 기세라면 100세까지 6,206권을 더 구매하실 수 있습니다. 눈 관리! 건강 관리!"

나는 "라딘아. 내 건강은 내가 알아서 챙길게. 그리고 은퇴한 후에는 아무래도 수입이 대폭 줄지 않겠니?"라며 반문하고 싶었지만 그냥 참기로 했다. 그러고는 알라딘이 내준 통계를 정리한 뒤 소셜 미디어에 스윽 올렸다.

비단 알라딘만은 아니다. 알라딘에 물건이 없을 때 이용하는 교보문고와 예스24에서의 구입 목록, 아마존 또는 단골 음반 가게에서 호쾌하게 카드를 긁은 수많은 CD와 바이닐. 당장 내 방만 둘러봐도 CD와 바이닐과 만화책들이 사방에서 나를 포위하듯 에워싸고 있다. 왠지 모르게 두 손 번쩍 들고 항복 자세라도 취해야 할 것 같은 에너지가 느껴진다.

CD나 바이닐 또는 책을 '물성'이라고 정의한다면, 내가 그러는 것처럼 사람들은 이 물성을 소셜 미디어에 전시하는 경향이 있다. 전부는 아니지만 대부분 그렇다. 그러면서 이런저런 탄식을 덧붙인다. 그것은 대체로 자신의 소비를 질책하는 투를 띠는데, 자세히 들여다보면 결코 질책이 아니다. 나 역시 마찬가지다. "이렇게나 많은 돈을 쓰다니 한심한 놈"이라고 썼지만 나는 내가 똑똑하지는 못해도 한심하다고는 전혀 생각하지 않는다.

대체 왜일까를 고민해 본다. 요약하면 그것은 '나를 사랑할 수 있는 방법들 중 가장 현명하다고 여겨지는 소비'이기 때문일 것이다. 인정한다. 나는 돈을 썼다. 이 팍팍한 세상, 저금을 해도 모자랄 판에 책과 음반을 구입하고 굿즈를 샀다. 따라서 일차적으로 나는 책망받아야 마땅하다. 그러나 속뜻은 기실 이게 아니다. 내가 피 같은 자본을 투입한 목록을 한번 보기 바란다. 책이다. 앨범이다. 한정판 굿즈다. 어쨌든 좀 근사하지 않은가 말이다.

뭐, 산 책과 앨범을 다 보고 다 감상한 것도 아니고, 누군가는 굿즈를 '예쁜 쓰레기'라고 표현하겠지만, 괜찮다. 삶은 대체로 지리멸렬하다. 성공은 멀고 불안과 좌절은 늘 우리 주위를 기웃댄다. 나는 책과 앨범과 굿즈를 모으면서 이러한 삶에서 잠시나마 벗어날 수 있다. 여기가 바로 미륵정토까지는 아니어도 홑겹 문풍지처럼 연약한 내 영혼이 기대 쉴 수 있는 공간이다. 이 공간에서 나는 다른 사람은 볼 수 없는, 은밀히 숨겨둔 나만의 황금 날개를 펼친다. 그리하여 나는 이곳에서야 비로소 나를 좀 사랑할 수 있을 것 같다.

그러니까, 나를 좀 봐주기 바란다. 여기, 사람이 한 명 있다. 작가 조지 손더스George Saunders는 독서 모임을 하면서 이런 깨달음을 얻었다고 한다. "읽는다는 행위가 사람을 더 포용력 있고, 너그러운 사람으로 만들고, 삶을 조금이나마 흥미롭게 만든다는 사실을 경험으로 아는 사람들이 있음을 깨달았다." 그리하여 "선善을 향한 방대한 지하 네트워크가 작동하고 있음을 확신할 수 있었다."고 한다.

따라서 소셜 미디어에 책 목록을 굳이 올리는 건, 일종의 허영심이 작용한 탓이기도 하겠지만 바깥세상의 네트워크를 향해 타진하는 SOS이기도 한 셈이다. 한데 허영심이면 또 어떤가. 어쩌면 적당한 허영심은 문화예술을 즐기게 해주는 가장 큰 원동력일 수 있다. 다시 내 방을 둘러본다. 마치 저 책들과 저 CD들과 저 바이닐들이 세상이 아무리 소란스러워도 그윽하고 깊은 무언가가 혹은 누군가가 어딘가에 존재한다고 말해주는 것만 같다. 소년소녀여. 황금 날개를 펼쳐라.

'My Love And I'

Charlie Haden, Brad Mehldau

2010년 찰리 헤이든Charlie Haden이 발표한 [Sophisticated Ladies] 수록곡이다. 이걸 어디에서 샀는지는 기억나지 않는다. 알라딘 아니면 단골 음반 가게였을 것이다. 이 곡, 'My Love And I'는 1954년 영화 〈Apache〉(1954)를 위해 작곡가 데이비드 랙신David Raksin이 만든 것이다. 그는 유명한 찰리 채플린의 영화 〈Modern Times〉(1936)의 영화음악을 만들기도 했다. 'My Love And I'는 이후 수많은 뮤지션들이 커버하기도 했는데 적어도 나에게 최고는 찰리 헤이든이 브래드 멜다우Brad Mehldau와 함께 발표한 라이브 앨범 [Long Ago And Far Away]에 수록된 이 버전이다.

'나의 타마코, 나의 숙희'

영화 〈아가씨〉 OST

사운드트랙을 많이 사지는 않는 편이다. 한국 영화 사운드트랙은 더욱 그렇다. 그러나 이 음반은 달랐다. 영화를 보고 나서 언젠가 바이닐이 제대로 발매되면 무조건 사야겠다고 결심했다. 이유는 딱 하나, 바로 이 곡 '나의 타마코, 나의 숙희'를 듣고 싶어서였다. 만약 나에게 박찬욱 감독 최고작을 꼽으라면 내 선택은 바로 이 영화 〈아가씨〉(2016)다. 두 주인공이 저택을 탈출하는 장면 그때 화면에 흐르는 이 곡의 감동을 잊을 수가 없어서다. 알라딘에서 바이닐 예매 뜨자마자 바로 샀다.

[Sophisticated Ladies] (2010)

[THE HANDMAIDEN Original Soundtrack] (2016)

[Live1991-Live!]

봄여름가을겨울

모든 시작은 바로 이 앨범에서부터였다. 용돈을 모으고 모아서 내가 직접 구입한 첫 번째 음반이다. 당연히 카세트테이프로 샀다. 한데 당시에는 몰랐다. 이 음반이 당시 가요계에서는 도저히 나올 수가 없는 라이브 사운드 퀄리티를 담고 있었다는 걸 나중에야 알았다. 슬프게도 나는 20대 시절 이사하면서 그때까지 컬렉션했던 카세트테이프 몇백 장을 다 갖다 버렸다. 다시는 들을 일 없겠지 싶어서였다. 여러분은 나처럼 섣부른 판단하지 말기를 바란다. 모아두면 다 피가 되고 살이 된다. 모두가 미니멀리스트가 될 필요는 없다. 부디 수많은 맥시멀리스트에게 축복이 있으라.

[Live1991-Live!] (1991)

세상에 없는 마을

열차의 설렘

글 이주연 일러스트 휘리

어린 시절, 가끔 아빠가 "이따가 보자!" 하고 약속하며 출근하는 날이 있었다. 그런 날이면 한낮을 지날 즈음 집으로 전화가 온다. "15분 뒤에, 지나간다!" 나는 항상 전철역 주변에 살았다. 언제나 1호선 역이었고, 그것은 아빠 출퇴근을 위한 주거 조건이었다. 아빠는 40년 넘게 한 직장에 다녔다. 1호선 전동차 기관사, 그것이 아빠의 직업이었다. 나는 아빠가 곧 지나간다고 전화를 해오면 부랴부랴 옷을 입고 역으로 달렸다. 나는 대체로 엄마랑 떨어지지 않으려 하는, 엄마가 집 앞 슈퍼마켓에도 쉽게 갈 수 없게 하는 응석쟁이 딸이었는데, 아빠가 지나간다고 연락해 오는 때만은 달랐다. 전화를 끊자마자 신발장으로 달려가 조그마한 신발을 꿰어 신고 힘차게 외친다. "다녀오겠습니다!" 엄마는 어딘가 뿌듯한 얼굴로 나를 보며 손을 흔든다. 발바닥에서 뜨끈한 기운이 차오르는 기분이다. 어릴 때부터 달리기엔 자신이 있었다. 신발 끈만 발등이 터지도록 꽉 묶으면 1등은 떼놓은 당상이라 믿었다. 아빠에게 전화가 오는 날이면 나는 신발 끈을 촘촘하게 묶고 역으로 달렸다. 에스컬레이터도 없는 역 계단을 짧은 다리로 야무지게 올랐다. 단숨에 다 올라도 힘들다거나 숨이 차지 않았다. 어린애만이 가질 수 있는 씩씩함이라는 기개였다. 아빠를 만나러 달려가던 그 시절엔 교통카드라든지 태그 같은 개념이 없었다. 모든 게 사람의 일이었다. 매표소에 앉아 있는 역무원에게 "어린이 표 한 장이요!" 하고 외치면서 돈을 내밀면, 역무원은 자그마한 매표소 구멍으로 마그네틱이 있는 전철표 한 장을 거스름돈과 함께 건넸다. 가끔 이런 말을 듣기도 했다. "꼬마 아가씨는 '어린이 표'라고 말하지 않아도 알아요~" 전철역에 있는 역무원들이 모두 친구 같았다. 어린애가 혼자 전철표를 끊고 플랫폼으로 내려가는 게 심상해 보이지 않았으리라. 나는 플랫폼에 도착하면 탑승구 가장 첫머리로 바지런히 달렸다. 잠깐 전철표를 사는 시간이 아니면 쉬지 않고 달렸던 것 같다. 전철역에 에스컬레이터도 없던 시절이니 스크린도어나 몇 역 전에 전철이 있는지 표시해 주는 전광판 같은 건 당연히 없었다. 나는 시계를 보며 전철을 기다렸다. 약속한 '15분 후'가 되면 익숙한 안내 방송이 들려오고 쿠궁, 쿠궁, 전동차가 움직이는 소리가 들린다. 전철은

정확하게 탑승구에 딱 맞추어 서고 (알고 있는가, 타는 곳과 40센티미터만 떨어져도 문은 열리지 않는다는 걸. 세상 모든 기관사의 섬세함을.) 나는 가장 첫 번째 문으로 들어간다. 그러면 아빠는 떠나기까지 단 2분 정도 걸리는 시간 내에 마법의 문을 열고 나를 기관사실에 들여보내 주었다. 나는 아빠 옆에서 얌전히 전철 바깥을 바라보곤 했다. 승객들이 보는 양옆 창이 아닌, 기관사실 정면 창으로 지나는 풍경을 보는 경험은 놀이 기구를 타는 것처럼 매번 신났다.
어른이 되면서 차차 그런 기억은 옅어져 갔다. 나도 이젠 한낮에 일을 하는 어른이 됐고, 아빠도 집 앞 역을 지나간다고 딸을 무작정 부를 수 없다는 걸 알고 있었다. 그러나 아빠와 나는 계속 1호선에서 만났다. 귀여움을 빙자해 기관사석에 덥석 오를 수 있는 자격을 이제는 상실했지만 운전석에 있는 아빠와 인사하는 건 자격 없이도 가능한 일이었다. 부녀의 만남은 의도적일 때도 있고 우연일 때도 있었다. 여전히 출근 시간 즈음 아빠에게 "혹시 지금 역?" 하고 연락이 온다. 딸의 출퇴근 시간대를 대강 알고 있는 아빠의 부름이 정말 플랫폼에 있는 딸에게 닿을 때가 있다. 그런 날은 운이 좋은 날이다. 빠른 속도로 달려오는 1호선을 지그시 바라보며 아빠 얼굴을 확인하고 손을 흔드는 건 아주 기쁜 일이니까. 한번은 '지옥철'이라는 단어가 걸맞은 출근 인파로 가득한 아빠 열차에 오른 적이 있다. 환승역에 정차하는 시간 단 2분. 내리자마자 운전석으로 가겠다는 말에 2분 안에 맨 앞까지 달려올 순 없다고 아빠가 만류한다. 사람도 많고, 미리 열차 내에서 움직일 수도 없으니 불가능하다고 했다. 하지만 아빠 딸은 달리기가 빨랐다. 어른이 되어서도 빠를 것이라고 근거 없이 확신했다. 문이 열린 순간, 나는 인파 사이를 요리조리 피해 출구가 아닌 열차 머리를 향해 달리기 시작했다. 수십 초 만에 도착한 그곳에서 나는 숨을 몰아쉬며 아빠를 본다. 내가 제일 좋아하는 유니폼, 가지런히 명찰을 달고 손 흔드는 남자를. 어느새 꽉 찬 지옥철 안의 사람들은 전철에 오를 생각도 않고 손 흔드는 여자의 모습을 멀거니 바라본다. 여자 얼굴은 기뻐 보인다. 무언가 해냈다는 표정이다.

일본 여행을 마음먹으면 가장 먼저 레일패스를 끊는다. 고속열차와 보통열차, 어느 쪽이든 구간 내에서 일정 기간 동안 무제한으로 탈 수 있는 여행자만의 특권이다. 일본 전철은 국철이었던 것이 민영화되면서 무척 복잡해졌다. 한국은 한국철도공사Korail가 고속열차, 간선열차, 광역전철 등을 모두 관할하지만, 일본은 한국철도공사와 같은 일본국유철도가 민영화되면서 'JR그룹'이라는 명칭이 생겼다. 민영화로 분할된 회사들을 합쳐 부르는 명칭인데, 노선마다 담당하는 회사가 다르기 때문에 노선도나 예매, 탑승 등이 한국에 비해 복잡해 보인다. 그래서 재미있는 점도 있다. JR의 승차권 용지를 잘 들여다보면 각기 다른 문자가 적혀 있다. 발행하는 회사마다 다른 글자를 담기 때문인데, JR 홋카이도는 北, JR 동일본은 E, JR 서일본은 W, JR 규슈는 K, JR 도카이는 C, JR 시코쿠는 S와 같은 식이다. 열차 모양과 색깔이 다양하고, 기관사복이 다른 점도 쏠쏠한 재미다. 작은 역에서는 아직도 직접 승차권을 확인하고, 탑승한 역에서 역무원이 도장을 찍어주고 펀치로 탑승을 확인한다. 다채로운 JR의 면면이 영향을 미치는지까지는 알 수 없으나 일본에는 '철덕'이라 불리는 철도 마니아들이 있다. 그네들 발끝에도 미치지 못하지만 아빠의 영향을 받아 나도 전철에 관심이 많다. 한번은 일본에서 살고 있는 친구가 갑자기 이런 메시지를 보내왔다. "이 드라마, 언니가 좋아할 것 같아요!"

〈철도 오타쿠 미치코, 2만 킬로鉄オタ道子、2万キロ〉. 친구 메시지에 홀린 듯 1화부터 재생하기 시작했다. 주인공인 '미치코'는 10년 경력의 철도 오타쿠다. 주변에는

정체를 숨기고 휴무를 내고는 철도를 타고 일본 전국 지방 역을 여행한다. (극중에서 파트너를 만나기도 하지만) 혼자 여행하는 것을 좋아하며 시골 역을 돌아다니는 모습을 보며 나의 여행을 떠올린다. 물론 그녀만큼 열차에 해박한 것도 아니고, 노선과 열차의 과거부터 미래까지 꿰고 있는 것도 아니다. 나는 그저 열차를 좋아할 뿐 절대 오타쿠 범주에 들어갈 순 없을 거라고 드라마를 보며 몇 번이고 생각한다.
이 드라마는 매 화 하나의 역과 하나의 에피소드로 꾸려진다. 일본에서 유일하게 숙박할 수 있는 역이나 국철 시대부터 달리는 희소한 차량을 타는 일이나 추위에 혹독한 홋카이도 열차만이 가진 설비 같은 것을 볼 수 있다. 드라마를 보는 내내 기차를 타고 일본 지방을 누비던 시간이 문득문득 떠올랐다. 그리고 잠시 잊었던 장면을 기억해 내고 기뻐졌다. 머릿속에 떠오른 장면은 이런 것이었다. 2인 좌석이 마주 보는 지방의 전철. 사람이 많지 않은 전철이었는데, 할머니 한 분과 대각선으로 마주 보고 앉게 되었다. 돋보기를 쓴 작은 할머니. 앉자마자 배낭을 무릎에 올리고는 손바닥만 한 책을 꺼내던 할머니. 세로 쓰기로 엮여 있는 책을 펼쳐 중간 자리부터 차근차근 손으로 짚어가며 읽으시던 할머니. 그날 나는 보통열차에 올라 여행하는 일이 얼마나 마음에 드는 일인지 다시 한번 실감했다. 빠르게 이 지역과 저 지역을 누비는 고속열차도 좋지만, 주변에 펼쳐진 들판이나 강물 같은 걸 보면서 작고 단정한, 책 읽는 할머니를 만나는 기쁨을 언제고 또 누리자고 생각했다.

2018년 9월, 오사카 간사이 공항이 폐쇄되었다. 태풍의 영향이었다. 매번 지방을 고집했기에 모처럼 돌아오는 길엔 오사카에서 하루 정도 시간을 보내볼까 큰맘을 먹은 여행이었다. 공항 안에는 사람들이 갇혔고 항공편도 모조리 취소되었다.
나는 일정대로 집에 돌아올 수 없었다. 그즈음 간사이 공항을 이용하기로 되어 있던 승객들이 너나 할 것 없이 주변 공항으로 흩어졌고 그 덕에 일본 전역 공항에 항공편이 없는 사태가 벌어졌다. 항공사와는 연락이 제대로 닿지 않았고, 2-3일 이후 겨우 닿은 연락에서 돌아온 건 지친 상담사의 한숨과 기계적인 음성이었다. "한국으로 가장 빠르게 돌아올 수 있는 항공편은 사흘 뒤 구마모토에서 출발하는 항공편입니다." 구마모토? 내가 머물고 있던 다카마쓰에서 600킬로나 떨어진 곳이었다. 이동할 수 있는 방편은 고속열차, 신칸센뿐이었다. 그 당시 구입한 JR 패스로는 이동할 수 없는 구간인지라 직접 역으로 가 현장 발매를 할 수밖에 없었다. 비행기 티켓만큼 비용이 든 것도, 갑자기 여행이 사흘 늘어난 것도, 전혀 계획에 없던 구마모토로 향하는 것도 즐겁게 받아들일 수 있었지만, 문제는 생활이었다. 나보다 앞뒤로 오래 일본에 체류하기로 되어 있던 친구와 헤어지고 나서 벌어질 문제들이었다. 와이파이를 함께 사용하고자 기기를 한 대만 빌린 것, 일본 콘센트 규격에 맞는 멀티탭을 함께 이용하고 있던 것…. 나는 부랴부랴 로밍을 신청했고, 할인 잡화점을 찾아가 '돼지코(220볼트를 110볼트에 끼울 수 있게 도와주는 도구)'를 찾았다. 그 돼지코가 구마모토 호텔에서 제대로 작동하지 않아 새벽 5시에 문 연 할인 잡화점을 비 맞으며 찾아 헤맸다는 이야기도 짧게 요약해 둔다.
다사다난했지만 나는 무사히 구마모토로 가는 신칸센에 올랐다. 기차역에서 조마조마한 표정으로 나를 배웅하던 친구 얼굴이 지금도 생각난다. 우리가 헤어진 곳은 오카야마역. 구마모토역까지는 제아무리 고속열차라지만 2시간 30분의 시간이 필요했다. 친구는 지금이 기회라는 듯 에키벤을 사 가라고 권했다.

에키벤이라 함은 역에서 파는 도시락을 말하는데, 일본은 지역 특산물을 이용해 만드는 한정판 도시락이 꽤 화려하고, 일반 도시락도 당연하다는 듯 기차역마다 진열돼 있다. 판매 중인 에키벤이 무려 700여 종이 넘는다. 10년 전 집계이니 지금은 몇 개의 에키벤이 일본 전역을 여행하고 있을지…. 700종류라 함은 매일매일 하나씩 먹어도 1년 동안 전부를 먹어볼 수 없다는 의미이기도 하다. <철도 오타쿠 미치코, 2만 킬로>에서도 매 화 에키벤이 등장한다. 닛코, 기리후리코겐 돼지의 밀푀유 돈가스, 토치기 명물 박고지를 섞은 토치후쿠 에키벤, 후지산의 눈이 녹아 흐른 물을 재료로 사용한 오오이강 철도 맥주, 케이오백화점에서 매년 개최하는 에키벤 대회에서 50회 연속 1위를 차지한 에키벤, 미나미큐슈에서만 살 수 있는 새우밥…. 심상치 않은 에키벤의 면면을 볼 때마다 태풍으로 간사이 공항이 폐쇄되었던 그 여행에서 예기치 않게 먹게 된 복숭아 에키벤이 떠오른다. 내가 에키벤을 산 오카야마역은 '모모타로' 설화와 굉장히 가까운 도시다. 강에서 빨래하던 할머니가 물줄기를 타고 내려오는 커다란 복숭아를 건졌고, 그 복숭아 안에서 아기가 나와 모모타로라는 이름이 되었다는 일본 설화. 나는 기차 시간을 20여 분 앞두고 에키벤을 고르는 데 골몰했다. 구성에 충실하고 맛있어 보이는 특선 에키벤을 고를 것이냐, 적당히 허기를 지울 간단한 주먹밥을 고를 것이냐, 도시 특색을 살린 복숭아 에키벤을 고를 것이냐 한참 고민한 그 여행에서 내가 고른 건 복숭아 쪽이었다. 한 시간쯤 기차를 타고 이동하다가 살그머니 열어본 분홍색 복숭아 케이스 안에는 고슬고슬한 밥과 노란 지단 고명, 바지락과 문어 초절임, 새우와 전갱이, 장어 한 토막, 도미구이 같은 것이 한데 올라가 있었다. 젓가락으로 한 입, 두 입, 먹으며 나는 이 여행이 오래 기억될 것임을 알았다. 기차에서만 누릴 수 있는 이런 기억이 나를 또 살게 하리란 걸 어쩐지 예감할 수 있었다. 살면서 몇 개의 에키벤을 먹어보게 될까 하고 생각하다 보면… 자꾸 건강하고 긴 삶을 꿈꾸게 된다.

Essay

내가 모은 꽃밭

마당의 꽃과 나무 이야기만 하며 살 수 있다면.

글·사진 정다운

목련이어라

3년 전 2월 지금 살고 있는 집으로 이사를 왔다. 제주도 중산간에 있는 지어진 지 25년이 넘은 목조 주택이다. 처음 집을 보러 왔을 때 마당이 꽤 넓고 나무가 많은 집이라고 생각하긴 했지만, 자세히 살펴보고 계약한 건 아니었다. 당시 급하게 집을 구하고 있어서 고민을 길게 할 시간이 없었다. 몇 년 사이 말도 안 되게 오른 주변 시세에 비해 임대료가 합리적이었고, 집 안팎의 소박한 분위기가 마음에 들었다. 오래되고 낡은 집이라 이미 몇 달 전에 매물로 나왔는데도 아직 세입자를 구하지 못한 상태였다. 과연 벌레가 많이 나올 것 같았다. 하지만 그런 건 이미 전에 살던 집에서 다 겪었다. 우리가 감당할 수 있는 적당한 집을 잘 만났다고 생각하며 주저 없이 계약을 했다. 어쩌면 이 집도 우리를 기다렸던 것 같다.

겨울이라 동백나무와 야자수, 하귤 나무를 제외하고 다른 나무에는 잎이 다 떨어지고 없었다. 새로운 세입자를 맞이하느라 예초도 막 끝낸 참이어서 마당에도 풀이 거의 없었다. 사실 잘 기억이 나지 않는다. 이 마당에 어떤 나무와 꽃이 있는지는 중요하지 않았다. 전에 살던 집에도 뒷마당이 있긴 했지만, 대나무숲에 둘러싸여 빛이 들지 않아 습하고 어두워서 사는 동안 끝내 마당에 정을 붙이진 못했다. 그 전에는 항상 아파트에 살았다. 진짜 마당살이는 처음인 셈이다. 땅에서 일어나는 일에 대해서는 아는 게 전혀 없는 처지라 마당에 기대도 걱정도 없었다.

처음 집을 보러 갔을 때 유일하게 눈에 들어온 건 부엌의 커다란 창이었다. 부엌이 좁아서 냉장고 둘 자리가 마땅치 않아 전에 살던 사람은 창을 가리고 그 앞에 냉장고를 두었다고 했다. 그래서인가 창틀에 곰팡이가 잔뜩 끼어 있었다. 창 바로 앞에는 가지가 많고 키가 큰 나무가 있었다. 저 나무가 목련이면 좋겠다고 생각했다. 창 가득 하얀 목련이 보이면 정말 아름답겠지. 냉장고를 부엌 옆에 있는 작은 방 안에 넣기로 결정했다. 조금 불편하겠지만 목련을 가릴 수는 없으니까. 창 앞에 식탁을 두었다.

그리고 남은 겨우내 나무를 볼 때마다 계속 주문을 외었다. '목련이어라, 목련이어라.' 바람이 불 때면 나무 실루엣을 따라 집 안으로 빛이 드리웠다. 봄이 되었고, 잎이 하나둘 나기 시작하며 나무는 서서히 자신의 정체를 드러내기 시작했다.

나무 이름은 딱총나무. 제주에서 아주 흔한 나무다. 빨간 열매가 맺고 귀여운 하얀 꽃도 피지만 목련은 아니다. 내가 그렇게 주문을 외웠는데, 대체 왜 딱총나무인 거지? 겨우내 기대한 만큼 실망이 컸다. 겨울에도 딱총나무는 딱총나무였는데, 한 번도 목련인 적이 없는데, 대체 무엇에 실망을 한 건지 모르겠지만. 대신 봄이 되자 옆집 마당의 나무에서 하얀 목련이 피기 시작했다. 목련이 피는 짧은 기간, 나는 자주 옆집 방향으로 난 창문 앞에 붙어 앉아 그 나무를 바라보곤 한다. 저 나무가 내 나무였어야 했는데!

작약이 아니어도

이 집에서 맞는 첫 봄. 마당에 듬성듬성 잡초가 나기 시작했다. 마당 관리의 기본은 잡초를 정리하는 것이니까, 예초기로 풀도 깎고 쪼그리고 앉아 잡초도 뽑았다. 그런 나를 보며 이웃들은 한마디씩 거들었다. 여기 전에 살던 부부는 마당 관리를 하나도 하지 않아서 잡초가 무릎보다 더 높이 자라 있었다고 한다. 그보다 더 한참 전에 살던 할머니가 마당에 꽃을 정말 많이 심었다는 이야기도 해주었다. 어떤 사람을 만나느냐에 따라 집 인상이 달라진다는 이야기도 했다.

어느 날 마당 구석 하귤 나무 아래에서 작은 새싹을 하나 발견했다. 생김새가 그간 보던 잡초와 다르다. 식물 이름을 알려주는 사이트에 물어봤지만, 자칭 꽃 박사님들 사이에서도 의견이 분분하다. 예전에 사셨다던 할머니가 심은 꽃일 것 같다는 생각이 들었다. 그분은 온 마당을 꽃밭으로 조성하고 가꾸셨던 것 같지만, 나에겐 그럴 열정은 없다. 뿌리째 살살 잘 파서 집 앞 햇볕이 잘 드는 곳에 옮겨 심었다. 작약이면 좋겠다고 생각했지만 아니어도 상관없었다. 시장에서 꽃모종도 몇 개 사 와서 함께 심었다. 마당에서 주운 작고 까만 돌들을 꽃 주변에 쌓아 얕은 담을 만들었다. 넓은 마당 안에 작은 꽃밭이 생겼다.

놀랍게도 새싹은 하나로 그치지 않았다. 봄이 지나는 동안 마당 여기저기에서 처음 보는 새싹이 끝도 없이 올라왔다. 그즈음엔 마당에 나갈 때마다 설렜다. 하나하나 잘 파내서 꽃밭에 옮겨 심었다. 어떤 꽃이 필지 알 수 없는 작은 새싹을 나의 꽃밭에 옮겨 심는 일이 좋았다. 장미, 원추리, 나리, 비비추, 튤립, 수선화, 애기범부채까지 꽃들은 연달아 피었다. 작약이 피었을 땐 만나는 사람마다 붙잡고 내 작약 세 송이를 자랑했다. 여름에는 상사화도 피었다. 마당 여기저기서 꽃이 피어난다는 걸 알고 나서는 더 이상 모종을 사지 않았다. 콩 심은 데 콩 나는 일이 재미없게 느껴졌다. 사랑초, 괭이밥, 큰봄까치꽃 등 얼핏 잡초처럼 보이는 꽃들의 이름을 알게 된 것도 이 집에 살면서부터다. 어떤 꽃이 어디서 필지 모르기 때문에 종종 위치 선정에 오류가 생기기도 한다. 친구네 마당에서 수국을 얻어다가 집 벽면 가까이 심었는데, 바로 옆에 있는 죽은 가지처럼 보이던 것이 나중에 보니 체리세이지였다. 그래서 지금 집

한쪽 벽 아래에서는 수국과 체리세이지가 어깨싸움을 하고 있다. 내년 초봄엔 둘 중 하나를 다른 곳으로 옮겨 심어줄 작정이다.

아낌없이 주는 나무

꽃뿐만이 아니다. 3월이 되자 앙상하던 나무들이 하나둘 정체를 드러내기 시작했다. 가장 먼저 꽃을 피운 건 매화나무였다. 심지어 몇 달 뒤엔 매실도 열렸다. 첫해엔 14알, 이듬해엔 35알, 올해는 자그마치 75알이 열렸다. 바로 따지 않고 황매실이 될 때까지 참을성 있게 두었다가 매실청을 담갔다. 앵두나무에도 꽃이 피었다. 매화와 앵두꽃은 비슷하게 생겼는데, 앵두꽃에선 향이 나지 않는다. 10여 년 전 제주도로 이사를 와서야 매화나무에서 매실이 난다는 걸 알게 된 내가, 어느덧 매화와 앵두꽃을 구분하는 사람이 되었다. 오디가 열리는 뽕나무와 꽤 달콤한 감이 열리는 감나무도 한 그루씩 있다. 앵두도 오디도 감도 잘 따서 계절마다 알차게 먹고 있다. 석류나무도 있는데, 아쉽게도 아직 석류가 열리는 걸 보지 못했다. 그래도 석류를 닮은 석류꽃을 볼 수 있어서 좋다. 꽃을 보자마자 이건 석류나무라고 확신할 수밖에 없는 찬란한 주황빛 꽃송이. 황량한 겨울에 처음 이사 올 때는 짐작조차 하지 못한 열매들은 일상을 실질적으로 풍요롭게 만들었다. 아낌없이 주는 나무라는 말을 실감했다.
25년 동안 이 집을 오간 사람들이 나에게 준 선물 같다. 그들 덕분에 기쁘게 발견하고 눈으로 즐기고 신나게 맛본다. 이 마당에 내가 더 추가한 건 로즈마리와 수국이다. 로즈마리도 수국도 알아서 쑥쑥 자라는 식물이다. 우리 다음에 이 집으로 이사 올 사람에게 선물이 되었으면 좋겠다.
어떤 사람들이 보기에 내 마당이 초라할 수도 있다. 커다란 매실나무에서는 열매가 고작 수십 개 열리고, 수확한 감도 서너 개에 불과하다. 꽃밭에 피는 꽃의 수도 적고, 서로 어울리게 심겨 있지도 않다. 당연하다. 정체 모를 새싹인 채 이 꽃밭에 왔으니까. 하지만 분명한 건 이들은 이 집에서 나보다 오래 살았다. 꽃 한 송이에 담긴 시간을 헤아리면 이 작은 꽃밭이 나에겐 그 어떤 꽃밭보다 넓다.

세 번째 봄

지난 2월 계약이 끝나기 전에 임대인에게 더 살고 싶다고 연락을 했다. 그는 하루 정도 고민하더니, 잘 부탁한다며 임대료 인상 없이 흔쾌히 계약을 연장해 주었다. 나중에 전해 들은 이야기로는, 그는 서울살이에 지칠 때마다 제주도에 있는 집에서 어떤 이가 자기가 원하던 모습으로 살고 있다는 생각을 하면 위안이 되고 기분이 좋아진다고 했다. 그건 어떤 마음일까. 아무튼 그 이야기를 듣고 이 집이 더 좋아졌다.
물론 단점이 없는 건 아니다. 폭우에 톡톡 비가 새기도 하고, 벌레가 자주 출현한다. 벌레 종류도 지네부터 거미, 개미, 바퀴벌레, 풍뎅이, 벌, 쥐며느리까지 다양하다. 마당엔 뱀도 등장하고, 현관 위에 하루아침에 벌집이 생기기도 했다. 바람이 불면 바람의 방향 따라 지붕이 파도치듯 삐걱거린다. 그럴 때면 마음이 조금 불안해지기도 한다. 이 집에서 맞을 여름의 장마와 가을의 태풍, 겨울의 눈을 미리 걱정하기도 한다. 하지만 아직은 계절을 모르는 안락함보다는 계절을 온몸으로 맞으며 겪는 모험이 좋다. 매일 작은 모험을 경험하게 해주는 25년 된 집에서 열한 살짜리 고양이와 함께 다 같이 조금 더 낡은 채 무사히 세 번째 봄을 맞이했다. 네 번째 봄엔 또 어떤 좋은 일이 생길까?

뒷모습 도둑

물욕 없는 내가 유일하게 애지중지하는 것은 뒷모습이다. 낯선 이의 뒷모습 사진을 보며 여기에 없는 누군가를 한없이 그리워한다.

글·사진 김건태

나는 원래 까맣다. 선천적으로 채도가 낮은 얼굴이다. 게다가 한 달간 발리의 태양을 듬뿍 받았더니 한층 정열적인 페로몬 인간이 됐다. "형은 얼굴만 보면 30년 차 서퍼 같아요." 캠프에서 함께 생활하는 동생이 말했다. '겉모습만 화려해서 미안합니다.' 하고 속으로 사과했다. 어쩐지 분했다. 이대로는 안 되겠다 싶어 징크(서핑용 선크림)를 사러 비치워크에 갔다.

비치워크는 쿠타Kuta 지역에서 가장 큰 쇼핑센터다. 제복 입은 사내가 입구를 지키고, 어느 매장에나 에어컨이 빵빵하게 터진다. 쾌적한 환경 덕에 많은 관광객이 몰린다. 남는 게 시간뿐인 나는 매장 앞 벤치에 앉아 콘 아이스크림을 먹으며 사람 구경을 했다. 다양한 국적의 여행자들이 지나갔다. 그러다 문득 한국인으로 보이는 커플을 발견했다. 여행지에서 한국 사람을 만나면 무언가 피하고 싶은 심리가 생기는 탓에, 나는 가사도 모르는 팝송을 흥얼거리며 딴청을 피웠다. 한국인 커플은 내 앞을 지나가며 다 들리는 소리로 수군거렸다. "저 쪼리, 오빠랑 똑같은 거다.", "어, 그러네. 발리 사람들도 무신사 하나 봐." 그러면서 남자는 휴대폰을 꺼내 나를 '도촬'하기 시작했다. 애써 모른 척했지만 연사 모드의 촤르륵 소리가 심히 거슬렸다. 커플이 지나가고 난 뒤에 조금 알쏭달쏭한 기분이 됐다. 원래 까만 얼굴이 조금 더 탔기로서니 발리 사람으로 착각하는 건 심하지 않은가? 그렇게 생각하며 쇼윈도에 얼굴을 비춰봤는데 너무 어두워서 보이지 않았다.

사실 거슬리는 건 따로 있었다. '어플 없는 셀카는 죽어도 안 돼!'라는 나름의 신념을 가진 나로서는, 내 비루한 얼굴이 SNS에 태그 되는 건 견딜 수 없었다. '#발리, #원주민, #무신사' 상상만 해도 끔찍했다. 하지만 생각해 보니 연사 모드 남자와 내가 무엇이 다를까 싶었다. 신발 취향을 공유하는 것은 차치하고, 타인의 얼굴을 훔친다는 점에서 우리는 쌍둥이나 다름없었다.

에디터라는 직업을 가지며 참 많은 사진을 찍었다. '나는 지금 일을 하고 있는 거야.'라고 되뇌며 낯선 이들의 얼굴을 수집했다. 미스터리한 유적도, 신바람 나는 액티비티도, 세련된 브랜드를 취재할 때도 사진 어딘가에 사람을 담아야 마음이 편했다. 평범한 개인의 드라마를 전달하는 것이 곧 '에디터의 일'이라고 생각한 것이다. 하지만 그건 어디까지나 협소한 직업관을 가진 사람의 자기합리화였고, 막상 그 대상이 되니 썩 불쾌한 기분이었다.

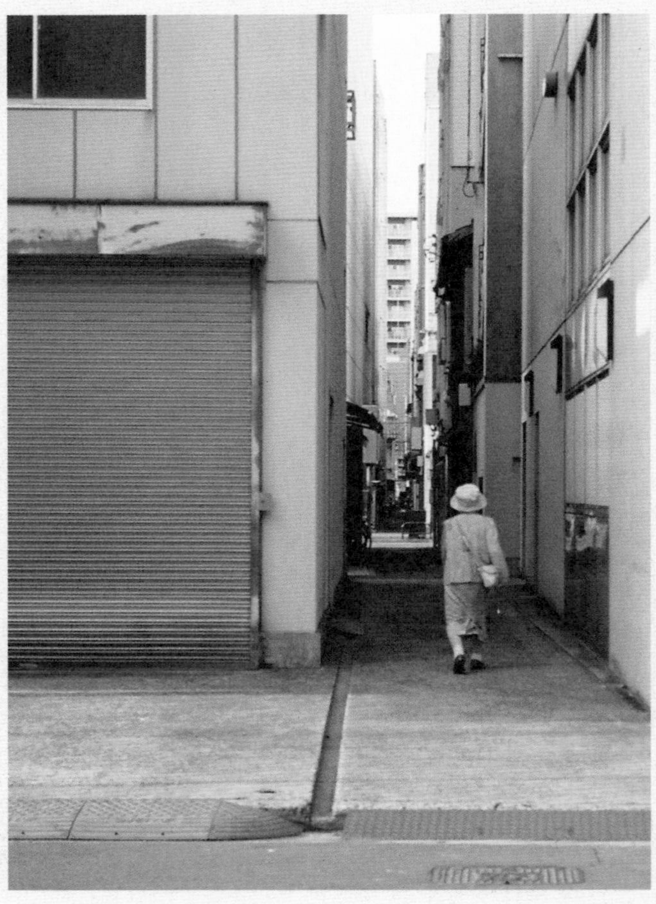

이전에도 사진 때문에 문제가 생긴 일이 종종 있었다. 길거리 음식을 소개하는 기사를 쓰기 위해 시장으로 나갔을 때였다. 단순한 작업이라고 생각해 허락 없이 카메라를 들이민 게 문제였다. "아니, 시방 뭐 하는 짓이여? 어디서 나왔어." 상인 아저씨가 버럭 화를 내며 카메라를 낚아챘다. 아저씨 팔뚝의 문신을 발견한 나는 몹시 당황했고, 순간적으로 전두엽에 문제가 생겨서 아무 말이나 해버렸다. "아… 제가 맛집 블로그를… 아니, 인스타… 아니, 카카오스토리… 아, 죄송합니다."
기사를 위해 사용할 거라고 처음부터 말했으면 좋았을 것을 괜히 일을 키운 거였다. 결국 취재는 망했고, 꾸역꾸역 완성한 기사 역시 좋은 반응을 얻지 못했다.

무신사 도촬 사건 이후로 왠지 모를 경각심이 생겨 한동안 카메라를 가지고 다니지 않았다. 하지만 어쩐 일인지 카메라가 없으니 기록하고 싶은 장면이 더 자주 눈에 띄었다. 골목길에서 고양이 백 마리가 나란히 앉아 해바라기를 하고, 동네 꼬마들이 맨발로 건물을 뛰어넘고, 발리 해변에 UFO가 나타났다. 세상 모든 순간이 기록해야 할 작품으로 보였다.
결국 다시 카메라를 챙겼다. 다만 그날의 언짢았던 기분을 기억하며 한 가지 규칙을 세웠다. 사진을 찍을 때 가능한 한 얼굴이 드러나지 않도록 할 것. 혹시나 얼굴이 나오면 사진을 찍은 후 허락을 구할 것. 허락받지 못한 사진은 외부에 공개하지 말 것. 그건 '내가 당하고 싶지 않은 일은 누구에게도 행하지 않겠다.'라는 최소한의 윤리였다.
그 후로 나는 타인의 뒷모습을 수집하기 시작했다. 우리는 등으로만 인사하는 사이였기에, 웃는지, 우는지, 혹은 감추고 싶은 어떤 얼굴을 가졌는지 애써 묻지 않았다. 가려진 반쪽을 궁금해하지 않는 것. 그게 이 수집의 숨겨진 규칙이었다. 그런 걸 모아서 무얼 하느냐고? 그저 사진을 찍고 폴더를 만들어 넣어둔다. 아주 가끔 생각날 때 열어본다. 그게 전부다. 정말이지 의미도 없고 쓸모도 없는 일이다.
하지만 때로는 그 하찮은 일들이 의외의 위안이 될 때가 있다. 누군가 사무치게 보고 싶을 때, 하지만 만날 수는 없을 때(이를테면 헤어진 애인, 집 나간 엄마, 돌아가신 할머니), 사진 속 타인의 뒷모습을 우두커니 바라보며 지금 여기에 없는 이를 떠올리는 거다. 그러고는 그가 세계 어딘가를 여행하고 있다고 마음대로 상상한다. 화룡점정으로 궁상맞은 눈물까지 한 방울 흘리고 나면 두둥실, 마음 한쪽이 환해지는 걸 느낄 수 있다. 사진과 눈물, 그리움을 극복하는 데 이것만큼 좋은 재료를 나는 아직 찾지 못했다.

어설퍼도 계속되는 대답들

자주 있는 일이 아니지만, 오래된 친구들을 만나면 이따금 서로에게 묻는 질문이 있다. 사랑이 뭘까. 민망하고 한편으로는 조심스럽기도 한 질문에 처음에는 그게 뭐냐고 웃다가도, 누군가 따뜻한 술기운으로 대답하기 시작하면 다들 가만히 들어주곤 했다.

글·사진 **전진우**

대답 1

몇 해 전 처음 그런 질문이 내게 왔을 때, 그 한 문장이 너무 크고 낯설어서 당황했다. 우리가 하는 질문이라는 게 유행이 있다면, 언어를 배우고 나서 한 번 말해보고 그 뒤로 전혀 안 쓰다가 이제 두 번째로 해보는 것만 같았다. 사랑이 뭘까. 너부터 말해봐. 멍하니 생각에 빠진 나에게 친구는 다시 물었다. 내 몇 년간의 사정을 대충 아는 친한 친구들 앞에서 무얼 말해야 할까. 할 말이 없기도 하고 또 너무 많기도 했다. 삶의 커다란 사건들만 성큼성큼 되짚기 시작한 나는 조금은 속상한 마음으로 대답했다. 잊히는 것.

그 무렵, 헤어진 지 5년도 넘은 한 친구의 집 앞에 찾아간 적 있었다. 얼굴을 보려고 간 것도, 불러내려고 간 것도 아니었다. 다만 예전에 숱하게 오가던 것이 내 삶에 일어났던 일이 아닌 것만 같아서, 그런 기분이 낯설어서 한번 가본 것이다. 이제 와 생각해 보면 그 친구도 아니고 우리도 아니고 또다시 나를 만나러 간 것이 아니었을까. 씁쓸한 마음이다. 금세 건물 앞에 도착해서 위를 올려다보는데 4층인지 5층인지, 왼쪽인지 오른쪽인지 헷갈렸다. 401호였나, 402호였나. 그것도 확실하지 않았다. 그런 걸 또렷이 기억했다면 담담히 돌아왔으려나. 나는 흐려지고 지워진 기억들 때문에 그 앞에서 울 것 같았다. 30분쯤 앉아 있다가 이제 안 울 것 같아졌을 때 소리 없이 일어나 집으로 돌아왔다. 그래도 선명한 기억이 하나둘쯤은 있잖아. 내 얘기를 듣고 있던 한 친구가 물었다. 나는 그렇다고 고개를 끄덕였다. 그런데 사실 그런 건 없다고, 여전히 고개를 끄덕이며 한편으로 생각하고 있다. 또렷하면 또렷할수록 스스로 꾸민 기억일 때가 많았다는 걸 경험하며 사는 중이다. 너무 오랜만에 만난 옛 친구, 옛 연인과 지난 이야기를 해보면 서글퍼질 뿐이어서 추억을 오래 붙들고 있기가 어려운 적도 있었다. 어른이 되어 가는 것인지, 하나의 사건에 머리 수만큼의 진실과 머리 수만큼의 기억이 있다는 걸 담담히 믿으며 나아간다.

대답 2, 3

이 글을 쓰며 예전 일들을 떠올려 보니, 어떤 분위기라는 게 몰아치는 술자리가 있는 것 같다. 사랑이나 우정, 가족, 꿈 같은 종류의 뼈저린 주제들을 무턱대고 말하고 싶게 만드는 분위기 말이다. 평소에는 다루기 부담돼서 안 보이는 곳에 두던 주제들을 용기 있게 꺼내 놓는다. 자주 그러면 피곤할 텐데, 다 읽은 열매가 나무에서 무겁게 툭툭 떨어지는 것처럼, 1년에 한두 번쯤은 그런 자리에 있고 싶다는 생각이 든다. 요즘은 뭐라고 생각해? 몇 해 지나 또 질문이 찾아왔을 때 나는 돕는 것이라고 말했다가 또 몇 년이 지나서는 기다리는 것이라고 말했다. 누가 또 사랑을 물어올까. 그런 적이 잘 떠오르지 않는 걸 보면, 살면서 이렇게 세 번 대답한 것 같기도 하다.

돕는 것의 전제는 상대가 간절히 원하는 것이다. 오래 누군가를 알다 보면 숨기지 못하는 지점에 관해 알게 된다. 절대로 섣불리 다가가면 안 되는 개인적인 공간. 친한 관계더라도 평생 다가가지 못하기도 하고 그걸 꼭 알아야 관계를 지속할 수 있는 것도 사실 아니다. 그저 사람마다 그런 구석이 있기 마련이다. 그래서 그랬을까. 누군가 그런 공간에 문을 열어줄 때면 나는 강렬한 무언가를 느꼈던 것 같다. 그걸 사랑이라고도 생각했다. 타인의 욕망이나 아픔을, 이룰 수 있게 돕고 편안하게 해주고 싶다는 마음이 들었다. 처음엔 그를 위해서라고 했지만, 알고 보니 내가 그렇게 살고 싶었을 뿐이었다. 그래서 돕는 일에는 비록 내가 포함되지 않더라도 하겠다는 마음이 추가로 필요했다. 좋은 선물을 하는 마음으로 대가를 바라지 말아야 했다.

기다리는 것. 가장 최근에 이렇게 대답한 이유는 완두 때문이었다. 집에 둘이 있을 때 늘 완두가 나를 바라보고 있는데, 어느 날은 나도 오랫동안 가만히 마주 본 것이다. 완두는 무언가를 기다리고 있다. 눈을 보면 알 수 있다. 먹이를 기다리고 내가 곁에 오길 기다리고 산책과 쓰다듬는 손길을 기다린다. 10년 가까이 봤더니 대부분 알 수 있을 것 같고 실제로 꽤나 척척 잘 지내고 있지만, 역시 완두의 눈 속에는 더 깊은 너머의 공간이 있다. 설명을 해보고 싶지만 아무래도 내 말은 그 세계를 손바닥만 하게 만들고 말 것이다. 무척 넓은 것 같다. 이렇게만 쓴다. 그 넓은 공간에서 완두는 늘 혼자다. 우리가 모두 그런 것처럼. 거기서 무언가를 기다리는 것. 누가 찾아올 수 없는 곳이니까, 기다리는 마음이라고 해야 맞을까?

다시 또 질문

"질문과 대답을 계속하게 된다는 게 잘 생각해 보면 사랑 바깥에 있다는 얘기 같아." 얼마 전 대화에서 친구가 말했다. 나는 그 말을 두어 번 곱씹고 나서 고개를 끄덕였다. 완전한 동의였다. 맞아. 이제껏 들은 대답들 중에 가장 정확한 말인 것 같아. 내가 말했다. 숨을 잘 쉰다는 것이 사실은 숨을 잊는 일인 것처럼, 사랑에 관해서도 마찬가지일 것이었다. 그 또렷한 대답 위에 어떤 말을 더 올려놓을 수 있을까. 잠시 동안은 이제 질문과 대답의 세계가 문을 닫는 것 같았다.

그런데도 어쩐 일인지 머릿속에 질문과 대답이 멈추질 않는다. 사랑이 뭘까. 이제 나는 혼자 있을 때도 가끔 묻곤 한다. 엄마라면 뭐라고 대답할까. 죽은 이들의 사유도 궁금하고 나와 헤어져 버린 친구의 대답도, 매일 만나는 친구의 대답도 궁금하다. 그리고 완두. 완두의 마음도. 정확한 대답, 변치 않는 마음보다는 그저 오늘의 마음을 묻고 싶다고 생각한다.

나는 사랑을 발견하고 싶은 걸까, 사랑 속에 살고 싶은 걸까. 오늘은 그 두 가지를 모두 포함하는 개념에 관해 생각해 본다. 무언가를 잡고서 놓지 못하는 나, 무언가를 제대로 쥐어줘도 또다시 투정 부리는 내가 마치 성가신 꼬마 같다. 조금은 무겁지만 누가 안아주는 것 같은 유년의 이불이 사랑이라면 어떨까. 나의 이 잠투정 같은 생활을, 밉고 그리운 사람들과 나이 든 개 완두가 기다리는 넓디넓은 세계까지 모두 덮어줄 만큼 큰 이불 말이다. 그런 게 사랑이라고 믿어보면 답답함과 포근함, 무더움과 안전이 동시에 느껴진다. 나중에 친구들을 만나면, 이불에 관해서 말해보고 싶다.

수집

취미가 없는 삶은 흡사 환기가 되지 않는 방에서 사는 삶과 같다.

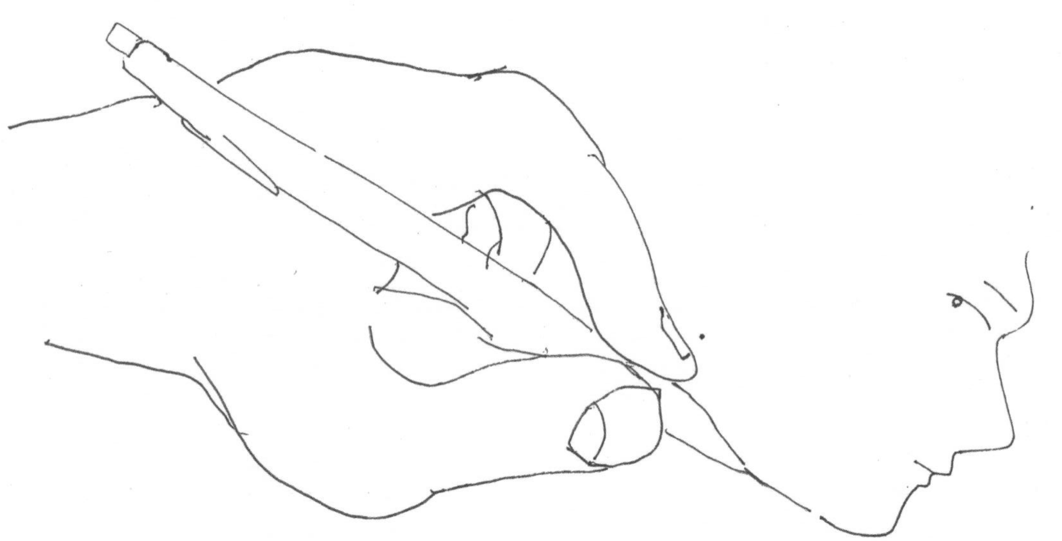

글·그림 한승재—푸하하하프렌즈

왜 그랬는지 모르겠는데 옛날엔 다들 취미라는 것에 민감했다. 남들 앞에서 자기소개할 때 꺼낼 만한 취미 하나씩은 가지고 있어야 했고, 처음 보는 사람에게 취미를 묻는 게 일반적인 인사였다. "What Is Your Hobby?" 정도는 초등학생도 말할 수 있을 정도로 취미에 진심이었다.

변변한 취미 하나 없이 살아가는 것이 큰 문제처럼 느껴졌다. 해마다 새 학년이 되면 번호 순서대로 앞에 나가 자기소개하는 시간이 있었는데, 그때마다 나는 취미가 없는 것에 대해 문제를 느끼곤 했다. 가나다순으로 만들어진 출석부 안에서 '한'씨인 나는 늘 거의 맨 끝 번호였고, 내 순서가 올 때까지 긴 시간 동안 나의 취미는 무엇인가에 대해 거듭 생각해야만 했다. 도대체 나의 취미는 무엇인가…? 곤충 채집은 너무 유치한 거짓말이고, 음악 감상은 해본 적 없는 것 같다. 독서는… 누구 입에서 처음 나온 말인지 모르겠으나 독서는 생활이지 취미가 될 수 없다는 이상한 말도 떠돌아다녔다. 내 차례는 점점 다가오고 뭐든 지어내야 하는데 좋은 생각이 나지 않았다. 나의 특기라고 하면 남들에게 자랑할 만한 게 참 많았다. 숨을 곳 찾기, 숨 오래 참기, 양손으로 글씨 쓰기, 사람 옆모습 그리기 등…. 특기는 잘하는 것이고 취미는 자주 하는 것이니까 자주 하는 걸 이야기하면 되는 거라고 했다. 그런데 나는 잘하는 게 아니면 그 무엇도 자주 하지 않았다. 매일 학교 끝나고 집에 가는 길에 어느 지점에 다다르면 숨 참고 걷기를 했고 매일 조금씩 기록을 경신해 나가고 있었다. 사람 옆모습은 원래 그리기 어려운데 나는 마치 사인하듯이 종이에 펜을 휘이익 휘갈겨 옆모습을 그릴 줄 알았다. 취미라는 것이 잘하는 것과 연결되어 있으면 그래도 쉬울 것 같았다. 이를테면 곤충의 옆모습을 그린다든지… 숨을 참고 음악 감상을 한다든지…. 그러나 잘하는 일과 좋아하는 일이 따로 있어야 한다는 건 너무나 만족시키기 어려운 조건이었다.

다른 친구들도 나와 비슷한 생각을 했다면 나는 취미쯤이야 앞에 나가서 대강 발표하고 마는 요식행위로 여겼을지도 모른다. 대충 아무거나 지어내서 말했을 것이다. (저의 취미는 하늘 보기입니다!) 그런데 교탁에 서서 자기소개하는 아이들이 말하는 취미는 나를 주눅 들게 만들었다. 아이들은 저마다 하나씩 취미가 있었다. 그들이 나처럼 고민해서 지어낸 것이라고 보기 힘든 게, 정말로 친구들을 둘러보면 그랬다. 문방구에서는 살 수 없는 작은 스프레이와 핀셋을 이용해서 정성껏 프라모델을 만드는 친구가 있었고, 일본어로 된 애니메이션을 보고 진지하게 토론하는 친구들이 있었다. 매일 야구 경기를 보고 시합을 기록하는 두꺼운 노트를 가진 친구도 있었다. 그렇게 취미가 있는 아이들은 비슷한 취미를 가진 아이들끼리 모여 놀았다. 점심시간에, 쉬는 시간에 다 같이 놀다가도 어느 순간이 되면 아이들은 자기들만의 이야기를 하기 시작하고 곧 자기만의 세계로 떠나가 버렸다. 그 모습을 보며 나는 뻘쭘하게 서서 웃다가 다른 자리로 이동하곤 했다. 세계는 닫혀 있고, 모든 사람에게는 열린 문이 하나씩 있는데 그 문이 나에게만 없는 것 같았다.

내 순서에 다다라 나는 거짓으로 우표 수집이 취미라고 말했고, 누군가 그것에 대해서 자세히 물어보지 않기를 바랐다. 그러나 관심도 없는데 질문 한 개씩 하지 않으면 견디지 못하는 맨 앞자리 애가 내가 가진 가장 진귀한 우표가 무엇이냐고 물어봤고, 나는 머리가 하얘져 거의 울 듯한 표정으로… 뭐라고 말했는데 뭐라고 말했는지는 기억이 나지 않는다.

집으로 돌아와서 마치 알리바이를 만들기라도 하듯 급하게 취미를 만들기 시작했다. 우표를 촉촉하게 물에 적시면 조금 후에 떼어낼 수 있게 된다고, 당시 인터넷도 없던 시절에 난 어떻게 그런 걸 알게 되었을까? 편지를 모아 놓은 엄마의 추억 상자를 열어 편지 봉투에 붙은 우표를 떼어내고, 문방구에 가서 흔해 빠진 우표를 사고, 연말에 다들 사니까 나도 샀던

크리스마스실을 책상 서랍 깊숙한 곳에서 꺼냈다. 우표 수집을 하려면 반드시 스크랩북이 있어야 하는데, 그건 문방구에서 이천 원에 팔고 있었다. 나는 언제나 돈이 없었다. 어느 날 아침 엄마가 빵집에서 빵을 사 오라고 했는데 나는 대범하게도 그 돈으로 스크랩북을 샀다. 빵집이 문 닫아서 대신 스크랩북을 샀다는 정신 나간 사람이나 댈 법한 핑계를 댔다. 어렵게 산 스크랩북에 어렵사리 끌어모은 우표들을 채워 놓는 데는 몇 분이 채 걸리지 않았다. 난 대략 '이런 게 취미라는 것인가?' 생각하고는 스크랩북을 덮었고 다시 스크랩북을 열어보지 않았다. 별로 재미없었다.

사실 아직도 취미가 뭔지는 모르겠다. 자주 하는 거라면 씻는 거랑, 냉장고 여는 거랑, 청소기 돌리는 거랑, 책 읽는 건데 독서는 아직도 취미라고 해선 안 되는지 모르겠다. 취미는 뭔지 모르니까 흥미라고 말해보자면, 사람들은 무언가에 흥미를 느끼고 그것을 모으는데 난 그런 점이 여전히 부럽다. 다른 세계로 향하는 문이 있다면 잠시 자신을 피해 있을 수 있기 때문이다. 당신의 취미는 무엇인가요? 요즘은 누구도 그렇게 물어보진 않는다. 하지만 여전히 나를 제외한 사람들은 무언가에 흥미를 느끼고 있고, 취미를 가진 사람을 많이 보았다. 오래된 음반을 사 모으는 사람들도 보았고, 끊임없이 자전거를 개조하는 사람도 보았고, 스피커를 사 모으다가 결국 만드는 사람도 보았다. 대학교 때는 다 큰 어른들이 피겨를 수집하는 걸 가까이서 지켜보았다. 친한 친구들이 귀엽다 귀엽다를 연발하며 피겨를 예뻐하는 걸 지켜보았고, 그것이 고가에 매매되기도 한다는 것을 알게 되었다. "너도 같이 살래?"라며 나에게 물어보기도 했다. 저런 걸 왜 좋아하나… 저런 게 왜 갖고 싶나… 싶다가도 나도 저런 게 갖고 싶은 마음이 들면 좋겠다는 마음이 들기도 했다. 그러나 아무리 물을 부어도 풀이 자라지 않는 바위산처럼 작은 물건에 의미를 두는 마음은 잘 돋아나지 않았다. 그런 점이 불행하게 느껴진다거나 하는 건 아니지만 다소 피로감이 드는 건 사실이다. 그들이 무언가에 애정을 쏟는 사이에 나는 모든 애정을 나에게 쏟고 있었으니…. 지금은 취미라는 것이 어릴 때보다 더 큰 문제로 다가온다. 누군가에게 취미가 무언지에 대해 선전포고할 일은 없지만, 취미가 없어 피로하기 때문이다. 취미가 없는 삶은 흡사 환기가 되지 않는 방에서 사는 삶과 같다. 나는 너무나 나랑 오래 붙어 있어서 좀 피곤하다. 나만 갈 수 있는 작은 문이 있어 그곳을 드나들며 잠시 나를 떠나고 싶기도 하다. 좋아하는 누군가가 공연을 한다고 하면 줄 서서 오래도록 기다려보고 싶고, 소중한 티켓을 오래도록 간직하고 싶기도 하다. 나무 사이에서 버섯을 캐듯 내가 좋아하는 무언가를 찾아 돌아다녀 보고 싶기도 하다. 40년 동안 지긋지긋하게 붙어 지낸 나와 잠시 떨어져 다른 것에 흥미를 느껴보고 싶은 생각이 종종 들곤 한다. 그래서 나도 흥미로운 무언가를 찾아볼까 싶은데, 곧 얼마 지나지 않아 나에게 말을 걸어오는 자신을 발견한다. '배고프지 않아?' '오 이걸로 글 써보는 게 어때?' 나는 무척 생산적인 나와 함께 살고 있다.

그럼에도 취미를 갖기 위한 시도를 멈추지는 않을 예정이다. 턴테이블은 없지만 가끔씩 엘피판을 사 모은다. 가끔 눈에 띄는 이상한 것들을 사기도 하는 등 여전히 이것저것 기웃거려 보기도 한다. 어느 정도 이상의 관심이 생기지는 않지만 아무튼 열심히 흥밋거리를 찾아보고 있다. 그래서 무언가를 좋아하게 된다면? 운이 좋아 무언가를 수집하게 된다면? 그렇게만 된다면 즐거운 일이 줄줄이 이어질 것이라 기대하며. 그렇게만 된다면, 수집한 것들을 손질하기 위한 장비를 구입해야 할 것이고, 그것들을 넣어 놓을 가구를 만들어야 할 것이다. 가구를 놓기 위해 배치를 바꿔야 하고, 그것을 위해 집을 바꿔야 할 수도 있을 것이다!

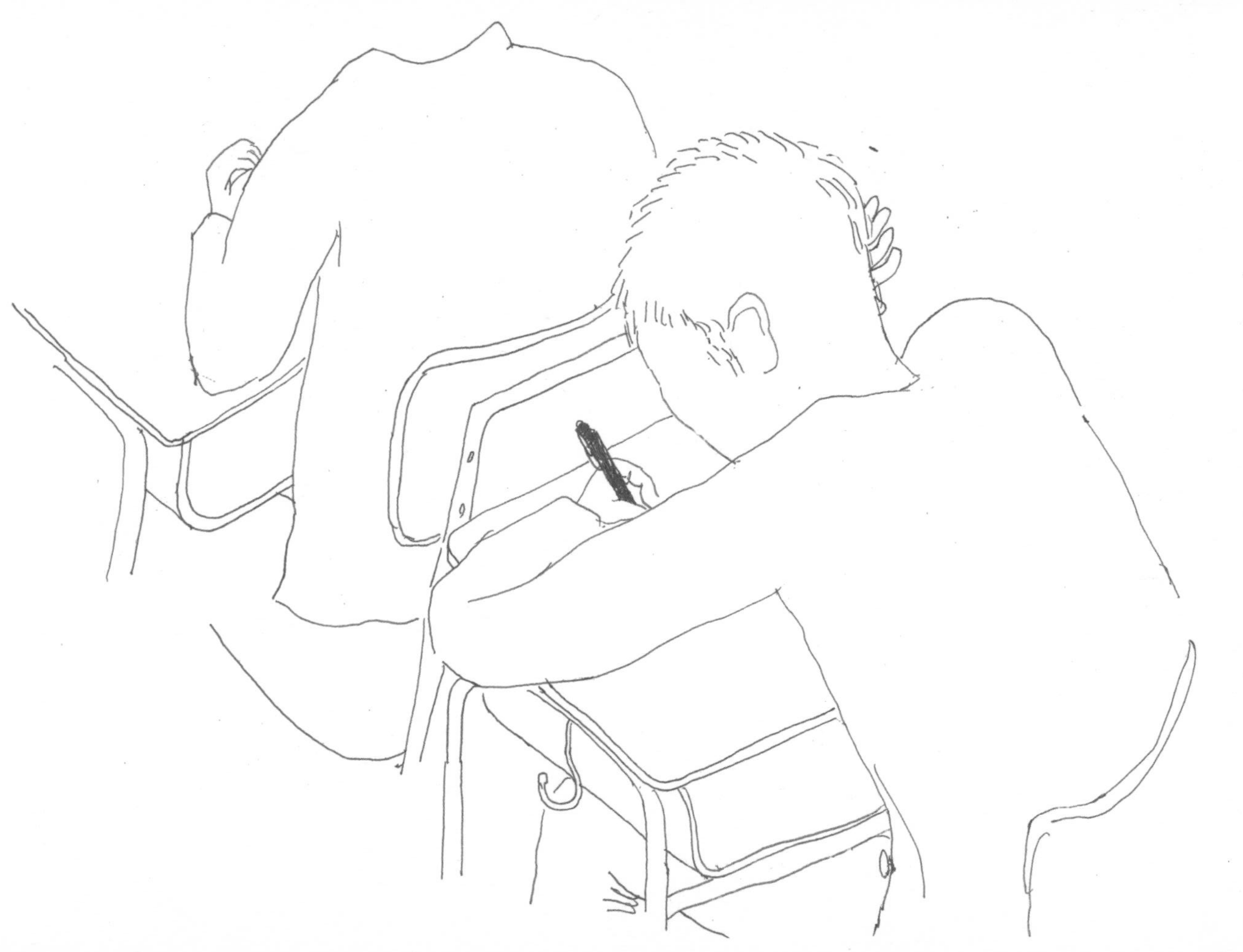

행복하고 싶어요

좀더 자세히 보세요

글 한수희
일러스트 서수연

"좀더 자세히 보세요." 땅바닥에 모로 누워 개미를 보고 있는 94세의 거장은 자신의 정원을 찾아온 젊은이들에게 이렇게 말한다. 좀더 자세히 본다고 뭐가 달라지는 걸까? 어쩌면 30년째 집 밖으로 나온 적 없이 매일 정원을 탐험하는 이 할아버지에게서 어떻게 살아야 할지를 배울 수도 있겠다는 생각이 들었다. 사실 살아가면서 어떻게 살을 뺄 수 있는지와, 어떻게 살아야 하는지보다 더 궁금한 것도 없는 것이다.

"인생을 다시 한번 살 수 있다면 어떨까?"
"그건 싫어요. 피곤하잖아요. 당신은요?"
"나는 몇 번이라도 다시 살 거야. 지금도 더 살고 싶은 걸. 사는 게 좋아."
94세의 화가 구마가이 모리카즈는 아내 히데코와 이런 이야기를 나눈다. 그들의 오래된 집에는 수풀이 무성해 정글을 방불케 하는 정원이 딸려 있다. 영화 〈모리의 정원〉(2017)은 1970년대의 어느 여름, 모리의 집과 정원 그리고 그 집을 찾아오는 손님들을 비춘다.
94년을 살아도 사는 게 좋다는 신선 같은 풍모의 할아버지는 매일 아침 정원 탐험을 나선다. 지팡이 두 개를 양손에 짚고 나막신을 신은 채로 비틀비틀, 느릿느릿. 그러다 문득 경이에 가득 찬 표정으로 나뭇잎을 바라보더니 말을 걸기까지 한다. "여태 자라고 있었던가!" 나비를 만나면 나비를 쫓고, 새와 물고기와 고양이를 호기심 어린 시선으로 바라본다. 벌레를 보기 위해 엎드려 기기도 마다하지 않는다.
수풀이 무성한 정원 한가운데에 모리가 홀로 앉아 있다. 무엇을 생각하는 것도 아니고, 생각하지 않는 것도 아닌 채. 그가 하는 일은 그저 바라보는 것이다. 움직이는 개미들을 몇 시간씩 꼼짝도 않고 누워서 바라본다. 지치지도 않고, 질리지도 않고 바라본다. 그렇게 자세히 보면 무언가를 알게 된다. 이를테면, 개미는 왼쪽 두 번째 다리부터 움직인다는 사실 같은 것들을. 정원 탐험을 마치면 낮잠을 자고, 저녁을 먹고 나서는 아내와 바둑을 둔다. 그리고 밤이 되면 학교에 가기 위해 일어선다. 그의 학교는 집에 딸린 작은 작업실이다. 이제부터가 그림을 위한 시간인 것이다.
그의 그림은 마치 아이가 그린 것처럼 단순하고 투박하다. 그러나 그 그림에는 보는 사람의 마음을 강하게 끌어당기는 무언가가 있다. 그 무언가란 무엇일까? 그게 무엇인지 나의 빈약한 언어로는 표현하기 어렵지만, 내가 아는 것은 그 무언가를 위해 화가들은, 작가들은, 예술가들은 매일매일을 고뇌에 휩싸인 채로 끊임없는 노동을 반복한다는 사실이다.
하지만 모리는 그렇게 괴로워 보이지 않는다. 히데코의 말대로 그에게는 정원이 전부다. 매일 정원에서 마주치는 모든 작은 생명이 그에게는 경이의 대상이다. 그래서 그는 그렇게 말하는 것이리라. 몇 번이라도 다시 살고 싶다고. 사는 게 좋다고. 사람들이 몰려드는 것이 귀찮다며 문화훈장까지 단칼에 거절하는 모리에게 중요한 일은 오로지 정원을 탐험하고 학교에 가서 그림을 그리는 일뿐이다.

자, 여기서 잠깐. 다른 이야기를 해보자. 우연히 넷플릭스에서 〈사랑의 이해〉라는 드라마를 보게 됐다. 한번 보기 시작하니 멈출 수가 없어서 주말 내내 새벽 4시까지 잠도 안 자고 다 봐버렸다. 마지막까지 보고 나니 다시 처음부터 보고 싶어졌다.
나에게 좋은 이야기란, 이야기가 끝난 후에도 다시 처음으로 돌아가서 그 이야기가 다시 시작되기를 기대하게 만드는 이야기다. 이야기 속 인물들과 헤어지기가 아쉬워

그들을 계속해서 보고 또 보고 싶은 이야기다. 이번에는 다른 관점으로, 좀더 자세히 그들의 삶을 바라보고 싶은 이야기다.

드라마를 다 보고 나니 이혁진이 쓴 원작 소설까지 궁금해졌다. 이럴 때 나는 누구보다 부지런하다. 한 번 꽂힌 것은 두 번, 세 번, 아니 수십 번을 봐도 질리지 않는다. 나에게는 그렇게 1년에 한 번씩 다시 읽고 다시 보는 책과 영화와 드라마들이 수도 없이 많다. 누군가는 한 번 본 영화는 다시는 못 본다는데, 그런 면에 있어서라면 나에게도 덕후 기질이 있는 것이다.

소설 《사랑의 이해》는 한 은행의 작은 지점에서 일하는 상수라는 남자와 수영이라는 여자의 사랑 이야기다. 그런데 제목의 '이해'에는 한자 두 개가 덧붙여져 있다. '利害'와 '理解'. 첫째 이해는 이익과 손해를 아울러 이르는 말이고, 그다음 이해는 사리를 분별하여 해석한다는 뜻이다. 그러니까 이 책의 제목은 사랑의 이익과 손해이기도 하고, 사랑을 분별하여 해석하는 것이기도 하다. 은행에서 돈을 다루는 것처럼, 돈을 가졌거나 가지지 못한 사람들을 상대하는 것처럼, 그들은 사랑 역시 따지고 잰다. 사랑으로 인해서 그들이 얻을 것과 잃을 것을 계산한다. 하지만 아무리 꼼꼼히 따지고 재고 계산해도 그들의 마음은, 매번 이해를 넘어선다.

MBA 출신의 정규직 행원 상수는 예쁘고 똑똑하고 일 잘하는 수영을 좋아한다. 오랫동안 그랬다. 그런데 은행 내의 계급도에서 계약직 텔러인 수영의 위치는 말단에 있다. 수영과의 결정적인 데이트 날, 그날따라 은행 일이 끝나지 않아 결국 그녀를 바람맞힌 상수는 얼마 후 수영이 청원경찰 종현과 사귄다는 사실을 알게 된다. 잘생기고 어린, 그러나 가난하고 미래가 막막한 종현과. 그 사실을 안 상수의 마음은 괴롭기만 하다.

사실 수영의 말이 맞았다. 망설였다. 관계를 더 발전시킬지 말지. 수영이 텔러, 계약직 창구 직원이라는 것, 정확히는 모르지만 변두리 어느 대학교를 나온 듯한 것, 다 걸렸다. 일도 잘하고 똑똑한 사람이라는 것을 누구보다 잘 알고 있으면서도, 그랬다. 그 두 가지가 상수 자신의 밑천이었기 때문에, 상수가 세상에서 지금까지 따낸 전리품이자 직장과 일상생활에서 그 위력과 차별을 나날이 실감하고 있었기에, 어쩔 수 없었다.

— 이혁진, 《사랑의 이해》 중에서

아마도 이 은행의 계급도 가장 위쪽에 있을 미경은 외제 차를 몰고 다니는 부잣집 딸이다. 수영은 자신의 일이 아님에도 VIP를 위한 금융상품 판매까지 열심히 하지만, 결국 그 공을 가져가는 사람은 미경이다. 얼마 후 수영은 집안 사정 때문에 경찰공무원 시험을 포기하려는 종현을 설득하며 그와 동거를 시작한다. 그러나 행복할 줄 알았던 동거 생활은 잠시, 매시간 매분 매초 자신의 눈치를 보는 종현이 수영은 조금씩 불편해진다. 이 가난한 커플에게는 마음 편히 사랑할 자유조차 주어지지 않는 것이다.

종현과 함께 간다는 것은 끝까지 함께 가야 한다는

뜻이었고 종현이 쥔 것을 놓지 않게 한다는 것은 대신 수영 자신이 쥐고 있던 것을 놓아야 한다는 뜻이었다. 먹고 사고 쓰던 것을 한 등급씩 낮추고 한 푼 두 푼 쓰는데도 세 번 네 번씩 생각하는, 수영이 지긋지긋하게 잘 알고 있고 가까스로 빠져나온 지 얼마 되지 않은 그 생활로 다시 돌아가야 했다. 더는 어리숙하지조차 않은 채. 할 수 있을까?

—《사랑의 이해》 중에서

수영이 상수의 변치 않는 마음을 외면할 때, 상수에게 호감을 느낀 미경은 적극적으로 구애한다. 상수는 자연스럽게 미경이 가진 것들, 그러니까 미경의 조건들에 흔들린다. 하지만 이상하게도 상수의 마음은 자꾸만 이해를 떠나 수영 쪽으로 기우는 것이다.

미경은 좋은 여자였다. 좋은 연애 상대였고 아마 좋은 결혼 상대일 터였다. 좋다고 다 갖고 싶은 것은 아니었다. 하지만 갖고 싶지 않다고 마다할 이유도 없었다. 좋다는 것은 그런 뜻이었다. 좋은 대학, 좋은 직장, 다음에는 좋은 여자. 어른들이 누누이 얘기하고 부모님이 불경처럼 외며 등골 휘게 깔아 준 철로가, 궤도가 진즉부터 그곳으로 이어져 있었다. 지난밤 느닷없이 떠오른 분기점의 의미가 그것이었다. 선택인 듯 보이지만 실은 모두 궤도 위에 이미 존재하는, 안전하고 예정된 과정의 매듭에 불과한 것. 후회스럽지 않았다. 오히려 편안했다.

—《사랑의 이해》 중에서

그러게, 사랑이 조건을 뛰어넘을 수 있을까? 더 이상 어리고 순진하지 않은 나는 그럴 수 없을 거라 생각한다. 그럴 수 있는 숭고한 사랑도 분명 있겠지. 하지만 나는 아니었다. 따지고 보면 내가 남편을 사랑한 이유에는 그의 조건들이 분명히 작용했다. 조건 때문에 내가 그를 사랑했다는 이야기가 아니다. 내가 받아들일 수 있는 조건을 갖춘 사람 중에서, 내 남편이 나를 사랑했고 내가 사랑할 수 있는 사람이었다는 말이다.
명문대 재학생, 아버지는 이름만 들으면 다 아는 대기업의 이사. 만약 그런 타이틀이 없었더라도 내가 그에게 쉽게 마음을 열었을까? 그가 대기업에 입사해 나를 먹여 살릴 안정적인 미래를 나는 꿈꿨다. 지금껏 혼자서 이 무서운 세상을 어떻게 헤쳐 나가야 할지 꿈에서도 겁이 나 죽을 지경이었는데, 이제 발 뻗고 편히 잘 수 있을 것 같았다. 그런데 결혼과 거의 동시에 그 모든 꿈들이 와르르 무너졌다. 결혼식 직후 시아버지는 회사에서 쫓겨났으며, 졸업장 말고는 이렇다 할 스펙이 없는 무대책의 남편은 몇 년간 고만고만한 회사를 입사하고 퇴사하고 실직하길 반복하더니 결국 엉망진창인 이력으로 세상 밖으로 내던져졌다(아무래도 내가 천벌을 받은 것 같다).
그리고 나는 깨달았다. 이제부터가 사랑의 몫이다. 이전까지는 의도한 것이 아니더라도 내 사랑에 이해득실이 강하게 작용했다면, 이제부터는 진짜 사랑으로 헤쳐 나가야 한다. 검은 머리 파뿌리 될 때까지 함께하겠느냐던 주례(그 사람이 누구였는지도 기억나지 않는다.)의 질문이 뒤늦게 사무쳤다. 그런데 진짜 사랑이 뭐지? 진짜 사랑이 무엇인지 제대로 알지도 못하는 채로 사랑을 한다는 것은 쉬운 일이 아니었다. 이제 나는 사랑을 분별하고 해석해야 했다. 사랑이 무엇인지, 정말로 이해해야 했다.

〈모리의 정원〉 속 모리의 정원은 모르는 사람 눈에는 제대로 돌보지도 않은 수풀 밭으로 보일지도 모른다. 모리는 매일 작지만 깊은 정원을 탐험하면서, 매일 같아 보이지만 매일 다른 잎사귀와 벌레와 돌과 새들에 경이를 느끼면서, 그것들을 자세히 들여다보면서 그의 처음이자 마지막 삶을 살아간다. 그리고 히데코는 그런 남편을 마음 깊이 이해하고 지지한다.
남편과 나도 저 나이까지 서로 이해하고 돌보며 살아갈 수 있을까? 아마도 그렇겠지. 이해가 빠진 자리에 다시 사랑을 채워 넣으려고 노력했을 때, 물론 쉽지는 않았지만, 결국 그렇게 되어버린 것을 보면 내가 사람 보는 눈이 아주 꽝은 아니었나 보다.
그 시절에 내가 깨달은 것은 시간이 알아서 해준다는 것이다. 인간이 노력만으로 얻을 수 있는 결과의 범위를 넘어선 일들에 대해서는 그저 시간의 힘에 기대본다. 기나긴 시간이 우리를 어느 곳으로 데려다줄지 모른다. 그동안 나는 내 마음을 잘 바라보려 노력한다. 좀더 자세히 보려고 노력한다. 나의 행복이 어디에 있는지를 제대로 알아내기 위해 노력한다. 세상이 정한 안전한 궤도가 아닌, 내 행복의 궤도가 어떤 모양인지를 좀더 자세히 보기 위해 노력한다.

영화의 마지막, 높은 곳에서 내려다본 모리의 집은 어이없을 정도로 작다. 그가 탐험하는 정원 역시 손바닥만 한 수풀 더미로 보일 뿐이다. 그 작은 집에서 조카딸은 손님을 맞고, 히데코는 식사를 준비하고, 모리는 숲속 어딘가에 숨어 있을 것이다. 나는 이 야심 없이 소박한 영화가, 거장의 삶에 소박한 경의를 표하는 이 영화가 정말 좋다. 이 영화가 품은 여러 가지 아름다움들이 종종 무겁고 불안해지곤 하는 내 마음을 뜨거운 여름날 부는 한 줄기 시원한 바람처럼 가볍게 식혀준다. 아마 매년 이 영화를 다시 틀어볼 것 같다.

팬이야!

어떤 시절 속 나에게 기쁨과 위로, 삶의 원동력을 준 무언가에게

제임스 카메론James Cameron | 발행인 송원준
카메론 감독의 영화를 처음 본건 〈심연Abyss〉(1990)이었다. 바다 깊은 곳, 미지의 생명체를 엄청난 특수효과로 표현하고 탄탄한 스토리로 탄생시키다니. 영화를 본 뒤에도 여운이 남아 다른 작품도 찾아보았다. 〈에이리언2〉(1986)와 〈터미네이터2〉(1991) 모두 나의 취향이었고 그 후로 카메론 감독의 작품이라면 무조건 보고 있다. 이제 연세가 많아서 몇 편을 더 만들 수 있을진 모르겠지만, 어릴 적 감동을 준 영화를 다시 만날 수 있길 바라본다.

이야기가 쌓여가는 필름 카메라 | 편집장 김이경
덕질이 나의 취미다. 무언가 하나에 꽂히면 깊이 파고들어 가는 성격. 그중에서 열렬히 오래 좋아했던 건 필름 카메라를 모으고 찍는 일이었다. 누군가의 손때 묻은 사연 있는 카메라에 내 이야기를 더해가며 계속 곁에 둘 생각이다. 부디 필름이 사라지질 않길 바라며.

장 자크 상페Jean Jacques Sempe | 수석 에디터 이주연
2022년 8월, 여름 별장에서 세상을 떠난 사람. 제 인생 모든 구석에 당신의 농담과 해학이 어려 있어요. 상페의 문장을 슬몃 빌릴게요. "감사합니다. 당신이 안 계셨더라면 이 황량한 세상에 정말 뭔가가 부족한 듯 아쉬웠을 겁니다."

하이스쿨 | 에디터 이명주
나의 구오빠들은 에픽하이이다. (사실 구삼촌들이다.) 멤버 투컷의 제대를 축하하러 먼 길을 달려갔더니 팬들이 한주먹 정도 귀엽게 모여있었다. 연예인이 전역하면 기자들의 셔터 소리가 끊이지 않는다는데, 그곳에선 찰칵… 찰칵… 간헐적으로 들렸다. 작고 소중한 그 소리도 좋아했어요.

그댄 나의 자랑이죠 | 에디터 오은재
무궁무진한 사랑 사이에서 길을 잃은 기분이 들 때마다 당신이 세상에 남긴 노래를 들었어요. 앞으로도 당신이 전해준 빛나는 사랑을 품고 가본 적 없는 길로 가보려고 해요. 우리는 꼭 다시 만날 거예요! "언제나 그랬듯이, 나는 당신이 필요해요."

나의 털복숭이, 모래 | 디자이너 양예슬
무한한 기쁨과 위로 그리고 사랑만을 온전히 내게 건네는 상대는 모래가 유일할 테지. 삶에 지쳐 어느 것도 기껍지 않던 때에 이 작고 소중한 털복숭이만 보고 견뎌냈다. 사랑해, 나의 고양이야.

걷기와 쓰기 | 디자이너 손혜빈
천천히, 그리고 꾸준히. 이게 내가 무언가를 애정하는 방식이다. 가슴 뜨거운 열정은 잘 모르겠고, 그저 가랑비에 옷 젖듯 이루어지는 대기만성형 애정이라고나 할까.

Stand By Me | 마케터 윤혜원
다른 사람의 기념일을 기억하고, 기뻐하는 일의 힘은 오래 산다. 중학교 1학년, 7월 18일의 여름방학식이 어찌나 설레던지. 여전히 7월 18일이면 기분이 좋다. 서툴고 어리던 그때, 누군가를 좋아하는 마음 하나로 모든 용기를 끌어 올리던 수줍은 학생이 이렇게나 잘 커서 잘살고 있다.

AROUND | 브랜드 프로젝트 디렉터 하나
지난 5년 하루도 빠짐없이 드나들고 부대껴 가며 애정과 노력을 쏟았다. 앞으로도 어디서든 마주치면 반가워 발을 구르고 말 나의 어라운드. 그 안에서 만난 모든 얼굴들도. 정말 좋아해.

또다시 케이팝 | 브랜드 프로젝트 매니저 정현지
집 한쪽을 차지한 앨범 코너는 나의 덕질 역사를 보여준다. 초등학교 때부터 지금까지, 오빠 언니 구분하지 않고 내가 사랑해 마지않았던 것들. 이제는 정말 '탈 케이팝'을 하겠다고 다짐하자마자 한 그룹이 마음에 들어왔다. 자그마치 열세 명을 좋아하느라 요즘 눈과 귀가 매우 바쁘고, 케이팝은 삶에서 뗄 수 없다는 걸 인정하기로 했다.

그럴 거면 군인을 하지 그랬어 | 브랜드 프로젝트 매니저 지정현
소위 '개파카'라 불리는 빈티지 미군 야상을 선물 받은 뒤로 한동안 미군복만 모았는데 그러다 보니 올리브 컬러 옷만 입게 됐다. 누가 그더러라. "그렇게 칙칙한 색만 입고 다닐거야? 연애하긴 글렀네." 다행이다. 연애 못 하는 걸 입고 다니는 옷 탓을 할 수 있어서….

1년 정기구독

《AROUND》는 격월간지로 짝수 달에 발행됩니다. 정기구독을 신청하시면 어라운드 온라인 콘텐츠 이용권이 함께 제공됩니다.

《AROUND》 매거진(총 6권) & 온라인 콘텐츠 이용권
97,200원 / a-round.kr

AROUND NEWSLETTER

책에서 못다 한 이야기를 펼쳐 보입니다.
또 다른 콘텐츠로 교감하며 이야기를 넓혀볼게요.
홈페이지에서 뉴스레터를 구독해 주세요.

a-round.kr > Newsletter

Publisher
송원준 Song Wonjune

Editor in Chief
김이경 Kim Leekyeng

Senior Editor
이주연 Lee Zuyeon

Editor
이명주 Lee Myeongju
오은재 Oh Eunjae

Art Director
김이경 Kim Leekyeng

Senior Designer
양예슬 Yang Yeseul

Cover Design Guide
오혜진 O Hezin

Cover Image
리 슐만 The Anonymous Project by Lee Shulman

Photographer
강현욱 Kang Hyunuk
김혜정 Keem Hyejung
임정현 Lim Junghyun
해란 Hae Ran

Project Editor
김건태 Kim Kuntae
배순탁 Bae Soontak
전진우 Jun Jinwoo
정다운 Jung Daun
한수희 Han Suhui
한승재 Han Seungjae

Illustrator
서수연 Seo Sooyeon
세아추 Sea Choo
은조 Eunjo
휘리 Wheelee

Marketer
윤혜원 Yoon Hyewon

Copy Editor
기인선 Ki Inseon

Management Support
강상림 Kang Sanglim

Advertisement
김양호 Kim Yangho
김갑진 Kim Gabjin

Publishing
(주)어라운드
도서등록번호 제 2014-000186호
출판등록일 2009년 12월 5일
ISSN 2287-4216
창간 2012년 8월 20일
발행일 2023년 7월 31일

AROUND Inc.
서울시 마포구 동교로51길 27
27, Donggyoro 51-gil, Mapo-gu, Seoul, Korea

광고 문의 / 070 8650 6378
구독 문의 / 070 8650 6375
around@a-round.kr

a-round.kr
instagram.com/aroundmagazine
post.naver.com/pgbook2

어라운드는 나무를 아끼기 위해
고지율 20퍼센트인 재생종이 그린라이트를 사용합니다.

이 책을 읽는 동안, 당신 주변의 시간은 조금 느리게 흐릅니다.

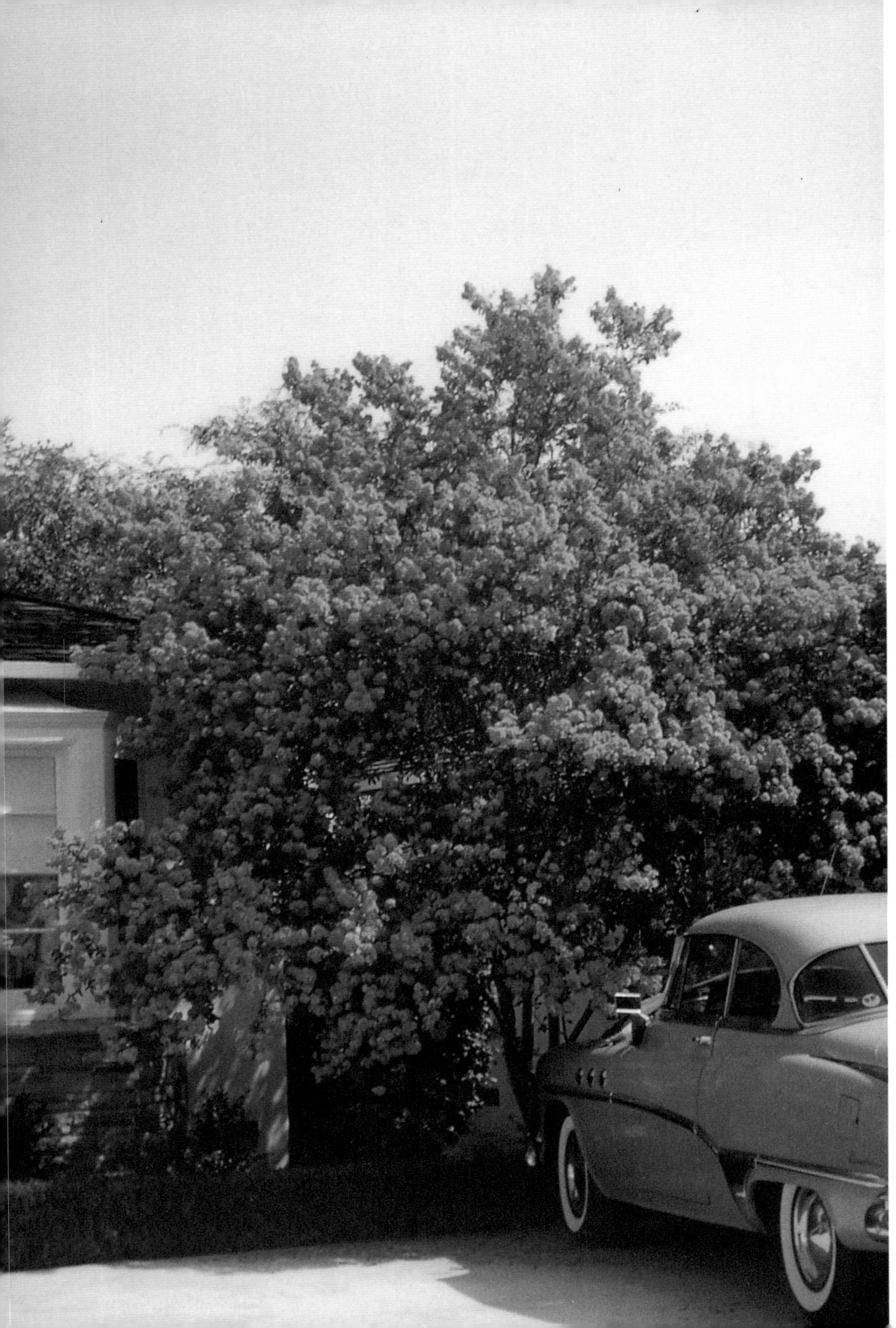